21世纪经济与管理应用型规划教材
会计学系列

会计报表编制与分析（第五版）

Financial Reporting and Analysis

5th edition

赵国忠 等 编著

北京大学出版社
PEKING UNIVERSITY PRESS

图书在版编目(CIP)数据

会计报表编制与分析 / 赵国忠等编著. --5 版.北京：北京大学出版社, 2024.7. --(21 世纪经济与管理应用型规划教材). --ISBN 978-7-301-35254-0

Ⅰ.F231.5

中国国家版本馆 CIP 数据核字第 20242N7D53 号

书　　　名	会计报表编制与分析(第五版) KUAIJI BAOBIAO BIANZHI YU FENXI(DI-WU BAN)
著作责任者	赵国忠 等　编著
责 任 编 辑	任京雪
标 准 书 号	ISBN 978-7-301-35254-0
出 版 发 行	北京大学出版社
地　　　址	北京市海淀区成府路 205 号　100871
网　　　址	http://www.pup.cn
微信公众号	北京大学经管书苑(pupembook)
电 子 邮 箱	编辑部 em@pup.cn　　总编室 zpup@pup.cn
电　　　话	邮购部 010-62752015　发行部 010-62750672　编辑部 010-62752926
印 刷 者	河北文福旺印刷有限公司
经 销 者	新华书店
	787 毫米×1092 毫米　16 开本　18 印张　447 千字
	2005 年 3 月第 1 版　　2009 年 5 月第 2 版
	2015 年 8 月第 3 版　　2020 年 6 月第 4 版
	2024 年 7 月第 5 版　　2024 年 7 月第 1 次印刷
定　　　价	49.00 元

未经许可，不得以任何方式复制或抄袭本书之部分或全部内容。
版权所有，侵权必究
举报电话：010-62752024　电子邮箱：fd@pup.cn
图书如有印装质量问题，请与出版部联系，电话：010-62756370

前　言

经济越发展，会计越重要。随着我国持续完善企业会计准则体系的建设与实施，企业会计核算和信息披露发生了巨大变化，对企业会计报表的编制与分析也提出了新的要求，这迫切需要在理论和实务上进行不断的总结。党的二十大报告提出"加强教材建设和管理"，凸显了党和国家对教材工作的重视。党中央、国务院发布了一系列关于职业教育的政策文件，进一步明确职业教育改革和人才培养目标，强调教材是人才培养的重要基础，是立德树人的核心载体，教材内容要紧密对接国家发展需求，不断更新升级，更好服务于高水平创新人才培养。因此，本书在修订过程中坚持为党育人、为国育才，增强学生文化自信，培养学生为国理财、创造价值的责任感，培养学生诚信为本、操守为重的职业道德品质。

本书在继承第四版精华的基础上，以我国《企业会计准则》和相关财税法律法规等为准绳，以提供财务会计信息为主线，以会计报表体系为基本框架，详细阐述了会计报表编制与分析的基本原理、基本方法和基本操作流程。全书以工作任务为导向设计九个项目二十四个任务，每个任务包含相关知识和能力训练两大部分，以能力训练为主，力争做到相关知识精练，能力训练丰富。能力训练按照"任务内容—任务分工—任务实施—任务总结"逻辑体系编写，每个项目独立成体系，形成单独模块，便于教师根据不同专业的教学内容需要灵活选用。每个项目后配有自测训练，并提供参考答案。

本书可作为高等职业院校会计专业及相关专业学生的教材，也可作为企业会计工作者自学的参考读物。

全书由赵国忠教授、王玉娟教授和吴景阳副教授共同编著，具体分工如下：项目一、五由赵国忠执笔，项目二、三、四由王玉娟执笔，项目六、七、八、九由吴景阳、赵国忠执笔，全书由赵国忠负责总体框架设计、总纂和定稿。

本书在编写过程中，得到了许多教师和企业人员的支持与帮助，在此表示感谢。感谢北京大学出版社编辑对本书认真负责的精神。

本书是赵国忠教授主持的北京市教育科学"十四五"规划 2023 年度重点课题"数字经济视域下职业教育新形态教材开发策略与建设路径研究"（课题编号：CDAA23052）的研究成果。

本书在编写过程中参考了国内外相关的文献资料，在此向这些文献的作者表示衷心的感谢。

赵国忠
2024 年 1 月

目 录
contents

项目一 会计报表基础 / 001

　　任务一　会计报表构成　/ 002

　　任务二　会计报表编制　/ 007

　　任务三　会计报表分析　/ 013

　　任务四　撰写财务分析报告　/ 020

项目二 资产负债表编制 / 029

　　任务一　认知资产负债表　/ 030

　　任务二　编制资产负债表　/ 036

项目三 利润表编制 / 053

　　任务一　认知利润表　/ 054

　　任务二　编制利润表　/ 060

项目四 现金流量表编制 / 073

　　任务一　认知现金流量表　/ 074

　　任务二　编制现金流量表　/ 083

　　任务三　编制现金流量表附注　/ 099

项目五 会计报表编制综合训练 / 113

　　任务一　会计报表编制前期准备　/ 115

　　任务二　会计报表编制综合训练实例　/ 119

项目六 资产负债表分析 / 146

　　任务一　资产负债表项目分析　/ 147

任务二　资产负债表结构分析　/ 157

　　任务三　资产负债表比率分析　/ 163

项目七　利润表分析　/ 179

　　任务一　利润表项目分析　/ 180

　　任务二　利润表结构分析　/ 188

　　任务三　利润表比率分析　/ 196

项目八　现金流量表分析　/ 209

　　任务一　现金流量表项目分析　/ 211

　　任务二　现金流量表结构分析　/ 220

　　任务三　现金流量表比率分析　/ 226

项目九　会计报表综合分析　/ 241

　　任务一　杜邦分析法　/ 242

　　任务二　会计报表综合分析案例　/ 250

参考文献　/ 277

自测训练参考答案　/ 279

项目一

会计报表基础

学习任务描述

会计报表是指企业对外提供的反映企业某一特定日期财务状况和某一会计期间经营成果、现金流量等会计信息的文件。企业应当以持续经营为基础，根据实际发生的交易和事项，按照《企业会计准则——基本准则》和其他各项会计准则的规定进行确认与计量，在此基础上编制会计报表。企业在编制会计报表时，应按照真实可靠、完整全面、相关可比、编报及时和便于理解的要求，遵循会计报表编制的程序。会计报表分析就是以企业的会计报表等资料为基础，对会计报表的有关数据进行汇总、计算、对比和说明，以揭示和评价企业财务状况的发展趋势，为企业会计报表的使用者提供合理决策的有用信息。通过分析会计报表，会计报表的使用者可以衡量和评价企业的财务状况、经营成果及现金流量。

1. 知识目标

通过本项目的学习，了解会计报表体系，掌握会计报表编制与分析的基础知识。

2. 能力目标

通过本项目的学习，掌握会计报表编制的原则、要求和方法，掌握会计报表分析的程序与方法。

3. 素养目标

培养学生遵守职业道德，坚持诚信为本、操守为重，遵循准则，不做假账，保证会计信息真实、可靠的品质，努力做一名坚守职业诚信的会计人员。

知识体系

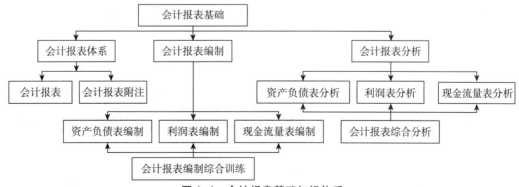

图 1-1　会计报表基础知识体系

引导案例

会计报表能够反映企业综合会计信息,作为一名投资者,了解企业主要是通过会计报表。表1-1是北方华创科技集团股份有限公司(以下简称"北方华创公司")2019—2022年利润表简表,请问该公司值得投资吗?

表1-1　利润表简表

项目	2022年	2021年	2020年	2019年
营业总收入	146.88亿元	96.83亿元	60.56亿元	40.58亿元
营业总成本	123.68亿元	89.08亿元	57.31亿元	38.62亿元
营业成本	82.50亿元	58.67亿元	38.34亿元	24.13亿元
销售费用	8.02亿元	5.12亿元	3.54亿元	2.38亿元
管理费用	14.21亿元	11.93亿元	8.51亿元	5.58亿元
研发费用	18.45亿元	12.97亿元	6.70亿元	5.25亿元
营业利润	28.67亿元	12.36亿元	6.69亿元	4.21亿元
利润总额	28.54亿元	12.53亿元	6.84亿元	4.39亿元
净利润	25.41亿元	11.93亿元	6.31亿元	3.70亿元
每股收益	4.46元	2.15元	1.09元	0.67元

任务一　会计报表构成

相关知识

会计报表是指企业对外提供的反映企业某一特定日期财务状况和某一会计期间经营成果、现金流量等会计信息的文件。会计报表体系包括会计报表及其附注以及其他应当在会计报表中披露的相关信息和资料。会计报表包括资产负债表、利润表、现金流量表、所有者(股东)权益变动表。

会计报表是对企业财务状况、经营成果和现金流量的结构性表述。

一、会计报表的作用

会计报表的作用可概括为以下三个方面:

(1)会计报表可以为企业评价经营业绩和改善经营管理提供重要信息。会计报表所反映的信息,是企业经营者了解经营情况、实施经营管理和进行经营决策必不可少的重要信息。企业的管理人员可以利用会计报表所反映的信息加强和改善经营管理,争取获得更大的经济效益。

(2)会计报表可以为投资者和债权人进行决策提供有用信息。企业的投资者关心的是投资的报酬和风险,在投资前需要了解企业的财务状况和经营情况,以便做出正确的投资决策;投资后,需要了解企业的经营成果、资金使用状况以及资金获取报酬的能力等。会计报表是投资者了解所需信息的主要渠道。企业的债权人关心的是债权的安全,会计报表能够提供企业的资金运转情况,使债权人了解企业的偿债能力信息。债权人可据此决定是否给予企业资金融通。

(3)会计报表可以为国家经济管理机构进行宏观调控与管理提供必要信息。

二、会计报表的分类

会计报表可按如下标准进行分类:

(一)按会计报表反映的经济内容分类

按反映经济内容的不同,会计报表可以分为静态报表和动态报表。静态报表是指综合反映企业某一特定日期资产、负债和所有者权益状况的报表,如资产负债表;动态报表是指综合反映企业一定期间的经营成果或现金流量情况的报表,如利润表、现金流量表。

(二)按会计报表的报送对象分类

按报送对象的不同,会计报表可以分为内部报表和外部报表。内部报表是指为满足企业内部经营管理需要而编制的会计报表,由于无须对外公开,因此没有规定统一的格式和编制要求;外部报表则是指企业对外提供的会计报表,主要供投资者、债权人、政府部门和社会公众等有关方面使用,《企业会计准则》对其规定了统一的格式和编制要求。

(三)按会计报表的编报主体分类

按编报主体的不同,会计报表可以分为个别报表和合并报表。个别报表是指企业在自身会计核算的基础上,对账簿记录进行汇总编制的会计报表;合并报表是以母公司和子公司组成的企业集团为会计主体,根据母公司和所属子公司的会计报表,由母公司编制的综合反映企业集团财务状况、经营成果及现金流量的会计报表。

(四)按会计报表的编制时间分类

按编制时间的不同,会计报表可以分为月度会计报表、季度会计报表、半年度会计报表和年度会计报表。其中,月度会计报表要求简明扼要、及时反映;年度会计报表要求揭示完整、全面反映;而季度会计报表和半年度会计报表在会计信息的详细程度方面,介于月度会计报和年度会计报表之间。半年度会计报表、季度会计报表和月度会计报表统称为中期会计报表。季度和月度会计报表仅指会计报表,但国家另有要求的,则应按国家要求增加相关资料。

(五)按会计报表的依存关系分类

按会计报表的依存关系,会计报表可以分为主表和附注。主表是指对外报送的主要会计报表,如资产负债表、利润表、现金流量表和所有者权益变动表。附注是会计报表不可或缺的组成部分,报表使用者要了解企业的财务状况、经营成果和现金流量,应当全面阅读附注,附注相对于报表而言,同样具有重要性。附注的主要作用是补充说明主表。

三、会计报表体系

（一）会计报表

会计报表体系应当包括资产负债表、利润表、现金流量表、所有者权益变动表和会计报表附注，如表1-2所示。

表1-2 会计报表体系

编号	会计报表名称	编报期
会企01	资产负债表	中期报告、年度报告
会企02	利润表	中期报告、年度报告
会企03	现金流量表	年度报告
会企04	所有者权益变动表	年度报告
会计报表附注		

1. 资产负债表

资产负债表是反映企业某一特定日期财务状况的会计报表，按月编制和报送，是企业经营管理者常用的报表之一。设置资产负债表的目的是反映企业报告期末的财务状况。通过分析资产负债表，我们可以了解企业经营性资产的总额、存在形态、形成过程和来源渠道，企业的资产结构是否合理及其对企业的偿债能力、盈利能力产生的影响，企业的资金来源是否合理、负债比例是否恰当，企业的偿债能力如何。通过资产负债表，我们可以初步判断企业的经营规模、生产能力和资金结构，从而为进一步分析企业打下基础。

2. 利润表

利润表是反映企业一定时期经营成果及其分配情况的会计报表，按月编制和报送，也是企业经营管理者应该分析的报表。设置利润表的目的是反映企业的经营成果。通过分析利润表，我们可以了解企业一定时期的盈亏状况、盈亏的原因及构成。

3. 现金流量表

现金流量表是反映企业一定会计期间经营活动、投资活动和筹资活动产生的现金流入与流出量情况的会计报表。通过分析现金流量表，我们可以了解企业现金流量的来源和去向，有助于了解企业的支付能力、偿债能力和周转能力，有助于了解企业现金流量的构成，有助于编制现金流量计划、组织现金调度、合理节约地使用现金、做出投资和信贷决策，有助于分析企业收益质量及影响现金净流量的因素。

4. 所有者权益变动表

所有者权益变动表应当反映构成所有者权益的各组成部分当期的增减变动情况。当期损益、直接计入所有者权益的利得和损失以及与所有者（或股东，下同）的资本交易导致的所有者权益的变动，应当分别列示。

（二）会计报表附注

附注是对在资产负债表、利润表、现金流量表和所有者权益变动表等报表中列示项目的文字描述或明细资料，以及对未能在这些报表中列示项目的说明等。

附注是会计报表的重要组成部分。按照《企业会计准则第 30 号——财务报表列报》的规定,一般企业会计报表附注应披露的信息主要包括下列内容:

(1)企业的基本情况。包括:① 企业注册地、组织形式和总部地址;② 企业的业务性质和主要经营活动;③ 母公司以及集团最终母公司的名称;④ 财务报告的批准报出者和财务报告批准报出日,或者以签字人及其签字日期为准;⑤ 营业期限有限的企业,还应披露有关其营业期限的信息。

(2)会计报表的编制基础。

(3)遵循企业会计准则的声明。企业应当声明编制的会计报表符合企业会计准则的要求,真实、完整地反映了企业的财务状况、经营成果和现金流量等有关信息。

(4)重要会计政策和会计估计。企业应当披露采用的重要会计政策和会计估计,并结合企业的具体实际披露其重要会计政策的确定依据和财务报表项目的计量基础,及其会计估计所采用的关键假设和不确定因素。

(5)会计政策和会计估计变更以及差错更正的说明。企业应当按照《企业会计准则第 28 号——会计政策、会计估计变更和差错更正》及其应用指南的规定,披露会计政策和会计估计变更以及差错更正的有关情况。

(6)报表重要项目的说明。企业应当按照资产负债表、利润表、现金流量表、所有者权益变动表及其项目列示的顺序,对报表重要项目的说明采用文字和数字描述相结合的方式进行披露。报表重要项目的明细金额合计,应当与报表项目金额相衔接。

能力训练

一、任务内容

任务目标:掌握会计报表重要项目。

(一)案例资料

A 公司 2024 年应收账款比 2023 年增加 80%,且应收账款占流动资产的比重较大,这是否说明该公司资产质量较差?

(二)要求

对 A 公司应收账款现状进行简要分析。

二、任务分工

工作任务分配及完成计划如表 1-3 所示。

表 1-3　工作任务分配及完成计划

工作任务编号		工作任务名称	
班级		组长	
组别		组员	
明确本次工作任务重点			

（续表）

工作任务分配	组长： 组员1： 组员2： 组员3： 组员4： 组员5： ……
工作任务完成计划 （行动方案）	第一步： 第二步： 第三步：
工作任务完成时间	
组长	签名：

注：此表由组长填制，并与工作任务完成纸质材料一同装订。

三、任务实施

任务实施

任务实施步骤详见左侧二维码。

四、任务总结

工作任务完成后将分组的总结与感受分别填写到表1-4和表1-5中。

表1-4 工作任务完成总结

工作任务编号		工作任务名称	
班级		组长	
组别		组员	
完成工作任务过程中存在的问题或困惑			
完成工作任务心得			
组长		签名：	

表1-5 工作任务完成的结果评价

组别	正确率	排名	完成工作任务感受	是否提升了工作能力？
1				
2				
3				
4				
5				
6				

任务二 会计报表编制

相关知识

一、会计报表编制原则

企业应当以持续经营为基础，根据实际发生的交易和事项，按照《企业会计准则——基本准则》及其他各项会计准则的规定进行确认和计量，在此基础上编制会计报表。企业不应以附注披露代替确认和计量。

以持续经营为基础编制会计报表不再合理的，企业应当以其他原则为基础编制会计报表，并在附注中披露这一事实。

会计报表的编制，包括编制依据、编制要求、提供对象、提供期限等内容，是会计核算工作的重要环节。会计报表编制原则性的规定如下：

（1）会计报表应当依据会计账簿记录和有关资料编制；

（2）会计报表的编制要求、提供对象、提供期限应当符合法定要求；

（3）向不同的会计信息使用者所提供的会计报表，其编制依据应当一致；

（4）会计报表的编制依据、编制要求、提供对象、提供期限等具体要求，由《企业会计准则》规定。

二、会计报表编制要求

（一）会计报表编制的基本要求

按照《企业会计准则——基本准则》的规定，企业应当编制会计报表。编制会计报表的目标是向会计报表使用者提供与企业财务状况、经营成果和现金流量等有关的会计信息，反映企业管理层受托责任履行情况，有助于会计报表使用者做出经营决策。

会计报表使用者包括投资者、债权人、政府及其有关部门和社会公众等。

为了最大限度地满足会计报表使用者的需要，充分发挥会计报表的作用，企业编制会计报表时应遵循以下要求：

1. 真实可靠

虚假的会计报表会导致会计报表使用者对会计主体的财务状况、经营成果和现金流量情况做出错误的评价与判断，致使其做出错误的决策，所以会计报表中的各项数字必须真实准确。为了保证这一点，企业必须在编制会计报表之前按规定结账，认真对账，进行财产清查和试算平衡，在账证相符、账账相符、账实相符的基础上编制会计报表；同时，做到会计报表之间、会计报表各项目之间有对应关系的数字相互一致，会计报表中本期与上期的有关数字相互衔接。

2. 全面完整

会计报表应全面披露企业的财务状况、经营成果和现金流量情况，完整地反映企业财务活动的过程和结果。为了保证会计报表的全面、完整，企业在编制会计报表时，应按照

《企业会计准则》规定的格式和内容填报。如果某些重要会计事项报表中没有列项或某些非数量化的事项难以表达,则企业应用附表、附注等形式列示,或在财务情况说明书中列示,不得漏报或任意取舍。

3. 相关可比

企业会计报表所提供的会计信息必须与会计报表使用者的决策需要相关。企业只有提供相关可比的信息,才有助于会计报表使用者分析企业在整个社会特别是在同行业中所处的位置,了解、判断企业过去、现在的情况,预测企业未来的发展趋势,从而为会计报表使用者的决策服务。

4. 编报及时

为了保证会计信息的时效性,企业必须按规定的时间编制、报送会计报表,使会计信息得到及时利用;否则,编报不及时,就可能使会计报表的真实可靠性、全面完整性、相关可比性失去意义。

5. 便于理解

由于会计报表是为广大会计报表使用者提供服务的,如果企业提供的会计报表晦涩难懂、不可理解,使用者就不能据以做出准确的判断,会计报表的作用也会受到影响,这就要求企业编制会计报表时做到清晰明了、便于理解。

(二) 会计报表编制的具体要求

1. 编报时间要求

月度会计报表应当于月度终了后6天内(节假日顺延,下同)对外提供;季度会计报表应当于季度终了后15天内对外提供;半年度会计报表应当于年度中期结束后60天内(相当于两个连续的月份)对外提供;年度会计报表应当于年度终了后4个月内对外提供。

2. 金额填列要求

会计报表的填列,以人民币"元"为金额单位,"元"以下填至"分"。

3. 合并报表要求

合并会计报表的合并范围应当以控制为基础予以确定。

控制是指投资方拥有对被投资方的权力,通过参与被投资方的相关活动而享有可变回报,并且有能力运用对被投资方的权力影响其回报金额。企业对其他单位投资如占半数以上的表决权,或虽然占该单位半数以下的表决权,但通过与其他表决权持有人之间的协议能够控制半数以上的表决权的,应当编制合并会计报表。合并会计报表的编制原则和方法,按照《企业会计准则第33号——合并财务报表》的规定执行。企业在编制合并会计报表时,应当将合营企业合并在内,并按照比例合并方法对合营企业的资产、负债、所有者权益、收入、费用、利润等予以合并。

4. 其他要求

企业对外提供的会计报表应当依次编定页数,加具封面,装订成册,加盖公章。封面上应当注明企业名称、企业统一社会信用代码、组织形式、地址、报表所属年度或月份、报出日期,并由企业负责人和主管会计工作的负责人、会计机构负责人(会计主管人员)签名并盖章。设置总会计师的企业,还应当由总会计师签名并盖章等。

三、会计报表编制程序

（一）结账

结账是指一项将账簿记录定期结算清楚的财务工作。为了总括反映一定时期内（月度、季度、年度）账簿中记录的经济业务，总结经济活动和财务状况是必不可少的，也便于检查各种账簿记录的正确性和完整性，为编制会计报表提供正确的数据资料。会计人员必须定期结出各账户当期发生额及期末余额，并将期末余额结转到下期或新的账簿内。

1. 账项调整和账项结转

（1）账项调整。账项调整的依据是权责发生制。其主要内容包括：应计收入的调整；应计费用的调整，如应付利息的调整、应付职工薪酬的调整等；税费的调整，如应计入"税金及附加"的税费调整，应计入"管理费用"的税费调整和"所得税"费用的调整；预收收入的调整；预付费用的调整和其他事项的调整。

（2）账项结转。账项结转是指将一个账户上的发生额转记到另一个账户上。它又包括成本的结转、损益的结转和年末结转等。

2. 结账的内容

（1）结算各收入、费用账户，并据以计算确定本期利润；

（2）结算各资产、负债及所有者权益账户，分别结出本期发生额合计和余额。

3. 结账的程序

（1）将本期发生的经济业务全部登记入账，并保证其正确性；

（2）根据权责发生制的要求，调整有关账项，合理确定本期应计的收入和应计的费用；

（3）将有关收入（收益）、费用（损失）转入"本年利润"账户，结平所有损益类账户；

（4）结出资产、负债及所有者权益所有账户的本期发生额合计和余额，年度终了将余额结转到下期。

4. 结账的方法

（1）对不需要按月结计本期发生额的账户，月末余额就是本月最后一笔经济业务记录的同一行内余额。月末结账时，只需在最后一笔经济业务记录之下划通栏单红线，不需要再结计一次余额。如各项应收应付款明细账和各项财产物资明细账等，每次记账以后，都要随时结出余额，每月最后一笔余额即为月末余额。

（2）现金日记账、银行存款日记账需要按日、按月结出本日、本月的发生额和余额，在摘要栏内注明"本日合计"或"本月合计"字样，在下面划通栏单红线。

（3）对需要结计本年累计发生额的明细账户，如收入、成本、费用等明细账户，每月结账时，应在"本月合计"行下结计自年初起至本月止的累计发生额，登记在月份发生额下面，在摘要栏内注明"本年累计"字样，并在下面划通栏单红线。12月末的"本年累计"就是全年累计发生额，全年累计发生额下应划通栏双红线。

（4）总账账户平时只需结出月末余额。年终结账时，为了反映全年各项资产、负债及所有者权益增减变动的全貌，核对账目，要将所有总账账户结出全年发生额和年末余额，在摘要栏内注明"本年合计"字样，并在合计数下划通栏双红线。

（5）年度终了结账时，有余额的账户，要把各账户的余额结转到下一会计年度，在"本

"年合计"或"本年累计"双红线下一行摘要栏内注明"结转下年"字样,金额不再抄写,以下空格从右上角至左下角划斜线注销。在下一会计年度新建有关会计账簿第一行余额栏内填写上年结转的余额,并在摘要栏内注明"上年结转"字样。如果下一会计年度会计科目名称有变化,则还应在摘要栏内注明"结转下年××新账户"。

(6)年终结账后,应将有余额的账户结转到下一会计年度。对新会计年度建账,一般说来,总账、日记账和多数明细账应更换一次。但有些财产物资明细账和债权债务明细账由于品种规格与往来单位较多,更换新账时重抄一遍工作量很大,因此可以跨年使用,不必每年更换一次。各种备查簿也可连续使用。

(二)会计报表编制前的试算平衡

在编制会计报表前,企业要对会计账簿记录进行试算平衡,为会计报表的数字来源做最后的准备。所谓试算平衡,是指根据资产与负债、所有者权益的恒等关系以及借贷记账法的记账规则,检查所有账户记录是否正确,以保证会计报表数字真实、准确。

1. 试算平衡方式

试算平衡包括发生额试算平衡和余额试算平衡两种方式。

发生额试算平衡是指根据本期所有账户借方发生额合计与贷方发生额合计的恒等关系,检查本期发生额记录是否正确。试算平衡公式为:

全部账户本期借方发生额合计 = 全部账户本期贷方发生额合计

余额试算平衡是指根据"资产 = 负债 + 所有者权益"的恒等关系,检查本期余额记录是否正确。试算平衡公式为:

全部账户的借方期初余额合计 = 全部账户的贷方期初余额合计

全部账户的借方期末余额合计 = 全部账户的贷方期末余额合计

2. 试算平衡表

实际工作中,试算平衡是通过编制试算平衡表的方式进行的。试算平衡表是指会计期末根据有关账户记录编制,用以进行试算平衡的一种计算表。由于试算平衡有发生额试算平衡和余额试算平衡两种方式,因此试算平衡表也分为发生额试算平衡表和余额试算平衡表。通过编制试算平衡表,企业可以检查账簿记录是否正确,会计记录是否遵循了借贷记账法的记账规则,既为编制会计报表打下基础,又为下期记录打下基础。

编制试算平衡表的基本方法是:在期初余额平衡的基础上,首先结出各明细分类账户借方、贷方的本期发生额和期末余额,其次根据试算平衡公式进行发生额和余额的试算平衡,最后编制出试算平衡表。

经过试算平衡,对应存在的平衡关系进行检验,结果正确,即可编制会计报表。

能力训练

一、任务内容

任务目标:掌握发生额试算平衡表的编制。

(一)案例资料

根据下列经济业务编制会计分录,并编制本期发生额试算平衡表。

A 公司 2024 年 5 月发生下列经济业务：

（1）收到投资者投资 250 000 元,存入银行；

（2）购买设备一台,价款 140 000 元,以银行存款支付；

（3）购买原材料一批,货款 25 000 元,材料已入库,货款尚未支付；

（4）从银行提取现金 1 000 元备用；

（5）向银行借入六个月款项 50 000 元；

（6）销售产品一批,货款总额 100 000 元,增值税税款 13 000 元,收到 50 000 元存入银行,其余尚未收到；

（7）职工张某出差预借差旅费 1 000 元,以现金支付；

（8）以银行存款偿还前欠材料货款 25 000 元；

（9）张某出差回来报销差旅费 750 元,此前借款 1 000 元,差额交回现金；

（10）收回以前销货款 40 000 元存入银行。

（二）要求

1. 根据经济业务编制会计分录,并指出会计分录的类型；
2. 填写表 1-6 本期发生额试算平衡表。

表 1-6　本期发生额试算平衡表

会计科目	借方	贷方
银行存款		
原材料		
库存现金		
应收账款		
其他应收款		
固定资产		
短期借款		
应付账款		
应交税费		
实收资本		
主营业务收入		
管理费用		
合计		

二、任务分工

工作任务分配及完成计划如表 1-7 所示。

表 1-7　工作任务分配及完成计划

工作任务编号		工作任务名称	
班级		组长	
组别		组员	
明确本次工作任务重点			
工作任务分配	组长： 组员 1： 组员 2： 组员 3： 组员 4： 组员 5： ……		
工作任务完成计划 （行动方案）	第一步： 第二步： 第三步：		
工作任务完成时间			
组长			签名：

注：此表由组长填制，并与工作任务完成纸质材料一同装订。

三、任务实施

任务实施

任务实施步骤详见左侧二维码。

四、任务总结

工作任务完成后将分组的总结与感受分别填写到表 1-8 和表 1-9 中。

表 1-8　工作任务完成总结

工作任务编号		工作任务名称	
班级		组长	
组别		组员	
完成工作任务过程中存在的问题或困惑			
完成工作任务心得			
组长			签名：

表 1-9　工作任务完成的结果评价

组别	正确率	排名	完成工作任务感受	是否提升了工作能力？
1				
2				

(续表)

组别	正确率	排名	完成工作任务感受	是否提升了工作能力?
3				
4				
5				
6				

任务三　会计报表分析

相关知识

一、会计报表分析的目的

编制会计报表的主要目的,是提供企业财务状况和经营成果的信息,以供企业的经营管理者和投资者决策之用。但是会计报表所提供的数据和有关指标,只能概括地反映企业的财务状况和经营成果,并不能充分、有效地显示企业的偿债能力、盈利能力、资产周转状况以及其他有关计划。这就必须对各项有关会计数据进行加工、联系和对比,并对此进行分析、评价、总结和考核,为制定下一阶段或下一年度的财务、会计指标和经营管理目标提供依据。因此,会计报表分析的主要目的就在于进一步了解企业的财务状况和经营状况。比如,通过资产负债表中流动资产和流动负债的对比,可以从一个侧面反映企业的偿债能力,说明企业的财务状况;通过利润表中利润总额与资产负债表中资本金总额的对比,可以反映资本金的获利能力,说明企业经营状况和财务状况的优劣。

二、会计报表分析的作用

分析会计报表是企业经营管理者的一项重要工作,但因企业规模、经营管理水平和生产经营特点的不同,分析会计报表的侧重点也不尽相同。企业经营管理者分析会计报表的重点应当包括以下几个方面:

(1)通过会计报表中的各个项目,了解企业的财务状况,分析企业的资产分布状况是否合理、资金来源结构是否合适,及时发现资金管理中存在的问题,形成企业的财务预警系统,改变事后算账、管理被动的局面。

(2)通过以会计报表为依据计算的各项指标,分析企业的偿债能力、盈利能力和营运能力,及时发现企业经营管理中的薄弱环节,以避免不利事件的发生,做到有针对性地进行管理。

(3)通过对会计报表内容的分析,发现企业在会计基础工作方面存在的问题,从会计基础管理抓起,规范企业的会计行为,提高企业的财务管理水平。

(4)通过以会计报表为依据所进行的与计划完成情况、与前期发展趋势、与国内外同行业同类企业相比较的分析,对企业进行正确定位,进行科学的预测和决策,提高企业整体经营管理水平。

三、会计报表分析的基础

《中华人民共和国会计法》第十七条规定,"各单位应当定期将会计账簿记录与实物、款项及有关资料相互核对,保证会计账簿记录与实物及款项的实有数额相符、会计账簿记录与会计凭证的有关内容相符、会计账簿之间相对应的记录相符、会计账簿记录与会计报表的有关内容相符"。

(一)"四个相符"的内容

会计报表分析的基础是会计法规定的"四个相符",即"账实相符""账证相符""账账相符"和"账表相符"。

账实相符,是指会计账簿记录与实物及款项的实有数额相符。账实相符是会计核算的基本要求,通过会计账簿记录与实物、款项的实有数额核对,可以检查、验证会计账簿记录的正确性,发现财产物资和现金管理中存在的问题,有利于查明原因、明确责任,改善管理、提高效益,保证会计资料真实、完整。

账证相符,是指会计账簿记录与会计凭证的有关内容相符。账证相符是核对会计账簿(包括总账、明细账以及现金日记账、银行存款日记账)记录与原始凭证、记账凭证的时间、凭证字号、内容、金额是否相符。

账账相符,是指会计账簿之间相对应的记录相符。包括总账各账户之间、总账与明细账之间、总账与日记账之间、会计机构的财产物资明细账与保管部门和使用部门的有关财产物资明细账之间的核对。通过定期核对,可以检查、验证、确认会计账簿记录的正确性,便于及时发现问题、纠正错误,保证会计资料真实、准确和完整。

账表相符,是指会计账簿记录与会计报表的有关内容相符。会计报表是对会计核算工作的全面总结,也是及时提供真实、准确、完整会计信息的重要环节。实际工作中存在的会计信息不准确问题,在很大程度上是在编制会计报表这一环节的差错造成的。因此,会计法规定各单位应当根据经过审核的会计账簿记录和有关资料编制会计报表,切实做到有根有据,并定期将会计账簿记录与会计报表之间的有关内容相互核对,做到账表相符。

(二)如何做好"四个相符"

对账是为了保证会计账簿记录的正确性而进行的有关账项的核对工作,包括账实核对、账证核对、账账核对和账表核对。其目的是保证会计账簿记录的正确与完整。

对账的内容主要包括以下四个方面:

(1)账实核对。账实核对是指各种财产物资的账面余额与实有数额进行核对。核对会计账簿记录与财产物资等实有数额是否相符。包括:现金日记账账面余额与现金实际库存数核对;银行存款日记账账面余额与银行对账单核对;各种财产物资明细账账面余额与财产物资实有数额核对;各种应收、应付款明细账账面余额与有关债务、债权单位或个人核对;等等。具体可以通过财产清查进行。

(2)账证核对。账证核对是指各种会计账簿记录与有关会计凭证进行核对。核对会计账簿记录与原始凭证、记账凭证的时间、凭证字号、内容、金额是否一致,记账方向是否相符。

(3)账账核对。账账核对是指各种会计账簿之间的有关记录进行核对。核对不同会计账簿记录是否相符。

（4）账表核对。账表核对是指为使账表相符,首先要检查报表各项指标是否真实可靠,各项指标是否与账簿的有关资料相符、是否与有关财产物资的实有数相符,各种报表之间有关数字是否衔接。在编制会计报表前,企业首先要仔细核对会计账簿记录;只有在保证账实相符、账证相符、账账相符的基础上,才能使据以编制的会计报表达到情况真实、数字准确,做到账表相符。

四、会计报表分析的步骤

会计报表是建立在会计核算基础上的,是对企业经营活动的综合反映。要对一个企业的会计报表做出比较深刻、透彻的分析,找出有用的信息,发现潜在的问题,就必须采用一定的分析会计报表的步骤和方法。

会计报表分析的一般步骤包括确定分析目的、搜集分析信息、选择分析方法、得出分析结论。

（一）确定分析目的

在进行会计报表分析时,首先是明确分析目的。不同人员基于不同的经济利益,会对会计报表得出不同的分析结论。管理当局希望通过会计报表分析有效地调整对业务活动的预算与控制;而债权人则希望从会计报表分析中得到企业偿债能力信息,以便做出评价和决策。

（二）搜集分析信息

会计报表提供的信息只反映经济活动在某一时期的结果,并不反映经济活动的发生、发展变化过程。会计报表只能部分地反映造成当前结果的原因,不能全面揭示形成原因。因此,分析者需要搜集相关信息。

（三）选择分析方法

分析方法服从于分析目的,分析者应当根据不同的分析目的采用不同的分析方法。常用的分析方法包括比较分析法、比率分析法、因素分析法、结构分析法和趋势分析法等。

（四）得出分析结论

首先核对和明确会计报表是否反映了真实情况,并依据分析目的进行相关指标的计算,根据计算结果进行比较分析,得出分析结论。

五、会计报表分析的方法

会计报表分析的方法主要有比较分析法、比率分析法、因素分析法、结构分析法和趋势分析法等。

（一）比较分析法

比较分析法是根据企业连续数期的会计报表,比较各期的有关项目金额,以揭示当期财务状况和经营成果增减变化的性质与趋向的一种分析方法。比较分析法通常采用编制比较会计报表的方法进行,在编制比较会计报表时,一般将连续数期的会计报表并列在一起加以比较。分析者可以运用绝对数进行比较,也可以运用相对数进行比较。不论是运用绝对数比较还是运用相对数比较,分析者都应对重要数据进行分析,以便确定财务状况变动的重要原因,判断财务状况的变动趋势是否对企业有利,根据过去和现在的会计报表资料,测算企业未来的财务状况及其发展趋势。具体方法包括定基百分比法和变动百分比法。

定基百分比法是指以某一时期的数额为固定基期数额而计算出来的动态比率。其计算公式为:

$$定基百分比 = 分析期数额 \div 固定基期数额 \times 100\%$$

变动百分比法是指以每一分析期的前期数额为基期数额而计算出来的动态比率。其计算公式为:

$$变动百分比 = 分析期数额 \div 前期数额 \times 100\%$$

1. 比较分析的基本方式

比较分析的基本方式有本企业本期实际指标与预算或定额指标比较,以检查预算或定额的完成情况;本企业本期实际指标与以前各期(上期、上年同期或历史最好水平等)同类指标比较,以考察企业经营活动的变动情况和变动趋势;本企业实际指标与国内外同行业先进指标比较,以便在更大范围内比较出差距。

2. 比较对象的标准

在使用比较分析法时,首先要确定比较对象的标准。通常比较对象的标准包括以历史经验数据为标准、以预算指标为标准、以历史数据为标准和以行业数据为标准。

(1)以历史经验数据为标准。历史经验数据是在长期的财务管理实践中总结出来的被人们普遍认可的资料,经过长期实践证明是有效的,因此被广泛认可。比如,当采用流动比率来判断企业是否有短期偿债能力时,往往我们认为在流动比率大于2的情况下企业才有较为可靠的偿债能力。

(2)以预算指标为标准。预算指标是实行预算管理的企业所制定的考核标准,如果企业的实际财务数据与预算指标有差距,则应尽快查明原因,采取措施完成财务预算目标。以预算指标为标准的优点是符合战略管理及目标管理的要求;但在预算指标制定或执行中存在的客观因素等会影响预算指标的完成情况。

(3)以历史数据为标准。历史数据是企业在过去的财务工作中曾发生的一些数据,如上年实际数据、上年同期数据、历史最好水平等。将本期实际数与上期实际数或历史最好水平进行比较,一方面可以通过差异揭示存在的问题,以便改进企业的管理工作;另一方面可以通过若干历史时期的数据比较来发现经营活动的变动趋势,为预测提供依据。

(4)以行业数据为标准。以行业数据为标准是将企业所在行业的特定指标作为财务分析对比的标准。在实际工作中,具体的使用方式有多种。行业标准可以是行业公认的标准,也可以是行业先进水平,还可以是行业财务状况的平均水平。与行业标准相比较,可以说明企业在行业中所处的地位和水平,有利于揭示企业与同行业其他企业的差距,也可用于判断企业的发展趋势。

在采用比较分析法时,分析者还应注意以下两个问题:第一,选用的财务指标与标准的可比性,即实际财务指标与标准的计算口径必须一致,也就是说实际财务指标与标准在内容、范围、时间跨度、计算方法等方面必须一致;第二,剔除特殊项目的影响,使作为分析的数据能反映正常的经营状况。

比较分析法虽然不能揭示深层次的问题,但对于掌握企业基本概况和为进一步分析提供依据等是十分必要的。在具体运用中,究竟采用什么数据和指标、多少数据和指标、何种比较形式等,取决于分析者的分析目的和对象。但必须注意,在运用比较分析法时,用以对比的指标必须具有同质性,即指标间具有可比性,否则对比结果将毫无意义。

(二)比率分析法

比率分析法是指运用同一张会计报表的不同项目之间、不同类别之间或两张不同会计报表的有关项目之间的比率关系,从相对数上对企业的财务状况进行分析和考察,借以发现企业的财务状况和经营成果存在的问题的一种方法。在运用比率分析法时,应首先确定被分析的不同项目之间存在联系,这是运用比率分析法的前提条件。

会计报表分析所使用的比率,会随着分析资料使用者的着眼点、目标和用途的不同而异,根据其分析结果所做出的财务评价也不一样。债权人关心的是企业资产的流动性,因此他特别注意流动比率、速动比率等反映流动性的指标。股东和长期债权人则十分关心企业的盈利能力与经营发展趋势,以便获得理想的投资报酬。企业的经营者则关心会计报表分析的全部,既要保证企业具有偿还短期债务和长期债务的能力,又要为投资者获取尽可能多的利润。

比率分析法在整个会计报表分析中占有十分重要的地位,对企业同一时期财务状况和盈利能力的分析都较为全面。比率分析具体分解为三大类,即偿债能力分析、营运能力分析和盈利能力分析。偿债能力分析是对企业流动资产偿付流动负债和长期负债的能力进行分析,主要指标有流动比率、速动比率和资产负债率等;营运能力分析是对企业资产的周转状况进行分析,主要指标有总资产周转率、应收账款周转率和存货周转率等;盈利能力分析是对企业投入资本的盈利情况、营业收入的盈利情况进行分析,主要指标有净资产收益率和营业利润率等。

(三)因素分析法

因素分析法又称连环替代法,是将一项综合性的指标分解为各项构成因素,顺序用各项因素的实际数替换基数,分析各项因素影响程度的一种方法。

因素分析法的基本步骤:一是分解某项综合指标的各项构成因素;二是确定各项因素的排列顺序;三是按排定的顺序和各项因素的基数进行计算;四是依次将前面那项因素的基数替换成实际数,计算出替换后的结果,与前一次替换的计算结果进行比较,计算出该项因素的影响程度,直至替换完毕;五是计算出各项因素影响程度之和,与该项综合指标的差异总额进行对比,核对是否相符。

因素分析法在进行成本、费用分析时经常被采用。使用因素分析法时,确定各项因素的排列顺序一般应遵循下列原则:如果既有数量因素又有质量因素,那么数量因素排列在前,质量因素排列在后;如果既有实物数量因素又有价值数量因素,那么实物数量因素排列在前,价值数量因素排列在后;如果都是数量因素,或者都是质量因素,那么应区分主要因素和次要因素,主要因素排列在前,次要因素排列在后。

(四)结构分析法

结构分析法是将相关项目金额与同期相应的合计金额、总计金额或特定项目金额进行对比,以查看相关项目的结构百分比,得出企业各项结构的一种分析方法。由于进行结构分析时往往是对纵向排列的各项目进行各自占总体百分比的计算,因此结构分析法又被称为垂直分析法。

结构分析中将什么项目设定为基数要视分析目的而定,并没有统一的规定。通常用作基数表示的项目,在资产负债表中为资产总额,在利润表中为营业收入等。比如,为了分析资产结构,可以将资产总额设定为100%,分别计算货币资金、应收账款、存货、固定资产等各个资产项目占资产总额的结构百分比。

（五）趋势分析法

趋势分析法是依据企业连续数期的会计报表,比较各期的有关项目金额,以揭示当期财务状况和经营成果增减变化趋势的一种分析方法。趋势分析法通常采用编制比较会计报表的方法来进行,编制比较会计报表时,一般将连续数期会计报表并列在一起加以比较。比较时,可以运用绝对数进行比较,也可以运用相对数进行比较,但不论是运用绝对数还是运用相对数,都应对关键性数据进行分析,以便确定财务状况变动的重要原因,判断财务状况的变化趋势是否对企业有利,根据过去和现在的会计报表资料,预测企业未来的财务状况及发展趋势。

趋势分析法分为横向分析和纵向分析两种基本分析方式。横向分析是指将两期或数期的会计报表中的相同项目进行比较分析。纵向分析是指对同一期间会计报表中的不同项目间的关系进行比较分析,即将会计报表中某一项目的数字作为基数,而其余纵向排列项目的数字相当于该数字的百分比。通常用作基数表示的项目,在资产负债表中为资产总额,在利润表中为营业收入等。

能力训练

一、任务内容

任务目标:掌握会计报表分析方法。

（一）案例资料

依据引导案例资料,运用比较分析法对北方华创公司2020—2022年利润表进行分析。环比利润表格式如表1-10所示。

表1-10　环比利润表

项目	2022年	2021年	2020年
营业总收入			
营业总成本			
营业成本			
销售费用			
管理费用			
研发费用			
营业利润			

(续表)

项目	2022 年	2021 年	2020 年
利润总额			
净利润			
每股收益			

（二）要求

1. 计算 2020—2022 年北方华创公司利润表各项目变动百分比，并编制环比利润表；
2. 运用比较分析法对北方华创公司盈利状况进行分析，并判断该公司是否值得投资。

二、任务分工

工作任务分配及完成计划如表 1-11 所示。

表 1-11　工作任务分配及完成计划

工作任务编号		工作任务名称	
班级		组长	
组别		组员	
明确本次工作任务重点			
工作任务分配	组长： 组员 1： 组员 2： 组员 3： 组员 4： 组员 5： ……		
工作任务完成计划 （行动方案）	第一步： 第二步： 第三步：		
工作任务完成时间			
组长			签名：

注：此表由组长填制，并与工作任务完成纸质材料一同装订。

三、任务实施

任务实施步骤详见右侧二维码。

四、任务总结

工作任务完成后将分组的总结与感受分别填写到表 1-12 和表 1-13 中。

任务实施

表 1-12 工作任务完成总结

工作任务编号		工作任务名称	
班级		组长	
组别		组员	
完成工作任务过程中存在的问题或困惑			
完成工作任务心得			
组长			签名：

表 1-13 工作任务完成的结果评价

组别	正确率	排名	完成工作任务感受	是否提升了工作能力？
1				
2				
3				
4				
5				
6				

任务四 撰写财务分析报告

相关知识

一、财务分析报告的格式

(一) 财务分析报告的分类

财务分析报告一般按照编写的时间和编写的内容进行分类。

财务分析报告依据编写的时间可分为两种：一是定期分析报告，二是非定期分析报告。定期分析报告可以分为每日、每周、每旬、每月、每季、每年报告。非定期分析报告没有固定的时间要求，具体根据企业管理要求而定

财务分析报告依据编写的内容可分为三种：一是综合性分析报告，二是专项分析报告，三是项目分析报告。综合性分析报告是对企业整体运营及财务状况的分析评价；专项分析报告是针对企业运营的一部分，如现金流量、销售收入变化的分析；项目分析报告是对企业局部或一个独立运作项目的分析。

(二) 财务分析报告的格式与内容

严格地讲，财务分析报告没有固定的格式和体裁，但要求能够反映要点、分析透彻、有实有据、观点鲜明、符合报送对象的要求。一般来说，财务分析报告均应包含公司总体概

述、公司运营情况说明和财务总体分析评价等内容,但在实际编写时要根据具体的目的和要求有所取舍,突出重点内容。

财务分析报告在表达方式上可以采取文字处理与图表表达相结合的方法,使其简明易懂、生动、形象。

二、财务分析报告的具体内容

综合性财务分析报告的具体内容如下:

(一)公司总体概述

公司总体概述一般包括公司简介、经济形势分析和财务总体评价等。

1. 公司简介

公司简介一般包括公司全称、营业范围、注册资本、办公地址、联系方式等。

2. 经济形势分析

经济形势分析一般包括国际经济形势分析、国内经济形势分析、行业状况分析、所在产业发展趋势分析,以及公司在行业中的地位及优劣势分析等。

3. 财务总体评价

财务总体评价一般包括主要财务数据、企业财务状况及经营成果的总体评价等。这让财务分析报告使用者对公司财务有一个总括的认识。

(二)公司运营情况说明

公司运营情况说明主要包括:报告期内公司是否适应经济形势和行业发展需要持续加大技术投入,不断加强新技术、新产品的开发能力,积极推进大客户的深度开发;投资项目是否顺利投产,有力支持了公司的业务发展;公司经营业绩是否快速增长,竞争实力是否进一步加强;报告期内,公司营业收入、净利润等是否同比增长,成本费用是否得到合理控制;等等。

这部分要求文字表述恰当、数据引用准确。对经济指标进行说明时可适当运用绝对数、比较数及复合指标数。特别要关注公司当前运作上的重心,对重要事项要单独反映。公司在不同阶段的工作重点有所不同,所需要的财务分析重点也不同。

(三)财务总体分析评价

财务总体分析评价主要包括财务分析和财务评价两部分。

财务分析包括对资产负债表、利润表和现金流量表中变化大的项目的分析,对主要财务指标的分析等。这是对公司的经营情况进行分析研究。在说明问题的同时还要分析问题,寻找问题的原因和症结,以达到解决问题的目的。财务分析一定要有理有据,细化分解各项指标,因为有些报表数据是比较含糊和笼统的,要善于运用表格、图示突出表达分析的内容。分析问题时一定要抓住当前要点,多反映公司经营焦点和易于忽视的问题。

财务评价主要是运用财务指标对公司偿债能力、营运能力、盈利能力和发展能力等方面进行评价。做出财务分析后,应该从财务角度对公司经营情况、财务状况、经营业绩给予公正、客观的评价和预测。财务评价要从正面和负面两方面进行,评价既可以单独分段进行,又可以将评价内容穿插在说明部分和分析部分进行。

此外,根据需要还可以提出对经营运作、投资决策进行分析后形成的意见和看法,特别是对运作过程中存在的问题提出改进建议。

能力训练

一、任务内容

任务目标:掌握财务分析报告的撰写方法。

(一)案例资料

A 股份有限公司比较资产负债表(简表)如表 1-14 所示。

表 1-14　比较资产负债表(简表)　　　　　　　　　　金额单位:元

项目	2023 年 12 月 31 日	2024 年 12 月 31 日	变动百分比(%)
流动资产:			
货币资金	66 526 190.83	114 308 453.02	
交易性金融资产	80 000 000.00	50 000 000.00	
应收账款	34 536 483.43	42 456 846.65	
预付款项	13 599 273.58	44 846 242.64	
存货	57 681 113.43	108 369 081.81	
其他流动资产	1 846 195.32	978 658.97	
流动资产合计	260 025 192.82	367 338 129.26	
非流动资产:			
长期股权投资	1 500 466.39	1 928 292.26	
固定资产	103 617 144.10	197 292 292.67	
在建工程	103 511 159.69	26 373 954.51	
资产总计	483 308 346.09	610 395 265.93	
流动负债:			
短期借款	57 690 946.46	151 227 776.84	
应付账款	27 390 949.37	22 206 158.65	
预收款项	16 530 233.36	27 610 304.62	
应付职工薪酬	5 757 564.09	7 105 098.84	
应付股利		24 000 000.00	
流动负债合计	150 988 553.15	231 015 778.15	
非流动负债:			
长期借款	5 000 000.00	170 000.00	

(金额单位:元)(续表)

项目	2023年12月31日	2024年12月31日	变动百分比(%)
长期应付款	6 378 365.81	15 744 462.45	
非流动负债合计	11 378 365.81	15 914 462.45	
股东权益:			
股本	120 000 000.00	132 000 000.00	
资本公积	148 402 472.54	148 402 472.54	
盈余公积	15 071 417.75	21 062 692.07	
未分配利润	32 693 660.54	54 644 215.00	
股东权益合计	316 167 550.83	356 109 379.61	
负债和股东权益总计	483 308 346.09	610 395 265.93	

（二）要求

1. 计算该公司资产负债表项目的变动百分比；
2. 对该公司2024年财务状况进行分析。

二、任务分工

工作任务分配及完成计划如表1-15所示。

表1-15 工作任务分配及完成计划

工作任务编号		工作任务名称	
班级		组长	
组别		组员	
明确本次工作任务重点			
工作任务分配	组长： 组员1： 组员2： 组员3： 组员4： 组员5： ……		
工作任务完成计划 （行动方案）	第一步： 第二步： 第三步：		
工作任务完成时间			
组长			签名：

注：此表由组长填制，并与工作任务完成纸质材料一同装订。

三、任务实施

任务实施

任务实施步骤详见左侧二维码。

四、任务总结

工作任务完成后将分组的总结与感受分别填写到表 1-16 和表 1-17 中。

表 1-16　工作任务完成总结

工作任务编号		工作任务名称	
班级		组长	
组别		组员	
完成工作任务过程中存在的问题或困惑			
完成工作任务心得			
组长			签名：

表 1-17　工作任务完成的结果评价

组别	正确率	排名	完成工作任务感受	是否提升了工作能力？
1				
2				
3				
4				
5				
6				

项目实训评价

1. 学生进行自我评价，并将结果填入学生技能自评表。学生技能自评表如表 1-18 所示。

表 1-18　学生技能自评表

项目一		会计报表基础		
评价项目		评价标准	分值	得分
技能评价	会计报表构成	能了解会计报表的含义、职能和作用	10	
	会计报表编制	能熟悉会计报表编制的基本要求	10	
		能掌握会计报表编制的程序	10	
	会计报表分析	能熟悉会计报表分析的目的和重点	20	
		能掌握会计报表分析的方法	20	

(续表)

项目一		会计报表基础		
评价项目		评价标准	分值	得分
素质评价	工作态度	态度端正,无无故缺勤、迟到、早退现象	6	
	工作质量	能按计划完成工作任务	6	
	协调能力	与小组成员、同学之间能合作交流,协调工作	6	
	职业素质	能做到认真工作	6	
	创新意识	能运用所学开展会计工作	6	
合计			100	

2. 学生以小组为单位,对以上学习工作任务的过程与结果进行互评,将互评结果填入学生互评表。学生互评表如表1-19所示。

表1-19 学生互评表

项目一		会计报表基础											
评价项目	分值	等级							评价对象(组别)				
									1	2	3	4	5	6
课前任务	10	优	10	良	8	中	6	差	4					
计划合理	10	优	10	良	8	中	6	差	4					
方案准确	10	优	10	良	8	中	6	差	4					
团队合作	10	优	10	良	8	中	6	差	4					
组织有序	10	优	10	良	8	中	6	差	4					
工作质量	10	优	10	良	8	中	6	差	4					
工作效率	10	优	10	良	8	中	6	差	4					
工作完成	10	优	10	良	8	中	6	差	4					
工作规范	10	优	10	良	8	中	6	差	4					
课后任务	10	优	10	良	8	中	6	差	4					

3. 教师对学生工作过程与工作结果进行评价,并将评价结果填入教师综合评价表。教师综合评价表如表1-20所示。

表1-20 教师综合评价表

项目一		会计报表基础		
评价项目		评价标准	分值	得分
考勤(10%)		无无故缺勤、迟到、早退现象	10	
工作过程(60%)	会计报表构成	能了解会计报表的含义、职能和作用	10	
	会计报表编制	能熟悉会计报表编制的基本要求	10	
		能掌握会计报表编制的程序	10	
	会计报表分析	能熟悉会计报表分析的目的和重点	15	
		能掌握会计报表分析的方法	15	

(续表)

项目一		会计报表基础		
评价项目		评价标准	分值	得分
工作结果（30%）	工作进度	能按时完成工作任务	10	
	工作规范	能按照基本工作流程完成工作任务	10	
	成果展示	能准确、充分、恰当地展示工作成果	10	
合计			100	

自测训练

一、单项选择题

在每小题列出的四个备选项中只有一个选项是符合题目要求的，请将其代码填写在题后的括号内。

1. 外部会计信息使用者了解会计主体信息的主要渠道是(　　)。
   A. 会计报表　　　　　　　　　B. 账簿
   C. 财产清查　　　　　　　　　D. 会计凭证

2. 会计报表分析方法有多种，最常用的分析方法是(　　)。
   A. 比较分析法　　　　　　　　B. 因素分析法
   C. 回归分析法　　　　　　　　D. 模拟模型分析法

3. 在企业编制的会计报表中，反映财务状况变动的报表是(　　)。
   A. 现金流量表　　　　　　　　B. 资产负债表
   C. 利润表　　　　　　　　　　D. 所有者权益变动表

4. 现金流量表编制的计价基础是(　　)。
   A. 权责发生制　　　　　　　　B. 应收应付制
   C. 收入费用配比制　　　　　　D. 收付实现制

5. 企业投资者进行财务分析的目的是关心企业的(　　)。
   A. 盈利能力　　　　　　　　　B. 营运能力
   C. 偿债能力　　　　　　　　　D. 发展能力

6. 根据企业连续若干会计期间的分析资料，运用比率的计算，比较不同会计期间相关项目的变动情况和发展趋势的财务分析方法是(　　)。
   A. 水平分析法　　　　　　　　B. 垂直分析法
   C. 趋势分析法　　　　　　　　D. 比率分析法

7. 在财务分析中，最关心企业盈利能力的利益主体是(　　)。
   A. 投资者　　　　　　　　　　B. 债权人
   C. 经营者　　　　　　　　　　D. 政府管理机构

8. 债权人在进行企业财务分析时，最为关注的是(　　)。
   A. 盈利能力　　　　　　　　　B. 偿债能力
   C. 发展能力　　　　　　　　　D. 营运能力

9. 反映企业一定日期财务状况的会计要素是( )。
A. 资产 B. 收入
C. 利润 D. 费用
10. 反映企业一定期间经营成果的要素是( )。
A. 资产 B. 收入
C. 利润 D. 所有者权益

二、多项选择题

在每小题列出的备选项中至少有两个是符合题目要求的,请将其代码填写在题后的括号内。

1. 会计报表体系一般包括( )。
A. 会计报表 B. 审计报告
C. 报表附注 D. 财务比率
2. 会计报表的编制必须做到( )。
A. 数字真实 B. 计算准确
C. 内容完整 D. 编报及时
3. 按现行会计准则的规定,企业对外报送的会计报表有( )。
A. 资产负债表 B. 利润表
C. 现金流量表 D. 成本报表
4. 利润表的作用包括( )。
A. 有助于企业进行合理投资决策 B. 揭示企业经营成果
C. 有助于考核评价经营者经营业绩 D. 反映企业盈利能力
5. 资产负债表的作用包括( )。
A. 揭示经济资源总量及其分布形态 B. 获取企业资产流动性水平信息
C. 提供分析企业偿债能力的信息 D. 反映企业盈利能力
6. 下列各项中对资产负债表的作用描述正确的有( )。
A. 通过编制资产负债表可以反映企业资产的构成及其状况
B. 通过编制资产负债表可以分析企业的偿债能力
C. 通过编制资产负债表可以分析企业的盈利能力
D. 通过编制资产负债表可以反映企业所有者权益的情况
7. 下列各项中属于会计报表分析内容的有( )。
A. 偿债能力分析 B. 投资报酬分析
C. 资产运营效率分析 D. 盈利能力分析
8. 在会计报表附注中应披露的会计政策有( )。
A. 职工工资发放的数额 B. 存货的计价方法
C. 所得税费用上缴数额 D. 固定资产的使用年限
9. 利润表属于( )。
A. 反映财务状况的报表 B. 反映经营成果的报表
C. 静态报表 D. 动态报表

10. 下列各项中属于资产要素特点的有（　　）。

A. 可以是企业所拥有的，也可以是企业所控制的

B. 必须是能够为企业带来未来经济利益的经济资源

C. 必须是有形的

D. 必须是过去的交易或者事项所形成的

三、判断题

判断下列各题正误，正确者在括号内打"√"，错误者在括号内打"×"。

1. 编制会计报表的主要目的是为会计报表使用者决策提供信息。（　　）

2. 会计报表是用来总括反映一定时期企业经营活动及其成果的报告文件，其各项数据都是根据报告期有关账户的期末余额分析、计算填列的。（　　）

3. 资产负债表是反映企业在一定时期财务状况具体分布的报表。（　　）

4. 利润表是反映企业在一定期间经营成果的报表。（　　）

5. 会计报表分析的对象是企业的经营活动。（　　）

6. 企业对会计记录进行试算平衡后，就可依据账簿记录编制各种会计报表。（　　）

7. 为了保证编报的及时性，企业可以先编制会计报表后结账。（　　）

8. 企业在编制会计报表前，一般应进行账实核对、账证核对、账账核对，并进行期末账项调整，以保证会计信息的有用性。（　　）

9. 会计报表提供的信息仅对外部的投资者和债权人有用。（　　）

10. 比较分析法是会计报表分析最常用的方法。（　　）

项目二

资产负债表编制

学习任务描述

资产负债表是反映企业在某一特定日期财务状况的会计报表。它反映企业在某一特定日期所拥有或控制的经济资源、所承担的现时义务和所有者对净资产的要求权。编制资产负债表需要遵循《企业会计准则——基本准则》。资产负债表的编制依据是会计恒等式,即"资产=负债+所有者权益",资产负债表项目的填列方法是根据总账会计科目期末余额进行分析填列。

1. 知识目标

通过本项目的学习,了解资产负债表基础知识,掌握资产负债表主要项目的编制方法。

2. 能力目标

通过本项目的学习,掌握资产负债表的结构和资产负债表的编制方法。

3. 素养目标

培养学生诚信经营、尊重和保护知识产权的意识,能够识别资产负债表风险点,加强职业道德、责任意识教育,彰显社会主义核心价值观。

知识体系

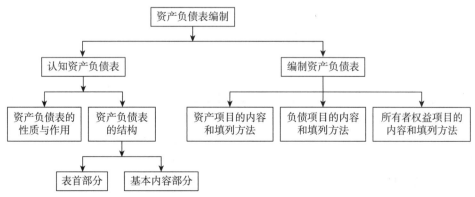

图 2-1 资产负债表编制知识体系

引导案例

2024年12月31日，M股份有限公司的资产负债表简表如表2-1所示，请分析M股份有限公司的财务状况。

表2-1 资产负债表（简表）

编制单位：M股份有限公司　　　　2024年12月31日　　　　　　　　　单位：万元

资产	期末余额	年初余额	负债和股东权益	期末余额	年初余额
流动资产：			流动负债：		
货币资金	30		短期借款	700	
存货	70		应付账款	200	
……			……		
流动资产合计	100		流动负债合计	900	
非流动资产：			非流动负债：		
固定资产	700		长期借款	30	
在建工程	200		应付债券	20	
……			……		
非流动资产合计	900		非流动负债合计	50	
			负债合计	950	
			股东权益：		
			股本	50	
			……		
			股东权益合计	50	
资产总计	1 000		负债和股东权益总计	1 000	

任务一　认知资产负债表

相关知识

一、资产负债表的性质与作用

（一）资产负债表的性质

资产负债表是反映企业在某一特定日期财务状况的会计报表。它反映企业在某一特定日期所拥有或控制的经济资源、所承担的现时义务和所有者对净资产的要求权。它是根据"资产=负债+所有者权益"的会计恒等式，按照一定的分类标准、顺序和要求，把企业在一定日期的资产、负债和所有者权益各项目予以适当排列编制而成。

资产负债表中反映的财务状况主要包括以下几个方面的内容：

（1）企业在一定日期所拥有或控制的经济资源；

(2) 企业在一定日期的偿债能力；
(3) 企业在一定日期所承担的债务和应履行的现时义务；
(4) 企业投资者（所有者）在企业中所拥有的权益及其构成；
(5) 企业财务状况变动趋势。

（二）资产负债表的作用

资产负债表是一张基本报表，具有十分重要的作用，具体表现在以下几个方面：

1. 反映企业的资产总量及其构成情况

资产负债表能完整、系统地反映企业的资产总量及其构成情况，反映企业所拥有的流动资产、固定资产、长期投资、无形资产及其他资产的数额，以及各类资产在总资产中所占的比重，可据以了解企业所拥有或控制的资源结构是否合理，从而为优化资源结构提供重要的依据。

2. 反映企业的资本结构及其相互关系

企业的资本结构包括负债与所有者权益的比例，负债中流动负债与长期负债的比例，所有者权益中投入资本与留存收益的比例等。一般而言，负债与所有者权益比例的大小会影响到债权人和投资者各自承担风险的大小，负债与资产比例的大小会影响到企业债权人的权益保障程度。资本结构合理与否将直接关系到企业财务状况的好坏。

3. 反映企业的偿债能力

企业的偿债能力包括短期偿债能力和长期偿债能力。企业的短期偿债能力主要通过企业资产的流动性或变现能力来反映。所谓资产的流动性或变现能力，是指企业的资产转化为现金的能力，这取决于企业的资本结构和获利能力。资产负债表能比较详细地反映企业长短期债务的偿还能力，从而反映企业资产与负债结构是否合理，据以判断贷款的安全程度。

4. 预测企业财务状况的发展趋势

企业管理者和与企业有关的各部门及其他报表使用者通过分析资产负债表，计算和比较具体项目，特别是对比分析前后两期资产负债表，可以预测企业未来的财务状况发展趋势，从而做出有关投资或借贷决策。

二、资产负债表的结构

资产负债表的结构目前主要有账户式和报告式两种。根据我国《企业会计准则》的规定，资产负债表采用账户式结构。企业的资产负债表一般由表首和基本内容组成，其格式如表2-2所示。

表2-2 资产负债表

会企01表

编制单位： 年 月 日 单位：元

资产	期末余额	年初余额	负债和所有者权益（或股东权益）	期末余额	年初余额
流动资产：			流动负债：		
货币资金			短期借款		

(单位:元)(续表)

资产	期末余额	年初余额	负债和所有者权益（或股东权益）	期末余额	年初余额
交易性金融资产			交易性金融负债		
衍生金融资产			衍生金融负债		
应收票据			应付票据		
应收账款			应付账款		
预付款项			预收款项		
其他应收款			合同负债		
存货			应付职工薪酬		
合同资产			应交税费		
持有待售资产			其他应付款		
一年内到期的非流动资产			持有待售负债		
其他流动资产			一年内到期的非流动负债		
流动资产合计			其他流动负债		
非流动资产：			流动负债合计		
债权投资			非流动负债：		
其他债权投资			长期借款		
长期应收款			应付债券		
长期股权投资			其中：优先股		
其他权益工具投资			永续债		
其他非流动金融资产			长期应付款		
投资性房地产			预计负债		
固定资产			递延收益		
在建工程			递延所得税负债		
生产性生物资产			其他非流动负债		
油气资产			非流动负债合计		
无形资产			负债合计		
开发支出			所有者权益（或股东权益）：		
商誉			实收资本（或股本）		
长期待摊费用			其他权益工具		

(单位:元)(续表)

资产	期末余额	年初余额	负债和所有者权益（或股东权益）	期末余额	年初余额
递延所得税资产			其中:优先股		
其他非流动资产			永续债		
非流动资产合计			资本公积		
			减:库存股		
			其他综合收益		
			盈余公积		
			未分配利润		
			所有者权益（或股东权益）合计		
资产总计			负债和所有者权益（或股东权益）总计		

（一）表首部分

表首部分应列明企业的名称、编制日期、货币单位和报表编号。

（二）基本内容部分

基本内容部分是资产负债表的主体和核心。采用账户式左右对称格式排列，左方为资产，右方为负债和所有者权益。资产负债表依据的是"资产=负债+所有者权益"会计恒等式，所以资产负债表左方项目金额总计与右方项目金额总计必须相等，始终保持平衡。

1. 资产负债表左方项目

资产负债表左方项目一般按照流动资产、非流动资产进行分类并分项列示。

（1）流动资产项目。流动资产项目包括货币资金、交易性金融资产、衍生金融资产、应收票据、应收账款、预付款项、其他应收款、存货、合同资产、持有待售资产、一年内到期的非流动资产和其他流动资产等。

（2）非流动资产项目。非流动资产项目包括债权投资、其他债权投资、长期应收款、长期股权投资、其他权益工具投资、其他非流动金融资产、投资性房地产、固定资产、在建工程、生产性生物资产、油气资产、无形资产、开发支出、商誉、长期待摊费用、递延所得税资产和其他非流动资产等。其中，固定资产项目包括固定资产、累计折旧、固定资产减值准备和固定资产清理，在建工程项目包括在建工程、工程物资和在建工程减值准备。

上述项目是按照资产的流动性排列的。资产的流动性是指资产转化为现金的速度。流动性大，变现速度就快；反之，变现速度则慢。流动性大的资产，如货币资金、交易性金融资产、衍生金融资产等排在前面，长期股权投资、固定资产、无形资产等非流动资产不容易变现，排在后面。

2. 资产负债表右方项目

资产负债表右方项目包括负债和所有者权益两大类。

（1）负债类项目。负债类项目一般按照流动负债和非流动负债进行分类并分项列示。其中，流动负债项目包括短期借款、交易性金融负债、衍生金融负债、应付票据、应付账款、预收款项、合同负债、应付职工薪酬、应交税费、其他应付款、持有待售负债、一年内到期的非流动负债和其他流动负债等。非流动负债项目包括长期借款、应付债券、长期应付款、预计负债、递延收益、递延所得税负债和其他非流动负债等。

（2）所有者权益类项目。所有者权益类项目一般按照实收资本、其他权益工具、资本公积、其他综合收益、盈余公积和未分配利润等项目分项列示。

上述项目是按照需要偿还的先后顺序排列的。短期借款等需要在一年内或一个营业周期内偿还的流动负债排在前面；在一年以上或一个营业周期以上才需要偿还的长期负债排在中间；在企业解散之前不需要偿还的所有者权益排在后面。按照需要偿还的先后顺序排列，可以反映企业各种债务需要偿还的时间性，联系资产负债表的左方项目可以看出企业的偿债能力。

能力训练

一、任务内容

任务目标：掌握资产负债表的结构。

（一）案例资料

依据引导案例资料。

（二）要求

分析 M 股份有限公司 2024 年 12 月 31 日的财务状况。

二、任务分工

工作任务分配及完成计划如表 2-3 所示。

表 2-3 工作任务分配及完成计划

工作任务编号		工作任务名称	
班级		组长	
组别		组员	
明确本次工作任务重点			
工作任务分配	组长： 组员 1： 组员 2： 组员 3： 组员 4： 组员 5： ……		

(续表)

工作任务完成计划 （行动方案）	第一步： 第二步： 第三步：
工作任务完成时间	
组长	签名：

注：此表由组长填制，并与工作任务完成纸质材料一同装订。

三、任务实施

任务实施步骤详见右侧二维码。

四、任务总结

工作任务完成后将分组的总结与感受分别填写到表 2-4 和表 2-5 中。

任务实施

表 2-4 工作任务完成总结

工作任务编号		工作任务名称	
班级		组长	
组别		组员	
完成工作任务过程中存在的问题或困惑			
完成工作任务心得			
组长			签名：

表 2-5 工作任务完成的结果评价

组别	正确率	排名	完成工作任务感受	是否提升了工作能力？
1				
2				
3				
4				
5				
6				

任务二　编制资产负债表

相关知识

一、资产负债表的编制原理

资产负债表是依据"资产=负债+所有者权益"会计恒等式编制的。它既是一张平衡报表,反映资产总计(左方)与负债和所有者权益总计(右方)相等;又是一张静态报表,反映企业在某一时点的财务状况,如月末或年末。通过在资产负债表上设置"年初余额"和"期末余额"栏,也能反映出企业财务状况的变动情况。

资产负债表的各项目都列有"年初余额"和"期末余额"两栏,相当于两期的比较资产负债表。该表"年初余额"栏内各项数字应根据上年年末资产负债表"期末余额"栏内所列数字填列。如果本年度资产负债表规定的各项目的名称和内容与上年不一致,则应对上年年末资产负债表各项目的名称和数字按照本年度的规定进行调整,再填入本表"年初余额"栏内。表中的"期末余额",指月末、季末或年末数字,它们是根据各项目有关总账科目或明细账科目的期末余额直接填列或计算分析填列的。

"期末余额"具体填列方法如下:

(1)根据总账科目的期末余额填列。如"短期借款""资本公积"等项目,应根据"短期借款""资本公积"各总账科目的期末余额直接填列;有些项目则需根据几个总账科目的期末余额计算填列,如"货币资金"项目,应根据"库存现金""银行存款""其他货币资金"三个总账科目期末余额的合计数填列。

(2)根据明细账科目的期末余额计算填列。如"应付账款"项目,应根据"应付账款"科目和"预付账款"科目所属相关明细科目的期末贷方余额计算填列;"预付款项"项目,应根据"应付账款"科目和"预付账款"科目所属相关明细科目的期末借方余额减去与"预付账款"有关的坏账准备期末贷方余额计算填列;"预收款项"项目,应根据"应收账款"科目和"预收账款"科目所属相关明细科目的期末贷方金额合计填列;"开发支出"项目,应根据"研发支出"科目所属的"资本化支出"明细科目期末余额计算填列;"应付职工薪酬"项目,应根据"应付职工薪酬"科目的明细科目期末余额计算填列;"一年内到期的非流动资产""一年内到期的非流动负债"项目,应根据相关非流动资产和非流动负债科目的明细科目期末余额计算填列。

(3)根据总账科目和明细账科目的期末余额计算分析填列。如"长期借款"项目,应根据"长期借款"总账科目期末余额扣除"长期借款"科目所属明细科目中将在一年内到期且企业不能自主地将清偿义务展期的长期借款后的金额计算填列;"长期待摊费用"项目,应根据"长期待摊费用"科目的期末余额减去将于一年内(含一年)摊销的数额后的金额计算填列;"其他非流动资产"项目,应根据有关科目的期末余额减去将于一年内(含一年)收回数额后的金额计算填列;"其他非流动负债"项目,应根据有关科目的期末余额减去将于一年内(含一年)到期偿还数额后的金额计算填列。

(4)根据有关科目余额减去其备抵科目余额后的净额填列。如资产负债表中"应收账款""长期股权投资""在建工程"等项目,应根据"应收账款""长期股权投资""在建工程"等科目的期末余额,减去"坏账准备""长期股权投资减值准备""在建工程减值准备"等备抵科目余额后的净额填列;"投资性房地产"(采用成本模式计量)、"固定资产"项目,应根据"投资性房地产""固定资产"科目的期末余额,减去"投资性房地产累计折旧""投资性房地产减值准备""累计折旧""固定资产减值准备"等备抵科目的期末余额,以及"固定资产清理"科目期末余额后的净额填列;"无形资产"项目,应根据"无形资产"科目的期末余额,减去"累计摊销""无形资产减值准备"等备抵科目余额后的净额填列。

(5)综合运用上述填列方法分析填列。如资产负债表中的"存货"项目,应根据"原材料""库存商品""委托加工物资""周转材料""材料采购""在途物资""发出商品""材料成本差异"等总账科目期末余额的分析汇总数,减去"存货跌价准备"科目期末余额后的净额填列。

二、资产负债表各项目的内容和填列方法

下面具体介绍资产负债表各项目的内容和填列方法。

(一)资产项目的内容和填列方法

(1)"货币资金"项目,反映企业库存现金、银行结算户存款、外埠存款、银行汇票存款、银行本票存款、信用卡存款、信用证保证金存款等的合计数。该项目应根据"库存现金""银行存款""其他货币资金"科目的期末余额合计填列。

(2)"交易性金融资产"项目,反映资产负债表日企业分类为以公允价值计量且其变动计入当期损益的金融资产,以及企业持有的指定为以公允价值计量且其变动计入当期损益的金融资产的期末账面价值。该项目应根据"交易性金融资产"科目相关明细科目的期末余额分析填列。

(3)"衍生金融资产"项目,反映衍生工具、套期项目、被套期项目中属于衍生金融资产的金额。该项目应根据"衍生工具""套期项目""被套期项目"等科目的借方余额计算分析填列。

(4)"应收票据"项目,反映资产负债表日以摊余成本计量的,企业因销售商品、提供服务等收到的商业汇票,包括银行承兑汇票和商业承兑汇票。该项目应根据"应收票据"科目的期末余额,减去"坏账准备"科目中相关坏账准备期末余额后的金额分析填列。

(5)"应收账款"项目,反映资产负债表日以摊余成本计量的,企业因销售商品、提供服务等经营活动应收取的款项。该项目应根据"应收账款"科目的期末余额,减去"坏账准备"科目中相关坏账准备期末余额后的金额分析填列。

(6)"预付款项"项目,反映企业按照购货合同规定预付给供应单位的款项等。该项目应根据"预付账款"和"应付账款"科目所属各明细科目的期末借方余额合计数,减去"坏账准备"科目中有关预付账款计提的坏账准备期末余额后的净额填列。如"预付账款"科目所属明细科目期末为贷方余额的,应在资产负债表"应付账款"项目中填列。

(7)"其他应收款"项目,应根据"应收利息""应收股利"和"其他应收款"科目的期末余额合计数,减去"坏账准备"科目中相关坏账准备期末余额后的金额分析填列。

(8)"存货"项目,反映企业期末在库、在途和在加工中的各项存货的可变现净值,包括

各种材料、商品、在产品、半成品、包装物、低值易耗品、发出商品等。该项目应根据"材料采购""原材料""库存商品""周转材料""委托加工物资""发出商品""生产成本""受托代销商品"等科目的期末余额合计数,减去"受托代销商品款""存货跌价准备"科目期末余额后的净额填列。材料采用计划成本核算,以及库存商品采用计划成本核算或售价核算的企业,还应按加或减材料成本差异、商品进销差价后的金额分析填列。

(9)"合同资产"项目,反映企业按照《企业会计准则第14号——收入》的相关规定,根据本企业履行履约义务与客户付款之间的关系在资产负债表中列示的合同资产。该项目应根据"合同资产"科目的相关明细科目期末余额分析填列,同一合同下的合同资产和合同负债应当以净额列示,其中净额为借方余额的,应当根据其流动性在"合同资产"或"其他非流动资产"项目中填列,已计提减值准备的,还应以减去"合同资产减值准备"科目中相关减值准备期末余额后的金额填列;其中净额为贷方余额的,应当根据其流动性在"合同负债"或"其他非流动负债"项目中填列。

(10)"持有待售资产"项目,反映资产负债表日划分为持有待售类别的非流动资产及划分为持有待售类别的处置组中的流动资产和非流动资产的期末账面价值。该项目应根据"持有待售资产"科目的期末余额,减去"持有待售资产减值准备"科目的期末余额后的金额填列。

(11)"一年内到期的非流动资产"项目,反映预计自资产负债表日起一年内变现的非流动资产。对于按照相关会计准则采用折旧(或摊销、折耗)方法进行后续计量的固定资产、无形资产和长期待摊费用等非流动资产,折旧(或摊销、折耗)年限(或期限)只剩一年或不足一年的,或预计在一年内(含一年)进行折旧(或摊销、折耗)的部分,不得归类为流动资产,仍在各该非流动资产项目中填列,不转入"一年内到期的非流动资产"项目。

(12)"债权投资"项目,反映资产负债表日企业以摊余成本计量的长期债权投资的期末账面价值。该项目应根据"债权投资"科目相关明细科目的期末余额,减去"债权投资减值准备"科目中相关减值准备的期末余额后的金额分析填列。自资产负债表日起一年内到期的长期债权投资的期末账面价值,在"一年内到期的非流动资产"项目反映。企业购入的以摊余成本计量的一年内到期的债权投资的期末账面价值,在"其他流动资产"项目反映。

(13)"其他债权投资"项目,反映资产负债表日企业分类为以公允价值计量且其变动计入其他综合收益的长期债权投资的期末账面价值。该项目应根据"其他债权投资"科目相关明细科目的期末余额分析填列。自资产负债表日起一年内到期的长期债权投资的期末账面价值,在"一年内到期的非流动资产"项目反映。企业购入的以公允价值计量且其变动计入其他综合收益的一年内到期的债权投资的期末账面价值,在"其他流动资产"项目反映。

(14)"长期应收款"项目,反映企业租赁产生的应收款项和采用递延方式分期收款、实质上具有融资性质的销售商品和提供劳务等经营活动产生的应收款项。该项目应根据"长期应收款"科目的期末余额,减去相应的"未实现融资收益"科目和"坏账准备"科目所属相关明细科目期末余额后的金额填列。

(15)"长期股权投资"项目,反映投资方对被投资单位实施控制、重大影响的权益性投资,以及对其合营企业的权益性投资。该项目应根据"长期股权投资"科目的期末余额,减去"长期股权投资减值准备"科目的期末余额后的净额填列。

（16）"其他权益工具投资"项目，反映资产负债表日企业指定为以公允价值计量且其变动计入其他综合收益的非交易性权益工具投资的期末账面价值。该项目应根据"其他权益工具投资"科目的期末余额填列。

（17）"其他非流动金融资产"项目，反映自资产负债表日起超过一年到期且预期持有超过一年的以公允价值计量且其变动计入当期损益的非流动金融资产的期末账面价值。该项目应根据"其他非流动金融资产"科目的期末余额填列。

（18）"投资性房地产"项目，反映企业持有的投资性房地产的期末账面价值。该项目应根据"投资性房地产"科目的期末余额，减去"投资性房地产累计折旧""投资性房地产减值准备"所属有关明细科目期末余额后的金额计算分析填列。

（19）"固定资产"项目，反映资产负债表日企业固定资产的期末账面价值和企业尚未清理完毕的固定资产清理净损益。该项目应根据"固定资产"科目的期末余额，减去"累计折旧"和"固定资产减值准备"科目的期末余额，以及"固定资产清理"科目的期末余额后的金额填列。

（20）"在建工程"项目，反映资产负债表日企业尚未达到预定可使用状态的在建工程的期末账面价值和企业为在建工程准备的各种物资的期末账面价值。该项目应根据"在建工程"科目的期末余额，减去"在建工程减值准备"科目的期末余额后的金额，以及"工程物资"科目的期末余额，减去"工程物资减值准备"科目的期末余额后的金额填列。

（21）"生产性生物资产"项目，反映资产负债表日企业生产性生物资产的期末账面价值。该项目应根据"生产性生物资产"科目的期末余额，减去"生产性生物资产累计折旧"科目的期末余额后的金额填列。

（22）"油气资产"项目，反映资产负债表日企业油气资产的期末净值。该项目应根据"油气资产"科目的期末余额，减去"累计折耗"和"油气资产减值准备"科目的期末余额后的金额填列。

（23）"无形资产"项目，反映企业持有的专利权、非专利技术、商标权、著作权、土地使用权等无形资产的成本减去累计摊销和减值准备后的净值。该项目应根据"无形资产"科目的期末余额，减去"累计摊销"和"无形资产减值准备"科目的期末余额后的净额填列。

（24）"开发支出"项目，反映企业开发无形资产过程中能够资本化形成无形资产成本的支出部分。该项目应根据"研发支出"科目中所属的"资本化支出"明细科目的期末余额填列。

（25）"商誉"项目，反映企业合并中形成的商誉的价值。该项目应根据"商誉"科目的期末余额，减去相应减值准备后的金额填列。

（26）"长期待摊费用"项目，反映企业已经发生但应由本期和以后各期负担的分摊期限在一年以上的各项费用。长期待摊费用中在一年内(含一年)摊销的部分，在资产负债表"一年内到期的非流动资产"项目反映。该项目应根据"长期待摊费用"科目的期末余额，减去将于一年内(含一年)摊销的数额后的金额分析填列。

（27）"递延所得税资产"项目，反映企业根据所得税准则确认的可抵扣暂时性差异产生的所得税资产。该项目应根据"递延所得税资产"科目的期末余额填列。

（28）"其他非流动资产"项目，反映企业除上述非流动资产以外的其他非流动资产。

该项目应根据有关科目的期末余额填列。

（二）负债项目的内容和填列方法

（1）"短期借款"项目，反映企业向银行或其他金融机构等借入的期限在一年以下（含一年）的各种款项。该项目应根据"短期借款"科目的期末余额填列。

（2）"交易性金融负债"项目，反映企业资产负债表日承担的交易性金融负债，以及企业持有的直接指定为以公允价值计量且其变动计入当期损益的金融负债的期末账面价值。该项目应根据"交易性金融负债"科目相关明细科目的期末余额填列。

（3）"衍生金融负债"项目，反映衍生工具、套期项目、被套期项目中属于衍生金融负债的金额。该项目应根据"衍生工具""套期项目""被套期项目"等科目的贷方余额计算分析填列。

（4）"应付票据"项目，反映资产负债表日以摊余成本计量的，企业因购买材料、商品和接受服务等开出、承兑的商业汇票，包括银行承兑汇票和商业承兑汇票。该项目应根据"应付票据"科目的期末余额填列。

（5）"应付账款"项目，反映资产负债表日以摊余成本计量的，企业因购买材料、商品和接受服务等经营活动应支付的款项。该项目应根据"应付账款"和"预付账款"科目相关明细科目的期末贷方余额合计数填列。

（6）"预收款项"项目，反映企业按照相关合同规定预收客户的款项。该项目应根据"预收账款"和"应收账款"科目所属各明细科目的期末贷方余额合计数填列。

（7）"合同负债"项目，反映企业已收或应收客户对价而应向客户转让商品的义务。该项目应根据"合同负债"科目相关明细科目的期末余额分析填列。

（8）"应付职工薪酬"项目，反映企业为获得职工提供的服务或解除劳动关系而给予的各种形式的报酬或补偿。企业提供给职工配偶、子女、受赡养人、已故员工遗属及其他受益人等的福利，也属于职工薪酬。职工薪酬主要包括短期薪酬、离职后福利、辞退福利和其他长期职工福利。该项目应根据"应付职工薪酬"科目所属各明细科目的期末贷方余额分析填列。外商投资企业按规定从净利润中提取的职工奖励及福利基金，也在该项目列示。

（9）"应交税费"项目，反映企业按照税法规定计算应交纳的各种税费，包括增值税、消费税、城市维护建设税、教育费附加、企业所得税、资源税、土地增值税、房产税、城镇土地使用税、车船税、矿产资源补偿费等。企业代扣代缴的个人所得税，也通过该项目列示。企业所交纳的税费不需要预计应交数的，如印花税、耕地占用税等，不在该项目列示。该项目应根据"应交税费"科目的期末贷方余额填列，如"应交税费"科目期末为借方余额，则应以"-"号填列。需要说明的是，"应交税费"科目下的"应交增值税""未交增值税""待抵扣进项税额""待认证进项税额""增值税留抵税额"等明细科目的期末借方余额应根据情况，在资产负债表中的"其他流动资产"或"其他非流动资产"项目列示；"应交税费——代转销项税额"等科目的期末贷方余额应根据情况，在资产负债表中的"其他流动负债"或"其他非流动负债"项目列示；"应交税费"科目下的"未交增值税""简易计税""转让金融商品应交增值税""代扣代交增值税"等明细科目的期末贷方余额应在资产负债表中的"应交税费"项目列示。

（10）"其他应付款"项目，反映企业除应付票据、应付账款、预收账款、应付职工薪酬、应交税费等经营活动以外的其他各项应付、暂收的款项。该项目应根据"应付利息""应付股利"和"其他应付款"科目的期末余额合计数填列。

（11）"持有待售负债"项目，反映资产负债表日处置组中与划分为持有待售类别的资产直接相关的负债的期末账面价值。该项目应根据"持有待售负债"科目的期末余额填列。

（12）"一年内到期的非流动负债"项目，反映企业非流动负债中将于资产负债表日后一年内到期部分的金额，如将于一年内偿还的长期借款。该项目应根据有关科目的期末余额分析填列。

（13）"其他流动负债"项目，反映企业除以上流动负债以外的其他流动负债。该项目应根据有关科目的期末余额填列。其他流动负债价值较大的，应在会计报表附注中披露其内容及金额。

（14）"长期借款"项目，反映企业向银行或其他金融机构借入的期限在一年以上（不含一年）的各种款项。该项目应根据"长期借款"科目的期末余额，扣除"长期借款"科目所属明细科目中将在资产负债表日起一年内到期且企业不能自主地将清偿义务展期的长期借款后的金额计算填列。

（15）"应付债券"项目，反映企业为筹集长期资金而发行的债券的本金及应付的利息。该项目应根据"应付债券"科目的期末余额分析填列。对于资产负债表日企业发行的金融工具，分类为金融负债的，应在该项目填列，对于优先股和永续债还应在该项目下的"优先股"项目和"永续债"项目分别填列。

（16）"长期应付款"项目，反映资产负债表日企业除长期借款和应付债券以外的其他各种长期应付款项的期末账面价值。该项目应根据"长期应付款"科目的期末余额，减去相关的"未确认融资费用"科目的期末余额后的金额，以及"专项应付款"科目的期末余额填列。

（17）"预计负债"项目，反映企业根据或有事项等相关准则确认的各项预计负债，包括对外提供担保、未决诉讼、产品质量保证、重组义务以及固定资产和矿区权益弃置义务等产生的预计负债。该项目应根据"预计负债"科目的期末余额填列。

（18）"递延收益"项目，反映尚待确认的收入或收益。该项目核算包括企业根据政府补助准则确认的应在以后期间计入当期损益的政府补助金额、售后租回形成融资租赁的售价与资产账面价值差额等其他递延性收入。该项目应根据"递延收益"科目的期末余额填列。该项目中摊销期限只剩一年或不足一年的，或预计在一年内（含一年）进行摊销的部分，不得归类为流动负债，仍在该项目中填列，不转入"一年内到期的非流动负债"项目。

（19）"递延所得税负债"项目，反映企业根据所得税准则确认的应纳税暂时性差异产生的所得税负债。该项目应根据"递延所得税负债"科目的期末余额填列。

（20）"其他非流动负债"项目，反映企业除上述非流动负债以外的其他非流动负债。该项目应根据有关科目的期末余额，减去将于一年内（含一年）到期偿还数额后的余额分析填列。非流动负债各项目中将于一年内（含一年）到期的非流动负债，应在"一年内到期的非流动负债"项目反映。

（三）所有者权益项目的内容和填列方法

（1）"实收资本（或股本）"项目，反映企业各投资者实际投入的资本（或股本）总额。

该项目应根据"实收资本(或股本)"科目的期末余额填列。

(2)"其他权益工具"项目,反映企业发行的除普通股以外分类为权益工具的金融工具的账面价值,并下设"优先股"和"永续债"两个项目,分别反映企业发行的分类为权益工具的优先股和永续债的账面价值。该项目应根据"其他权益工具"科目的期末余额填列。

(3)"资本公积"项目,反映企业收到投资者出资超出其在注册资本或股本中所占的份额以及直接计入所有者权益的利得和损失等。该项目应根据"资本公积"科目的期末余额填列。

(4)"其他综合收益"项目,反映企业其他综合收益的期末余额。该项目应根据"其他综合收益"科目的期末余额填列。

(5)"盈余公积"项目,反映企业盈余公积的期末余额。该项目应根据"盈余公积"科目的期末余额填列。

(6)"未分配利润"项目,反映企业尚未分配的利润。该项目应根据"本年利润"科目和"利润分配"科目的期末余额计算填列。未弥补的亏损在该项目内以"-"号填列。

能力训练

一、任务内容

任务目标:掌握资产负债表的编制方法。

(一)案例资料

2024年12月31日,A股份有限公司有关资产、负债和股东权益科目余额表如表2-6所示。

表2-6 A股份有限公司有关资产、负债和股东权益科目余额表　　　　　单位:元

科目	借方	科目	贷方
库存现金	200 000	预收账款	1 600 000
银行存款	18 000 000	应付账款	2 800 000
其他货币资金	1 200 000	坏账准备	600 000
衍生金融资产	600 000	材料成本差异	160 000
应收账款	3 000 000	存货跌价准备	1 180 000
预付账款	1 480 000	固定资产减值准备	60 000
应收票据	2 000 000	无形资产减值准备	900 000
原材料	140 000	累计摊销	800 000
库存商品	480 000	累计折旧	2 000 000
发出商品	1 340 000	短期借款	600 000
委托加工物资	560 000	受托代销商品款	1 180 000
受托代销商品	1 560 000	应付票据	0

(单位:元)(续表)

科目	借方	科目	贷方
持有待售资产	1 200 000	应付职工薪酬	400 000
固定资产	8 000 000	应交税费	1 100 000
固定资产清理	1 200 000	长期借款	6 600 000
在建工程	1 360 000	股本	11 400 000
工程物资	1 400 000	资本公积	9 760 000
无形资产	2 100 000	未分配利润	4 680 000

其他说明事项:

(1) A 股份有限公司 2024 年 12 月 31 日结账后有关账户明细余额表如表 2-7 所示。

表 2-7 A 股份有限公司有关账户明细余额表　　　　　　　　　　单位:元

账户	总账余额	明细账余额	
		借方	贷方
应收账款	借 3 000 000	3 200 000	200 000
预收账款	贷 1 600 000	1 200 000	2 800 000
应付账款	贷 2 800 000	800 000	3 600 000
预付账款	借 1 480 000	1 600 000	120 000
坏账准备——应收账款			400 000
坏账准备——预付账款			200 000

(2) A 股份有限公司"长期借款"科目余额为 6 600 000 元,其中自乙银行借入的 1 000 000 元款项将于 1 年内到期,A 股份有限公司不具有自主展期清偿的权利。

(二) 要求

编制 A 股份有限公司 2024 年 12 月 31 日资产负债表,具体报表格式如表 2-8 所示。

表 2-8 资产负债表

编制单位:A 股份有限公司　　　　2024 年 12 月 31 日　　　　　　　　　　单位:元

资产	期末余额	年初余额	负债和股东权益	期末余额	年初余额
流动资产:			流动负债:		
货币资金			短期借款		
交易性金融资产			交易性金融负债		
衍生金融资产			衍生金融负债		
应收票据			应付票据		
应收账款			应付账款		

(单位:元)(续表)

资产	期末余额	年初余额	负债和股东权益	期末余额	年初余额
预付款项			预收款项		
其他应收款			合同负债		
存货			应付职工薪酬		
合同资产			应交税费		
持有待售资产			其他应付款		
一年内到期的非流动资产			持有待售负债		
其他流动资产			一年内到期的非流动负债		
流动资产合计			其他流动负债		
非流动资产:			流动负债合计		
债权投资			非流动负债:		
其他债权投资			长期借款		
长期应收款			应付债券		
长期股权投资			其中:优先股		
其他权益工具投资			永续债		
其他非流动金融资产			长期应付款		
投资性房地产			预计负债		
固定资产			递延收益		
在建工程			递延所得税负债		
生产性生物资产			其他非流动负债		
油气资产			非流动负债合计		
无形资产			负债合计		
开发支出			股东权益:		
商誉			股本		
长期待摊费用			其他权益工具		
递延所得税资产			其中:优先股		
其他非流动资产			永续债		
非流动资产合计			资本公积		
			减:库存股		
			其他综合收益		

(单位:元)(续表)

资产	期末余额	年初余额	负债和股东权益	期末余额	年初余额
			盈余公积		
			未分配利润		
			股东权益合计		
资产总计			负债和或股东权益总计		

二、任务分工

工作任务分配及完成计划如表 2-9 所示。

表 2-9 工作任务分配及完成计划

工作任务编号		工作任务名称	
班级		组长	
组别		组员	
明确本次工作任务重点			
工作任务分配	组长： 组员 1： 组员 2： 组员 3： 组员 4： 组员 5： ……		
工作任务完成计划（行动方案）	第一步： 第二步： 第三步：		
工作任务完成时间			
组长		签名：	

注：此表由组长填制，并与工作任务完成纸质材料一同装订。

三、任务实施

任务实施步骤详见右侧二维码。

四、任务总结

工作任务完成后将分组的总结与感受分别填写到表 2-10 和表 2-11 中。

任务实施

表 2-10　工作任务完成总结

工作任务编号		工作任务名称	
班级		组长	
组别		组员	
完成工作任务过程中存在的问题或困惑			
完成工作任务心得			
组长			签名：

表 2-11　工作任务完成的结果评价表

组别	正确率	排名	完成工作任务感受	是否提升了工作能力？
1				
2				
3				
4				
5				
6				

项目实训评价

1. 学生进行自我评价，并将结果填入学生技能自评表。学生技能自评表如表 2-12 所示。

表 2-12　学生技能自评表

项目二		资产负债表编制		
评价项目		评价标准	分值	得分
技能评价	资产负债表的性质与作用	能了解资产负债表的性质	10	
		能了解资产负债表的作用	10	
	资产负债表的结构	能熟悉资产负债表的结构	10	
	编制资产负债表	能掌握资产负债表的编制方法	40	
素质评价	工作态度	态度端正，无无故缺勤、迟到、早退现象	6	
	工作质量	能按计划完成工作任务	6	
	协调能力	与小组成员、同学之间能合作交流，协调工作	6	
	职业素质	能做到认真工作	6	
	创新意识	能运用所学开展工作	6	
合计			100	

2. 学生以小组为单位,对以上学习工作任务的过程与结果进行互评,将互评结果填入学生互评表。学生互评表如表 2-13 所示。

表 2-13 学生互评表

项目二		资产负债表编制											
评价项目	分值	等级						评价对象(组别)					
								1	2	3	4	5	6
课前任务	10	优	10	良	8	中	6	差	4				
计划合理	10	优	10	良	8	中	6	差	4				
方案准确	10	优	8	良	8	中	6	差	4				
团队合作	10	优	10	良	8	中	6	差	4				
组织有序	10	优	10	良	8	中	6	差	4				
工作质量	10	优	10	良	8	中	6	差	4				
工作效率	10	优	10	良	8	中	6	差	4				
工作完成	10	优	10	良	8	中	6	差	4				
工作规范	10	优	10	良	8	中	6	差	4				
课后任务	10	优	10	良	8	中	6	差	4				

3. 教师对学生工作过程与工作结果进行评价,并将评价结果填入教师综合评价表。教师综合评价表如表 2-14 所示。

表 2-14 教师综合评价表

项目二		资产负债表编制		
评价项目		评价标准	分值	得分
考勤(10%)		无无故缺勤、迟到、早退现象	10	
工作过程(60%)	资产负债表的性质与作用	能了解资产负债表的性质	10	
		能了解资产负债表的作用	10	
	资产负债表的结构	能熟悉资产负债表的结构	10	
	编制资产负债表	能掌握资产负债表的编制方法	30	
工作结果(30%)	工作进度	能按时完成工作任务	10	
	工作规范	能按照会计准则编制资产负债表	10	
	成果展示	能准确编制资产负债表	10	
合计			100	

自测训练

一、单项选择题

在每小题列出的四个备选项中只有一个选项是符合题目要求的,请将其代码填写在题后的括号内。

1. 下列有关资产负债表的相关说法中正确的是(　　)。
   A. 反映在某一特定日期企业所承担的、预期会导致经济利益流出企业的现时义务
   B. 是反映企业在一定会计期间的经营成果的报表
   C. 是反映构成所有者权益各组成部分当期增减变动情况的报表
   D. 是反映企业某一特定日期的财务状况的报表

2. 下列有关资产负债表结构的相关说法中错误的是(　　)。
   A. 我国企业的资产负债表采用报告式结构
   B. 资产负债表的表体格式一般有两种:报告式资产负债表和账户式资产负债表
   C. 不论采取什么格式,资产各项目的合计等于负债和所有者权益各项目的合计这一等式不变
   D. 资产负债表一般由表头、表体两部分组成

3. 企业的资产负债表、利润表分别采用(　　)结构。
   A. 单步式、报告式　　　　　　　　B. 单步式、多步式
   C. 账户式、单步式　　　　　　　　D. 账户式、多步式

4. 下列各项中资产负债表中"期末余额"根据总账科目余额直接填列的项目是(　　)。
   A. 固定资产　　　　　　　　　　　B. 在建工程
   C. 短期借款　　　　　　　　　　　D. 应付账款

5. 在填列资产负债表时,根据几个总账科目余额计算填列的是(　　)。
   A. 应收账款　　　　　　　　　　　B. 货币资金
   C. 预付款项　　　　　　　　　　　D. 固定资产

6. 下列关于资产负债表填列方法的说法中不正确的是(　　)。
   A. 固定资产填列金额为固定资产的账面价值
   B. 货币资金应当根据"库存现金""银行存款"和"其他货币资金"总账科目的期末余额合计数计算填列
   C. 资本公积应当根据"资本公积"总账科目余额填列
   D. 短期借款应当根据"短期借款"总账科目余额填列

7. 企业银行本票存款20万元,收到商业承兑汇票8万元,库存现金18万元,银行结算户存款60万元,则企业资产负债表中"货币资金"项目的金额为(　　)万元。
   A. 20　　　　　B. 98　　　　　C. 60　　　　　D. 78

8. 2024年12月31日,某企业"预付账款"科目所属明细科目的借方余额合计为200万元,"应付账款"科目所属明细科目的借方余额合计为10万元;"坏账准备"科目中有关预付账款计提的坏账准备余额为5万元。不考虑其他因素,该企业年末资产负债表中"预付款项"项目的期末余额为(　　)万元。
   A. 205　　　　　B. 218　　　　　C. 220　　　　　D. 229

9. 2024年5月31日,某企业"应付账款"总账科目贷方余额为1 435万元,其中"应付账款——甲公司"明细科目贷方余额为1 450万元,"应付账款——乙公司"明细科目借方余额为15万元。"预付账款"总账科目借方余额为30万元,其中"预付账款——丙公司"明细科目借方余额为40万元,"预付账款——丁公司"明细科目贷方余额为10万元。不考

虑其他因素,该企业5月31日资产负债表中"预付款项"项目的期末余额为(　　)万元。

A. 20　　　　　　B. 55　　　　　　C. 18.5　　　　　　D. 23.5

10. 2024年12月31日,某企业"其他应收款"科目借方余额为1 000万元,"应收利息"科目借方余额为200万元,"应收股利"科目借方余额为150万元,"坏账准备"中有关其他应收款计提的坏账准备金额为60万元。不考虑其他因素,该企业2024年12月31日资产负债表中"其他应收款"项目的期末余额为(　　)万元。

A. 1 350　　　　　B. 1 000　　　　　C. 940　　　　　　D. 1 290

11. 2024年12月初,某企业"应收账款"科目借方余额为300万元,相应的"坏账准备"科目贷方余额为20万元,本月实际发生坏账损失6万元。2024年12月31日经减值测试,该企业应补提坏账准备11万元。不考虑其他因素,2024年12月31日该企业资产负债表中"应收账款"项目的期末余额为(　　)万元。

A. 269　　　　　　B. 274　　　　　　C. 275　　　　　　D. 280

12. 2024年12月31日,甲企业"预收账款"总账科目贷方余额为15万元,其明细科目余额如下:"预收账款——乙企业"科目贷方余额为25万元,"预收账款——丙企业"科目借方余额为10万元。不考虑其他因素,甲企业年末资产负债表中"预收款项"项目的期末余额为(　　)万元。

A. 10　　　　　　B. 15　　　　　　C. 5　　　　　　D. 25

13. 某企业采用实际成本法核算存货。年末结账后,该企业"原材料"科目借方余额为80万元,"工程物资"科目借方余额为16万元,"在途物资"科目借方余额为20万元。不考虑其他因素,该企业年末资产负债表中"存货"项目的期末余额为(　　)万元。

A. 100　　　　　　B. 116　　　　　　C. 96　　　　　　D. 80

14. 2024年12月31日,某企业"生产成本"科目借方余额为500万元,"原材料"科目借方余额为300万元,"材料成本差异"科目贷方余额为20万元,"存货跌价准备"科目贷方余额为10万元,"工程物资"科目借方余额为200万元。不考虑其他因素,该企业2024年12月31日资产负债表中"存货"项目的期末余额为(　　)万元。

A. 970　　　　　　B. 770　　　　　　C. 780　　　　　　D. 790

15. 2024年12月31日,某企业"工程物资"科目借方余额为300万元,"发出商品"科目借方余额为40万元,"原材料"科目借方余额为70万元,"材料成本差异"科目贷方余额为5万元。不考虑其他因素,该企业2024年12月31日资产负债表中"存货"项目的期末余额为(　　)万元。

A. 115　　　　　　B. 405　　　　　　C. 365　　　　　　D. 105

二、多项选择题

在每小题列出的四个备选项中至少有两个是符合题目要求的,请将其代码填写在题后的括号内。

1. 下列各资产负债表项目中,应根据总账科目期末余额直接填列的有(　　)。

A. 长期应付款　　　　　　　　　　B. 资本公积
C. 短期借款　　　　　　　　　　　D. 长期借款

2. 下列各资产负债表项目中,应根据明细科目期末余额计算填列的有(   )。
   A. 预付款项　　　　　　　　　　B. 短期借款
   C. 资本公积　　　　　　　　　　D. 应付账款

3. 下列各项中关于资产负债表项目填列的说法正确的有(   )。
   A. "开发支出"项目根据"研发支出"科目所属"资本化支出"明细科目期末余额填列
   B. "实收资本"项目根据"实收资本"总账科目期末余额直接填列
   C. "短期借款"项目根据"短期借款"总账科目期末余额直接填列
   D. "长期借款"项目根据"长期借款"总账科目及其明细账科目期末余额计算分析填列

4. 下列各资产负债表项目中,应根据多个总账科目余额计算填列的有(   )。
   A. 应付票据及应付账款　　　　　B. 长期借款
   C. 未分配利润　　　　　　　　　D. 货币资金

5. 下列各资产负债表项目中,应根据有关科目余额减去备抵科目余额后的净额填列的有(   )。
   A. 固定资产　　　　　　　　　　B. 无形资产
   C. 应收票据　　　　　　　　　　D. 应收账款

6. 下列关于流动资产的表述中,正确的有(   )。
   A. 主要为交易目的而持有
   B. 预计在一个正常营业周期中变现、出售或耗用
   C. 预计在资产负债表日起一年内(不含一年)变现
   D. 自资产负债表日起一年内交换其他资产或清偿负债的能力不受限制的现金或现金等价物

7. 下列各项中属于流动资产的有(   )。
   A. 存货　　　　　　　　　　　　B. 货币资金
   C. 一年内到期的非流动资产　　　D. 无形资产

8. 下列各项中通过"存货"项目核算的有(   )。
   A. 在途物资　　　　　　　　　　B. 存货跌价准备
   C. 材料成本差异　　　　　　　　D. 发出商品

9. 下列各项中导致企业资产负债表"存货"项目期末余额发生变动的有(   )。
   A. 计提存货跌价准备
   B. 用银行存款购入修理用备件
   C. 已经发出但不符合收入确认条件的商品
   D. 收到受托代销的商品

10. 下列各项中影响资产负债表日"在建工程"项目金额的有(   )。
    A. "在建工程"科目期末余额
    B. "在建工程减值准备"科目期末余额
    C. "工程物资"科目期末余额
    D. "工程物资减值准备"科目期末余额

11. 下列各项中不应在资产负债表"预付款项"项目列示的有（　　）。

A. "应付账款"科目所属明细账科目的借方余额

B. "应付账款"科目所属明细账科目的贷方余额

C. "预付账款"科目所属明细账科目的借方余额

D. "预付账款"科目所属明细账科目的贷方余额

12. 下列各项中关于流动负债的说法正确的有（　　）。

A. 预计在一个正常营业周期中清偿

B. 主要为交易目的而持有

C. 自资产负债表日起一年内（不含一年）到期应予以清偿

D. 企业有权自主地将清偿推迟至资产负债表日后一年以上

13. 下列各项中属于非流动资产的有（　　）。

A. 长期待摊费用　　　　　　　　B. 在建工程

C. 固定资产　　　　　　　　　　D. 一年内到期的非流动资产

14. 在填列资产负债表时，下列表达正确的有（　　）。

A. 应付票据及应付账款项目＝应付票据期末余额＋应付账款所属明细账贷方余额＋预付账款所属明细账贷方余额

B. 预付账款项目＝应付账款所属明细账借方余额＋预付账款所属明细账借方余额－和预付账款有关的坏账准备期末余额

C. 应收票据及应收账款项目＝应收票据期末余额＋应收账款所属明细账借方余额＋预收账款所属明细账借方余额－和应收账款、应收票据有关的坏账准备期末余额

D. 预收账款项目＝应收账款所属明细账贷方余额＋预收账款所属明细账贷方余额

15. 下列各项中属于流动负债的有（　　）。

A. 应付票据及应收账款　　　　　B. 一年内到期的非流动负债

C. 预收款项　　　　　　　　　　D. 应付职工薪酬

三、判断题

判断下列各题正误，正确者在括号内打"√"，错误者在括号内打"×"。

1. 资产负债表是根据"资产＝负债＋所有者权益"这一会计恒等式，按照一定的分类标准和一定的次序，将某一特定日期的资产、负债、所有者权益的具体项目予以适当的排列编制而成。（　　）

2. 资产负债表中列示的是企业各项资产、负债和所有者权益的本期发生额，利润表列示的是企业各项损益类科目的期初余额和期末余额。（　　）

3. 一套完整的会计报表至少应当包括资产负债表、利润表、现金流量表、所有者权益（或股东权益）变动表。（　　）

4. 资产负债表中的"货币资金"项目，应根据"库存现金""银行存款"和"其他货币资金"科目期末余额的合计数填列。（　　）

5. 企业资产负债表的"预付款项"项目应根据"预付账款"和"应付账款"所属各明细科目的期末借方余额，减去与预付账款有关的坏账准备的期末借方余额的净额填列。（　　）

6. 预付账款属于资产类会计科目，预付款项属于资产类报表项目。（　　）

7. 资产负债表中的"其他应收款"项目应根据"应收利息""应收股利""其他应收款"科目期末余额的合计数填列。（　　）

8. 企业期末各项原材料、包装物、在途物资、周转材料、工程物资都需要记入"存货"项目。（　　）

9. 如果"生产成本""制造费用"科目存在期末余额，则应在资产负债表"存货"项目下列示。（　　）

10. 如果企业研发的无形资产在资产负债表日尚未达到预定用途，其中符合资本化条件支出的部分，记入资产负债表"开发支出"项目。（　　）

项目三

利润表编制

学习任务描述

利润表是反映企业一定时期经营成果的形成过程和经营成果的分配关系的会计报表,是企业生产经营成果的集中体现。利润表是根据"收入-费用=利润"的会计平衡公式和收入与费用的配比原则编制的。利润表项目一般应根据损益类科目和所有者权益类有关科目的发生额填列。

1. 知识目标

通过本项目的学习,了解利润表基础知识,掌握利润表主要项目的编制方法。

2. 能力目标

通过本项目的学习,掌握利润表的结构和利润表的编制方法。

3. 素养目标

遵循国家的法律法规,正确核算收入与费用,分析利润表风险点,形成正确的职业道德观念。

知识体系

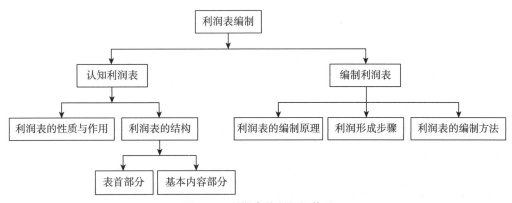

图 3-1 利润表编制知识体系

引导案例

N 股份有限公司 2024 年度利润表（简表）如表 3-1 所示，请分析该公司的经营状况。

表 3-1 利润表（简表）

编制单位：N 股份有限公司　　　　　　2024 年度　　　　　　　　　单位：万元

项目	本期金额	上期金额（略）
一、营业收入	800	
减：营业成本	900	
税金及附加	100	
销售费用	80	
管理费用	90	
财务费用	10	
加：其他收益	0	
二、营业利润（亏损以"-"号填列）	-380	
加：营业外收入	700	
减：营业外支出		
三、利润总额（亏损总额以"-"号填列）	320	
减：所得税费用	80	
四、净利润（净亏损以"-"号填列）	240	

任务一　认知利润表

相关知识

一、利润表的性质与作用

（一）利润表的性质

利润表又称损益表，它反映企业一定时期经营成果的形成过程和经营成果的分配关系，是企业生产经营成果的集中体现，是企业须定期编制的报表之一。

（二）利润表的作用

企业编制利润表对企业及其相关各方来说具有重要的作用。具体体现在以下几个方面：

1. 了解和分析企业的经营成果和获利能力

利润表通过对收入和成本费用情况的反映，可以提供企业一定期间的收益情况、成本费用情况，以及资金投入与产出的比例关系。这一方面可以使报表使用者了解企业的经营业绩和财务成果，了解企业获利能力的大小，另一方面可以从动态角度帮助报表使用者了解企业的偿债能力。企业的偿债能力虽然也取决于企业的营运资金,但归根到底取决于企业获利能力的大小。利润表提供的经营成果信息,对企业的投资者来说,可据以预测、评价企业的获利能力,做出是否投资、是否增加投资、增加多少投资、投资于哪个方向或是否收回投资的决策;对企业的债权人来说,可据以预测、评价企业的偿债能力,做出是否维持、增加或收缩对企业的信贷的决策。

2. 为企业经营管理者进行未来经营决策提供依据

企业经营管理者通过比较、分析利润表中各项构成因素,并与以前各期相比较,可以反映出企业各项收入、费用和利润的升降趋势及其变化幅度,找出原因所在,发现经营管理中存在的问题;同时,还可以分析企业利润的形成结构,对利润进行结构分析,为企业的经营决策、投资决策和筹资决策提供依据。

3. 预测企业未来经营的盈利能力和发展趋势

利润表比较完整地提供了企业在一定时期的营业利润、投资净收益和营业外收支等有关损益的情况,是企业进行财务分析的主要资料来源,如净资产收益率、成本费用利润率、主营业务利润率中的许多数据都与利润表有关。报表使用者通过分析前后期企业营业利润、投资净收益和营业外收支的增减变动情况,可以预测企业未来的获利趋势;通过对企业利润总额的增减变化进行分析,可以判断企业利润变化的趋势,预测企业未来的盈利能力。

通过比较利润表中的利润项目与现金流量表中的现金净流量数额,报表使用者可以更进一步了解企业获利与收现的真实性。

二、利润表的结构

利润表是通过一定格式来反映企业经营成果的。由于不同的国家和企业对会计报表的信息要求不完全一样,因此利润表的基本结构也不完全一致。目前普遍采用的主要有单步式和多步式两种。

(一) 单步式

单步式是将全部收入(包括投资收益和营业外收入)按顺序排列汇总,然后将所有费用(包括投资损失和营业外支出)按顺序排列汇总,两者相减得出本期利润。因为只有一个相减的步骤,所以称为单步式。单步式利润表实际上是将"收入-费用=利润"这一会计基本等式表格化。其简化格式如表3-2所示。

表3-2 简化格式单步式利润表

项目	行次	本月数	本年累计数
一、收入			
二、费用			
三、利润总额			
四、净利润			

如果加入具体内容,则单步式利润表格式如表3-3所示。

表 3-3 单步式利润表

项目	行次	本月数	本年累计数
一、收入			
主营业务收入			
其他业务收入			
投资收益			
补贴收入			
营业外收入			
收入合计			
二、费用			
主营业务成本			
其他成本			
销售费用			
税金及附加			
管理费用			
财务费用			
投资损失			
营业外支出			
费用合计			
三、利润总额			
减：所得税费用			
四、净利润			

单步式利润表所表示的都是未经加工的按性质分类的原始资料。其优点是比较直观、明了、简单、易于编制，而且这种格式对一切收入和费用等同对待，不分先后，可避免使人误认为收入与费用的配比有先后顺序。其缺点是一些有意义的资料无法直接从利润表中看出来，如主营业务利润是多少，其他业务利润是多少；不便于分析利润的形成结构；不利于不同时期各种项目的前后比较。

（二）多步式

多步式是将利润表的内容做多项分类，相关收入与相关费用进行配比，分别计算出不同业务的结果，然后上下相加减计算确定本期的利润总额和净利润。其简化格式如表 3-4 所示。

表 3-4　简化格式多步式利润表

项目	行次	本期金额	上期余额
一、主营业务收入			
二、主营业务利润			
三、营业利润			
四、利润总额			
五、净利润			

根据《企业会计准则》的规定,我国企业利润表统一采用多步式,其具体格式如表3-5所示。

表 3-5　多步式利润表

会企02表

编制单位：　　　　　　　　　　　　　年　月　　　　　　　　　　　　单位:元

项目	本期金额	上期金额
一、营业收入		
减:营业成本		
税金及附加		
销售费用		
管理费用		
研发费用		
财务费用		
其中:利息费用		
利息收入		
资产减值损失		
信用减值损失		
加:其他收益		
投资收益(损失以"-"号填列)		
其中:对联营企业和合营企业的投资收益		
净敞口套期收益(损失以"-"填列)		
公允价值变动收益(损失以"-"号填列)		
资产处置收益(损失以"-"号填列)		
二、营业利润(亏损以"-"号填列)		
加:营业外收入		
减:营业外支出		
三、利润总额(亏损总额以"-"号填列)		

(单位:元)(续表)

项目	本期金额	上期金额
减:所得税费用		
四、净利润(净亏损以"-"号填列)		
（一）持续经营净利润(净亏损以"-"号填列)		
（二）终止经营净利润(净亏损以"-"号填列)		
五、其他综合收益的税后净额		
（一）不能重分类进损益的其他综合收益		
1.重新计量设定受益计划变动额		
2.权益法下不能转损益的其他综合收益		
3.其他权益工具投资公允价值变动		
4.企业自身信用风险公允价值变动		
……		
（二）将重分类进损益的其他综合收益		
1.权益法下可转损益的其他综合收益		
2.其他债权投资公允价值变动		
3.金融资产重分类计入其他综合收益的金额		
4.其他债权投资信用减值准备		
5.现金流量套期储备		
6.外币财务报表折算差额		
……		
六、综合收益总额		
七、每股收益：		
（一）基本每股收益		
（二）稀释每股收益		

能力训练

一、任务内容

任务目标:掌握利润表的结构。

（一）案例资料

依据引导案例资料。

（二）要求

分析 N 股份有限公司 2024 年度的盈利状况。

二、任务分工

工作任务分配及完成计划如表 3-6 所示。

表 3-6　工作任务分配及完成计划

工作任务编号		工作任务名称	
班级		组长	
组别		组员	
明确本次工作任务重点			
工作任务分配	组长： 组员1： 组员2： 组员3： 组员4： 组员5： ……		
工作任务完成计划（行动方案）	第一步： 第二步： 第三步：		
工作任务完成时间			
组长			签名：

注：此表由组长填制，并与工作任务完成纸质材料一同装订。

三、任务实施

任务实施步骤详见右侧二维码。

四、任务总结

工作任务完成后将分组的总结与感受分别填写到表 3-7 和表 3-8 中。

任务实施

表 3-7　工作任务完成总结

工作任务编号		工作任务名称	
班级		组长	
组别		组员	
完成工作任务过程中存在的问题或困惑			
完成工作任务心得			
组长			签名：

表 3-8 工作任务完成的结果评价

组别	正确率	排名	完成工作任务感受	是否提升了工作能力？
1				
2				
3				
4				
5				
6				

任务二 编制利润表

相关知识

一、利润表的编制原理

利润表是根据"收入－费用＝利润"的会计平衡公式和收入与费用的配比原则编制的。

企业在生产经营中不断地发生各种费用支出,同时取得各种收入,收入减去费用,剩余的部分就是企业的盈利。取得的收入和发生的相关费用的对比情况就是企业的经营成果。如果企业经营不当,发生的生产经营费用超过取得的收入,企业就发生了亏损;反之,企业就能取得一定的利润。会计部门应定期(一般按月份)核算企业的经营成果,并将核算结果编制成报表,这就形成了利润表。

二、利润形成步骤

企业以收入为起点,计算出当期的利润总额和净利润。企业利润总额和净利润的形成分为以下几个步骤:

第一步,以营业收入为基础,减去营业成本、税金及附加、销售费用、管理费用、研发费用、财务费用、资产减值损失、信用减值损失等,加上其他收益、投资收益(或减去投资损失)、公允价值变动收益(或减去公允价值变动损失)和资产处置收益(或减去资产处置损失)等,计算出营业利润;

第二步,以营业利润为基础,加上营业外收入,减去营业外支出,计算出利润总额;

第三步,以利润总额为基础,减去所得税费用,计算出净利润(或净亏损);

第四步,以净利润(或净亏损)为基础,计算每股收益;

第五步,以净利润(或净亏损)和其他综合收益的税后净额为基础,计算出综合收益总额。

多步式利润表的优点在于,便于对企业利润形成的渠道进行分析,明了盈利的主要因素或亏损的主要原因,使管理更具有针对性;同时,也有利于不同企业之间进行比较,还可以预测企业未来的盈利能力。

三、利润表的编制方法

按照目前我国企业利润表的格式和内容,其编制要求和填列方法具体如下。

(一)利润表的编制要求

利润表中一般应单独列报的项目主要有营业利润、利润总额、净利润、其他综合收益的税后净额、综合收益总额和每股收益等。其中,营业利润单独列报的项目包括营业收入、营业成本、税金及附加、销售费用、管理费用、研发费用、财务费用、资产减值损失、信用减值损失、其他收益、投资收益、公允价值变动收益、资产处置收益等;利润总额项目为营业利润加上营业外收入、减去营业外支出;净利润项目为利润总额减去所得税费用,包括持续经营净利润和终止经营净利润等项目;其他综合收益的税后净额包括不能重分类进损益的其他综合收益和将重分类进损益的其他综合收益等项目;综合收益总额为净利润加上其他综合收益的税后净额;每股收益包括基本每股收益和稀释每股收益两个项目。

利润表各项目需填列"本期金额"和"上期金额"两栏。其中,"上期金额"栏内各项数字,应根据上年该期利润表的"本期金额"栏内所列数字填列。"本期金额"栏内各项数字,除"基本每股收益"和"稀释每股收益"项目外,应按照相关科目的发生额分析填列。如"营业收入"项目,根据"主营业务收入""其他业务收入"科目的发生额计算分析填列;"营业成本"项目,根据"主营业务成本""其他业务成本"科目的发生额计算分析填列。其他项目均按照各该科目的发生额分析填列。

(二)利润表的填列方法

利润表的"本期金额"栏,一般应根据损益类科目和所有者权益类有关科目的发生额填列。

(1)"营业收入"项目,反映企业经营主要业务和其他业务所确认的收入总额。该项目应根据"主营业务收入"和"其他业务收入"科目的发生额分析填列。

(2)"营业成本"项目,反映企业经营主要业务和其他业务所发生的成本总额。该项目应根据"主营业务成本"和"其他业务成本"科目的发生额分析填列。

(3)"税金及附加"项目,反映企业经营业务应负担的消费税、城市维护建设税、资源税、土地增值税、教育费附加、房产税、车船税、城镇土地使用税等相关税费。该项目应根据"税金及附加"科目的发生额分析填列。

(4)"销售费用"项目,反映企业在销售商品过程中发生的包装费、广告费等费用和为销售本企业商品而专设的销售机构的职工薪酬、业务费等经营费用。该项目应根据"销售费用"科目的发生额分析填列。

(5)"管理费用"项目,反映企业为组织和管理生产经营而发生的管理费用。该项目应根据"管理费用"科目的发生额分析填列。

(6)"研发费用"项目,反映企业进行研究与开发过程中发生的费用化支出,以及计入管理费用的自行开发无形资产的摊销。该项目应根据"管理费用"科目下的"研发费用"明细科目的发生额,以及"管理费用"科目下的"无形资产摊销"明细科目的发生额分析填列。

(7)"财务费用"项目,反映企业为筹集生产经营所需资金等而发生的筹资费用。该项目应根据"财务费用"科目相关明细科目的发生额分析填列。其中,"利息费用"项目,反映企业为筹集生产经营所需资金等而发生的应予费用化的利息支出,该项目应根据"财务费用"科目相关明细科目的发生额分析填列。"利息收入"项目,反映企业按照相关会计准则确认的应冲减财务费用的利息收入,该项目应根据"财务费用"科目相关明细科目的发生额分析填列。

（8）"资产减值损失"项目,反映企业各项资产发生的减值损失。该项目应根据"资产减值损失"科目的发生额分析填列。

（9）"信用减值损失"项目,反映企业按照《企业会计准则第22号——金融工具确认和计量》的要求计提的各项金融工具信用减值准备所形成的预期信用损失。本项目应根据"信用减值损失"科目的发生额分析填列。

（10）"其他收益"项目,反映计入其他收益的政府补助,以及其他与日常活动相关且计入其他收益的项目。该项目应根据"其他收益"科目的发生额分析填列。企业作为个人所得税的扣缴义务人,根据《中华人民共和国个人所得税法》收到的扣缴税款手续费,应作为其他与日常活动相关的收益在该项目中填列。

（11）"投资收益"项目,反映企业以各种方式对外投资所取得的收益。该项目应根据"投资收益"科目的发生额分析填列;如为投资损失,则以"-"号填列。

（12）"净敞口套期收益"项目,反映净敞口套期下被套期项目累计公允价值变动转入当期损益的金额或现金流量套期储备转入当期损益的金额。该项目应根据"净敞口套期损益"科目的发生额分析填列;如为套期损失,则以"-"号填列。

（13）"公允价值变动收益"项目,反映企业应当计入当期损益的资产或负债公允价值变动收益。该项目应根据"公允价值变动损益"科目的发生额分析填列;如为净损失,则以"-"号填列。

（14）"资产处置收益"项目,反映企业出售划分为持有待售的非流动资产(金融工具、长期股权投资和投资性房地产除外)或处置组(子公司和业务除外)时确认的处置利得或损失,以及处置未划分为持有待售的固定资产、在建工程、生产性生物资产及无形资产而产生的处置利得或损失。债务重组中因处置非流动资产(金融工具、长期股权投资和投资性房地产除外)产生的利得或损失和非货币性资产交换中换出非流动资产(金融工具、长期股权投资和投资性房地产除外)产生的利得或损失也包括在本项目内。该项目应根据"资产处置损益"科目的发生额分析填列;如为处置损失,则以"-"号填列。

（15）"营业利润"项目,反映企业实现的营业利润。如为亏损,则以"-"号填列。

（16）"营业外收入"项目,反映企业发生的除营业利润以外的收益,主要包括与企业日常活动无关的政府补助、盘盈利得、捐赠利得(企业接受股东或股东的子公司直接或间接的捐赠,经济实质属于股东对企业的资本性投入的除外)等。该项目应根据"营业外收入"科目的发生额分析填列。

（17）"营业外支出"项目,反映企业发生的除营业利润以外的支出,主要包括公益性捐赠支出、非常损失、盘亏损失、非流动资产毁损报废损失等。该项目应根据"营业外支出"科目的发生额分析填列。"非流动资产毁损报废损失"通常包括出于自然灾害发生毁损、已丧失使用功能等原因而报废清理产生的损失。企业在不同交易中形成的非流动资产毁损报废利得和损失不得相互抵销,应分别在"营业外收入"项目和"营业外支出"项目进行填列。

(18)"利润总额"项目,反映企业实现的利润。如为亏损,则以"-"号填列。

(19)"所得税费用"项目,反映企业应从当期利润总额中扣除的所得税费用。该项目应根据"所得税费用"科目的发生额分析填列。

(20)"净利润"项目,反映企业实现的净利润。如为亏损,则以"-"号填列。

(21)"其他综合收益的税后净额"项目,反映企业根据企业会计准则规定未在损益中确认的各项利得和损失扣除所得税影响后的净额。

(22)"综合收益总额"项目,反映企业净利润与其他综合收益(税后净额)的合计金额。

(23)"每股收益"项目,包括基本每股收益和稀释每股收益两项指标,反映普通股或潜在普通股已公开交易的企业,以及正处在公开发行普通股或潜在普通股过程中的企业的每股收益信息。

能力训练

一、任务内容

任务目标:掌握利润表的编制方法。

(一)案例资料

B 股份有限公司 2024 年度损益类科目发生额汇总表如表 3-9 所示。

表 3-9　B 股份有限公司 2024 年度损益类科目发生额汇总表　　　　单位:元

科目名称	本年发生额	
	借方	贷方
主营业务收入(总)		23 360 000
——A 产品销售收入		12 600 000
——B 产品销售收入		10 760 000
其他业务收入(总)		3 032 000
——修理收入		1 756 000
——运输收入		1 276 000
投资收益(总)		4 160 000
——权益法长期股权投资收益		3 380 000
——成本法长期股权投资收益		2 040 000
——处置长期股权投资损失	1 260 000	
公允价值变动损益(总)		400 000
资产处置损益(总)		680 000
其他收益(总)		1 800 000
营业外收入(总)		640 160
——无偿捐赠收入		640 000

(单位:元)(续表)

科目名称	本年发生额	
	借方	贷方
——现金盘盈利得		160
其他综合收益(总)		
主营业务成本(总)	12 940 000	
——A产品销售成本	7 560 000	
——B产品销售成本	5 380 000	
其他业务成本(总)	1 994 800	
——修理成本	1 229 200	
——运输成本	765 600	
税金及附加(总)	477 600	
——城市维护建设税	163 520	
——教育费附加	70 080	
——房产税	74 000	
——城镇土地使用税	112 000	
——车船税	58 000	
销售费用(总)	5 252 000	
——工资	1 800 000	
——福利费	252 000	
——广告费	2 000 000	
——运输费	1 200 000	
管理费用(总)	1 368 000	
——工资	1 200 000	
——福利费	168 000	
财务费用(总)	1 860 000	
——长期借款利息支出	2 000 000	
——短期借款利息支出	1 200 000	
——银行手续费	60 000	
——存款利息收入		1 400 000
资产减值损失(总)	1 200 000	
——存货减值损失	160 000	
——固定资产减值损失	1 000 000	
——无形资产减值损失	40 000	
营业外支出(总)	4 000 000	

(单位:元)(续表)

科目名称	本年发生额	
	借方	贷方
——固定资产盘亏损失	1 200 000	
——罚没支出	40 000	
——捐赠支出	1 200 000	
——其他营业外支出	1 560 000	
所得税费用(总)	1 320 000	

(二)要求

1. 填写下列利润表项目"本期金额"的列报金额并编制利润表：

(1) 填写"二、营业利润"项目"本期金额"的列报金额；

(2) 填写"三、利润总额"项目"本期金额"的列报金额；

(3) 填写"四、净利润"项目"本期金额"的列报金额；

(4) 填写"六、综合收益总额"项目"本期金额"的列报金额。

2. 依据 B 股份有限公司资料编制利润表。利润表的格式如表 3-10 所示。

表 3-10　利润表

编制单位:B 股份有限公司　　　　　　2024 年度　　　　　　　　　　　　单位:元

项目	本期金额	上期金额
一、营业收入		
减:营业成本		
税金及附加		
销售费用		
管理费用		
研发费用		
财务费用		
其中:利息费用		
利息收入		
资产减值损失		
信用减值损失		
加:其他收益		
投资收益(损失以"-"号填列)		
其中:对联营企业和合营企业的投资收益		
净敞口套期收益(损失以"-"填列)		
公允价值变动收益(损失以"-"号填列)		

(单位:元)(续表)

项目	本期金额	上期金额
资产处置收益（损失以"-"号填列）		
二、营业利润（亏损以"-"号填列）		
加：营业外收入		
减：营业外支出		
三、利润总额（亏损总额以"-"号填列）		
减：所得税费用		
四、净利润（净亏损以"-"号填列）		
（一）持续经营净利润（净亏损以"-"号填列）		
（二）终止经营净利润（净亏损以"-"号填列）		
五、其他综合收益的税后净额		
（一）不能重分类进损益的其他综合收益		
1. 重新计量设定受益计划变动额		
2. 权益法下不能转损益的其他综合收益		
3. 其他权益工具投资公允价值变动		
4. 企业自身信用风险公允价值变动		
……		
（二）将重分类进损益的其他综合收益		
1. 权益法下可转损益的其他综合收益		
2. 其他债权投资公允价值变动		
3. 金融资产重分类计入其他综合收益的金额		
4. 其他债权投资信用减值准备		
5. 现金流量套期储备		
6. 外币财务报表折算差额		
……		
六、综合收益总额		
七、每股收益：		
（一）基本每股收益		
（二）稀释每股收益		

二、任务分工

工作任务分配及完成计划如表 3-11 所示。

表 3-11　工作任务分配及完成计划

工作任务编号		工作任务名称	
班级		组长	
组别		组员	
明确本次工作任务重点			
工作任务分配	组长： 组员 1： 组员 2： 组员 3： 组员 4： 组员 5： ……		
工作任务完成计划（行动方案）	第一步： 第二步： 第三步：		
工作任务完成时间			
组长			签名：

注：此表由组长填制，并与工作任务完成纸质材料一同装订。

三、任务实施

任务实施步骤详见右侧二维码。

任务实施

四、任务总结

工作任务完成后将分组的总结与感受分别填写到表 3-12 和表 3-13 中。

表 3-12　工作任务完成总结

工作任务编号		工作任务名称	
班级		组长	
组别		组员	
完成工作任务过程中存在的问题或困惑			
完成工作任务心得			
组长			签名：

表 3-13　工作任务完成的结果评价

组别	正确率	排名	完成工作任务感受	是否提升了工作能力？
1				
2				

(续表)

组别	正确率	排名	完成工作任务感受	是否提升了工作能力？
3				
4				
5				
6				

项目实训评价

1. 学生进行自我评价，并将结果填入学生技能自评表。学生技能自评表如表 3-14 所示。

表 3-14 学生技能自评表

项目三		利润表编制		
评价项目		评价标准	分值	得分
技能评价	利润表的性质与作用	能了解利润表的性质	10	
		能了解利润表的作用	10	
	利润表的结构	能熟悉利润表的结构	10	
	编制利润表	能掌握利润表的编制方法	40	
素质评价	工作态度	态度端正，无无故缺勤、迟到、早退现象	6	
	工作质量	能按计划完成工作任务	6	
	协调能力	与小组成员、同学之间能合作交流，协调工作	6	
	职业素质	能做到认真工作	6	
	创新意识	能运用所学开展工作	6	
合计			100	

2. 学生以小组为单位，对以上学习工作任务的过程与结果进行互评，将互评结果填入学生互评表。学生互评表如表 3-15 所示。

表 3-15 学生互评表

项目三		利润表编制											
评价项目	分值	等级							评价对象(组别)				
									1	2	3	4	5	6
课前任务	10	优	10	良	8	中	6	差	4					
计划合理	10	优	10	良	8	中	6	差	4					
方案准确	10	优	10	良	8	中	6	差	4					
团队合作	10	优	10	良	8	中	6	差	4					

(续表)

项目三		利润表编制											
评价项目	分值	等级							评价对象（组别）				
									1	2	3	4	5	6
组织有序	10	优	10	良	8	中	6	差	4					
工作质量	10	优	10	良	8	中	6	差	4					
工作效率	10	优	10	良	8	中	6	差	4					
工作完成	10	优	10	良	8	中	6	差	4					
工作规范	10	优	10	良	8	中	6	差	4					
课后任务	10	优	10	良	8	中	6	差	4					

3. 教师对学生工作过程与工作结果进行评价，并将评价结果填入教师综合评价表。教师综合评价表如表3-16所示。

表3-16 教师综合评价表

项目三		利润表编制		
评价项目		评价标准	分值	得分
考勤（10%）		无无故缺勤、迟到、早退现象	10	
工作过程（60%）	利润表的性质与作用	能了解利润表的性质	10	
		能了解利润表的作用	10	
	利润表的结构	能熟悉利润表的结构	10	
	编制利润表	能掌握利润表的编制方法	30	
工作结果（30%）	工作进度	能按时完成工作任务	10	
	工作规范	能按照会计准则编制利润表	10	
	成果展示	能准确编制利润表	10	
合计			100	

自测训练

一、单项选择题

在每小题列出的四个备选项中只有一个选项是符合题目要求的，请将其代码填写在题后的括号内。

1. 下列各项中应列入利润表"营业收入"项目的是（　　）。
   A. 接受捐赠收到的现金
   B. 销售材料取得的收入
   C. 出售专利权取得的净收益
   D. 出售自用房产取得的净收益

2. 下列各项中不应列入利润表"营业收入"项目的是(　　)。

A. 销售商品收入

B. 提供劳务收入

C. 报废固定资产净收入

D. 让渡无形资产使用权收入

3. 下列各项中不影响利润表中的营业利润的是(　　)。

A. 企业销售商品发生的现金折扣

B. 行政管理部门的办公费

C. 出售原材料的成本

D. 固定资产毁损报废净收益

4. A公司2024年度"财务费用"科目的发生额如下：银行长期借款利息支出10万元，银行短期借款利息支出3万元，银行存款利息收入2万元，银行手续费支出1.5万元，则A公司2024年度利润表中"财务费用"项目"本期金额"的列报金额为(　　)万元。

A. 10　　　　　B. 14　　　　　C. 12.5　　　　　D. 11

5. A公司2024年度"资产减值损失"科目的发生额如下：存货减值损失合计23万元，坏账损失合计10万元，固定资产减值损失合计210万元，无形资产减值损失合计150万元，则A公司2024年度利润表中"资产减值损失"项目"本期金额"的列报金额为(　　)万元。

A. 300　　　　　B. 383　　　　　C. 335　　　　　D. 393

6. 某企业2024年度利润总额为1 000万元，其中本年度国债利息收入100万元，已计入营业外支出的税收滞纳金6万元；企业所得税税率为25%。年初递延所得税资产为10万元，年末递延所得税资产为20万元，年初递延所得税负债为30万元，年末递延所得税负债为50万元，则该企业2024年度所得税费用为(　　)万元。

A. 250　　　　　B. 226.5　　　　　C. 236.5　　　　　D. 251.5

7. 某企业2024年发生的营业收入为1 000万元，营业成本为600万元，销售费用为20万元，管理费用为50万元，财务费用为10万元，投资收益为40万元，减值损失中资产减值损失为70万元(损失)，公允价值变动损益为80万元(损失)，营业外收入为25万元，营业外支出为15万元，则该企业2024年度营业利润为(　　)万元。

A. 300　　　　　B. 210　　　　　C. 380　　　　　D. 490

8. 下列各项中应列入利润表"税金及附加"项目的是(　　)。

A. 进口原材料应交的关税

B. 购进生产设备应交的增值税

C. 处置房屋应交的增值税

D. 销售自产应税化妆品应交的消费税

9. 2024年10月，A公司销售产品实际应交纳增值税80万元、消费税60万元，适用的城市维护建设税税率为7%、教育费附加税率为3%。假定不考虑其他因素，A公司当月利润表中"税金及附加"项目的列报金额为(　　)万元。

A. 14　　　　　B. 60　　　　　C. 74　　　　　D. 144.4

10. 某企业留存收益年初余额为100万元，本年利润总额为600万元，所得税费用为

150万元,按净利润的10%提取法定盈余公积,按净利润的5%提取任意盈余公积,并将盈余公积10万元和资本公积10万元转增资本,发放现金股利10万元,发放股票股利20万元。该企业留存收益年末余额是(　　)万元。

A. 437.5　　　　　　B. 500　　　　　　C. 510　　　　　　D. 660

二、多项选择题

在每小题列出的四个备选项中至少有两个是符合题目要求的,请将其代码填写在题后的括号内。

1. 下列有关利润表的说法中正确的有(　　)。
   A. 利润表的结构有单步式和多步式两种
   B. 我国企业的利润表采用多步式格式
   C. 利润表是反映企业在一定会计期间的经营成果的报表
   D. 表体部分是利润表的主体,列示了形成经营成果的各个项目和计算过程

2. 下列各项中应列入利润表"营业收入"项目的有(　　)。
   A. 营业外收入　　　　　　　　　　B. 投资收益
   C. 其他业务收入　　　　　　　　　D. 主营业务收入

3. 下列各项中应列入一般企业利润表"营业收入"项目的有(　　)。
   A. 固定资产出售净收益
   B. 经营租赁租金收入
   C. 接受捐赠利得
   D. 销售货物收入

4. 下列各项中应列入利润表"营业成本"项目的有(　　)。
   A. 以经营租赁方式出租设备计提的折旧额
   B. 出租非专利技术计提的摊销额
   C. 出售商品的成本
   D. 对外提供劳务的成本

5. 下列各项中应列入利润表"营业成本"项目的有(　　)。
   A. 出售商品的成本
   B. 销售材料的成本
   C. 出租非专利技术的摊销额
   D. 以经营租赁方式出租设备计提的折旧额

6. 下列各项中影响利润表"营业成本"项目本期金额的有(　　)。
   A. 销售原材料的成本
   B. 转销已售商品相应的存货跌价准备
   C. 出租非专利技术的摊销额
   D. 出售商品的成本

7. 下列各项中应列入利润表"税金及附加"项目的有(　　)。
   A. 销售应税矿产品计提的应交资源税
   B. 经营活动中计提的应交教育费附加

C. 销售应税消费品计提的应交消费税

D. 经营活动中计提的应交城市维护建设税

8. 下列各项中属于利润表期间费用的有( )。

A. 制造费用　　　　　　　　　　B. 销售费用

C. 财务费用　　　　　　　　　　D. 管理费用

9. 下列各项中影响利润表"营业利润"项目的有( )。

A. 盘亏固定资产净损失

B. 计提固定资产减值准备

C. 发生的所得税费用

D. 出售无形资产的净收益

10. 下列各项中影响利润表"营业利润"项目的有( )。

A. 资产减值损失　　　　　　　　B. 公允价值变动损益

C. 公益性捐赠支出　　　　　　　D. 确认所得税费用

三、判断题

判断下列各题正误,正确者在括号内打"√",错误者在括号内打"×"。

1. 出售单独计价的包装物结转的成本应填列在利润表的"营业成本"项目中。( )

2. 购买商品支付货款取得的现金折扣列入利润表的"财务费用"项目。( )

3. 企业利润表中,"资产处置收益""公允价值变动收益"和"投资收益"项目金额均可能以"-"号列示。( )

4. 企业利润表中的"综合收益总额"项目,应根据企业当年的净利润和其他综合收益的税后净额的合计数计算填列。( )

5. "综合收益总额"项目,反映净利润和其他综合收益扣除所得税影响后的净额相加后的合计金额。( )

6. 增值税应在利润表的"税金及附加"项目中反映。( )

7. 净利润是影响作为所有者权益组成部分的留存收益的一项主要因素。( )

8. 企业利润表的所得税费用等于当期利润总额乘以所得税税率。( )

9. 利润表的"营业成本"项目根据"主营业务成本"科目的当期发生额填列。( )

10. 管理费用和制造费用都是本期发生的生产费用,因此均应计入当期损益。( )

项目四

现金流量表编制

学习任务描述

现金流量表是反映企业在一定会计期间现金及现金等价物流入和流出的报表。它是以资产负债表和利润表等会计核算资料为依据,按照收付实现制要求对现金流量的结构性表述,揭示企业在一定会计期间获取现金及现金等价物的能力。现金流量表包括现金流量表主表和附注两部分。编制现金流量表需要遵循《企业会计准则——基本准则》,现金流量表主表项目应采用直接法填列,附注项目应采用间接法填列。

1. 知识目标

通过本项目的学习,了解现金流量表基础知识,掌握现金流量表主要项目的编制方法。

2. 能力目标

通过本项目的学习,掌握现金流量表的结构和现金流量表的编制方法。

3. 素养目标

科学投资,稳健经营。识别现金流量表中的风险,形成正确的职业道德观念。

知识体系

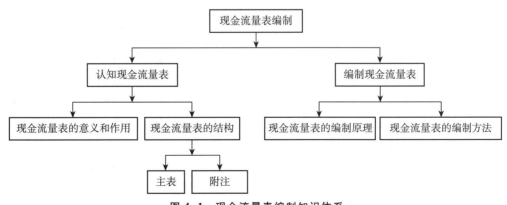

图 4-1　现金流量表编制知识体系

引导案例

假如 A 公司、B 公司、C 公司均从事服装批发业务,2024 年年初均购进一批服装,总价款均为 400 万元,该批服装于当年全部销售完毕,销售金额均为 700 万元,三家公司 2024 年各支付给职工现金 100 万元,假定无其他费用发生,2023 年年底转入 2024 年可动用的现金 500 万元。A 公司已经支付购货款 400 万元,但是没有收回销货款;B 公司已经支付购货款 400 万元,并收回销货款 700 万元;C 公司未支付购货款 400 万元,但收回销货款 700 万元。

请分析 A 公司、B 公司、C 公司的会计利润和经营活动产生的现金流量净额,并填写现金净流量计算表(见表 4-1)。

表 4-1　现金净流量计算表　　　　　　　　　　　　　　　　　单位:万元

公司名称	销售商品收到的现金	购买商品支付的现金	支付给职工的现金	会计利润	经营活动产生的现金流量净额	期初现金余额	期末现金余额
	①	②	③	④	⑤=①-②-③	⑥	⑦=⑥+⑤
A 公司							
B 公司							
C 公司							

任务一　认知现金流量表

相关知识

一、现金流量表的意义

现金流量表是反映企业在一定会计期间现金及现金等价物流入和流出的报表。它是以资产负债表和利润表等会计核算资料为依据,按照收付实现制要求对现金流量的结构性表述,揭示企业在一定会计期间获取现金及现金等价物的能力。

现金是指企业库存现金以及可以随时用于支付的存款。不能随时用于支付的存款不属于现金。

现金等价物是指企业持有的期限短、流动性强、易于转换为已知金额现金、价值变动风险很小的投资。期限短,一般是指从购买日起三个月内到期。现金等价物通常包括三个月内到期的债券投资等。权益性投资变现的金额通常不确定,因而不属于现金等价物。企业应当根据具体情况,确定现金等价物的范围,一经确定不得随意变更。在下文表述现金时,除非同时提及现金等价物,否则均包括现金和现金等价物。

企业经营离不开现金,现金在满足企业各种需求中有着重要的意义。

(一)交易需求

企业的各种应付款项大都需要用现金支付,而各种应收款项一般要以现金的形式收回。

（二）预防需求

企业外部环境变化不定，使得企业无法确知未来可能发生的各种资金需求，因此企业应有较充足的现金储备，以备不时之需。例如，通货膨胀、汇率变动、金融危机等外部因素的作用，以及企业内部原材料供应、技术条件、战略决策及未决诉讼等情况，都有可能对企业的净利润及现金产生一定的影响。为保障偿债能力及支付能力，企业有必要产生足够的现金，或从外部筹措到现金，否则就会濒临破产。

（三）筹资需求

企业向银行等金融机构筹措资金时，往往被要求在银行保持一定的存款余额，企业的资产负债率较低时，易于得到贷款；反之，尤其是企业账面存款过少时，银行为降低风险，则不会提供贷款。

（四）营运需求

企业在营运过程中，若现金较充裕，则一方面可以及时支付购货款，从而得到相应的价格折扣，降低进货成本；另一方面，拥有一定量的闲置现金有助于企业及时把握某种稍纵即逝的投资机会，在激烈的市场竞争中逐步发展壮大。

正因为现金如此重要，企业的管理者才必须及时掌握企业各种活动所产生的现金流入与流出情况，而现金流量表就是一种简洁而实用的反映企业现金变动状况的会计报表。

二、现金流量表的作用

现金流量表主要提供有关企业现金流量方面的信息。在市场经济条件下，企业的现金流转情况在很大程度上影响着企业的生存和发展。现金管理已经成为企业财务管理的一个重要方面，受到企业管理者、投资者、债权人以及政府监管部门的关注。现金流量表的作用具体有以下三个方面。

（一）有助于评价企业支付能力、偿债能力和周转能力

通过现金流量表，并配合资产负债表和利润表，将现金与流动负债进行比较，即可计算出现金比率；将现金流量净额与发行在外的普通股加权平均股数进行比较，即可计算出每股现金流量；将经营活动产生的现金流量净额与净利润进行比较，即可计算出盈利现金比率。通过这些数据，我们可以了解企业的现金能否偿还到期债务、支付股利和进行必要的固定资产投资，了解企业现金流转效率和效果等，从而便于投资者做出投资决策、债权人做出信贷决策。

（二）有助于预测企业未来现金流量

评价过去是为了预测未来。通过现金流量表所反映的企业过去一定期间的现金流量以及其他生产经营指标，我们可以了解企业现金的来源和用途是否合理，了解企业经营活动产生的现金流量有多少，企业在多大程度上依赖外部资金，据以预测企业未来现金流量，从而为企业编制现金流量计划、组织现金调度、合理节约地使用现金创造条件，为投资者和债权人评价企业的未来现金流量、做出投资和信贷决策提供必要信息。

（三）有助于分析企业收益质量及影响现金流量净额的因素

利润表中列示的净利润指标反映了一个企业的经营成果，这是体现企业经营业绩的最

重要的一个指标。但是,利润表是按照权责发生制原则编制的,它不能反映企业经营活动产生了多少现金,并且没有反映投资活动和筹资活动对企业财务状况的影响。通过编制现金流量表,我们可以掌握企业经营活动、投资活动和筹资活动的现金流量,将经营活动产生的现金流量净额与净利润相比较,就可以从现金流量的角度了解净利润的质量,并进一步判断是哪些因素影响了现金流入,从而为分析和判断企业的财务前景提供信息。

三、现金流量表的编制基础

（一）现金及现金等价物

现金流量表是以现金为基础编制的,这里的现金是指企业的库存现金、可以随时用于支付的存款,以及现金等价物。具体内容如表 4-2 所示。

表 4-2 现金及现金等价物的内容

项目	具体构成
现金	库存现金,指企业持有可随时用于支付的现金限额,即与会计核算中"库存现金"科目所包括的内容一致
	银行存款,指企业存在金融机构可随时用于支付的存款,即与会计核算中"银行存款"科目所包括的内容基本一致
	其他货币资金,指企业存在金融机构有特定用途的资金
现金等价物	企业持有的期限短、流动性强、易于转换为已知金额现金,且价值变动风险很小的投资。主要有购入日至到期日在三个月或更短时间内转换为已知现金金额的债券投资等。权益性投资变现的金额通常不确定,因而不属于现金等价物

（二）影响现金流量的因素

编制现金流量表应对对现金流量产生影响的关键因素进行具体分析,企业的业务按其与现金流量的关系可以归纳为以下三类:

（1）现金各项目之间的增减变动。这类业务账务处理的借方、贷方都是现金,因而不会影响现金流量的增减变动。

（2）非现金各项目之间的增减变动。这类业务账务处理的借方、贷方都不是现金,也不会影响现金流量的增减变动。

（3）现金各项目与非现金各项目之间的增减变动。这类业务账务处理的借方、贷方中,一方是现金,另一方不是现金,所以这类业务必然影响现金流量的增减变动。

现金流量表主要反映上述第三类业务即现金各项目与非现金各项目之间的增减变动对现金流量净额的影响。非现金各项目之间的增减变动如属于重要的投资和筹资活动,则在附注中予以披露。

四、现金流量的分类

将企业一定期间内产生的现金流量按照经营业务发生的性质,分为经营活动产生的现金流量、投资活动产生的现金流量和筹资活动产生的现金流量三大类。其主要内容如表 4-3 所示。

表 4-3 现金流量的分类

现金流量分类	主要内容
经营活动产生的现金流量	经营活动是指企业投资活动与筹资活动以外的所有交易和事项,包括销售商品或提供劳务、收到返还的税费、购买商品或接受劳务、经营性租赁、支付工资、支付广告宣传费、缴纳税款等。经营活动产生的现金流量是企业通过运用所拥有的资产自身创造的现金流量,主要是与企业净利润有关的现金流量
投资活动产生的现金流量	投资活动是指企业长期资产的购建和不包括在现金等价物范围内的投资及其处置活动,包括取得和收回对外投资,购建和处置固定资产、无形资产等
筹资活动产生的现金流量	筹资活动是指导致企业资本及债务规模和构成发生变化的活动,包括吸收投入资本、发行股票、分配利润、取得和偿还银行借款、发行和偿还企业债券等

企业在进行现金流量归类时,应注意的问题主要有:

(1) 对于现金流量表中未特别指明的现金流量,应按照现金流量表的分类方法和重要性原则,判断某项交易或事项所产生的现金流量应当归属的类别或项目,对于重要的现金流入或流出应当单独反映。

(2) 对于企业日常活动之外的,不经常发生的特殊项目,如自然灾害损失、保险赔款、捐赠等,应根据其性质,分类归并到经营活动、投资活动或筹资活动项目中。

(3) 由于各类企业所处的行业特点不同,在对现金流量分类的认定上存在一定差异,企业应根据本单位的实际情况,对现金流量进行合理分类。

五、现金流量表的结构

(一) 现金流量表的基本结构

现金流量表的结构包括主表和附注。

主表主要包括三个方面的内容:一是经营活动产生的现金流量,即企业在商品和劳务活动中所发生的现金收支活动;二是投资活动产生的现金流量,即企业长期资产的购建和不包括在现金等价物范围内的投资及其处置的现金收支活动;三是筹资活动产生的现金流量,即导致企业资本及债务规模和构成发生变化的现金收支活动。三者合计构成现金及现金等价物的净增加额,为企业投资者和管理者提供十分有用的信息。

附注中披露的补充资料也包括三个方面:一是以净利润为起算点将净利润调节为经营活动现金流量;二是披露一定期间内影响资产或负债,但不形成该期现金收支的所有投资和筹资活动的信息;三是将现金及现金等价物的期末余额与期初余额比较,得出"现金及现金等价物净增加额",以核对是否与现金流量表的金额相符。

现金流量表的结构如表4-4所示。

表 4-4 现金流量表结构

项目	本年金额	上年金额
一、经营活动产生的现金流量：		
经营活动现金流入小计		
经营活动现金流出小计		
经营活动产生的现金流量净额		
二、投资活动产生的现金流量：		
投资活动现金流入小计		
投资活动现金流出小计		
投资活动产生的现金流量净额		
三、筹资活动产生的现金流量：		
筹资活动现金流入小计		
筹资活动现金流出小计		
筹资活动产生的现金流量净额		
四、汇率变动对现金及现金等价物的影响		
五、现金及现金等价物净增加额		
加：期初现金及现金等价物余额		
六、期末现金及现金等价物余额		
补充资料		
1. 将净利润调节为经营活动现金流量		
经营活动产生的现金流量净额		
2. 不涉及现金收支的重大投资和筹资活动		
3. 现金及现金等价物净变动情况		
现金及现金等价物净增加额		

（二）现金流量表主表项目

现金流量表主表的具体内容及格式如表 4-5 所示。

表 4-5 现金流量表

会企 03 表

编制单位：　　　　　　　　　年度　　　　　　　　　单位：元

项目	行次	本年金额	上年金额
一、经营活动产生的现金流量：			
销售商品、提供劳务收到的现金			
收到的税费返还			
收到其他与经营活动有关的现金			

(单位:元)(续表)

项目	行次	本年金额	上年金额
经营活动现金流入小计			
购买商品、接受劳务支付的现金			
支付给职工以及为职工支付的现金			
支付的各项税费			
支付其他与经营活动有关的现金			
经营活动现金流出小计			
经营活动产生的现金流量净额			
二、投资活动产生的现金流量			
收回投资收到的现金			
取得投资收益收到的现金			
处置固定资产、无形资产和其他长期资产收回的现金净额			
处置子公司及其他营业单位收到的现金净额			
收到其他与投资活动有关的现金			
投资活动现金流入小计			
购建固定资产、无形资产和其他长期资产支付的现金			
投资支付的现金			
取得子公司及其他营业单位支付的现金净额			
支付其他与投资活动有关的现金			
投资活动现金流出小计			
投资活动产生的现金流量净额			
三、筹资活动产生的现金流量			
吸收投资收到的现金			
取得借款收到的现金			
收到其他与筹资活动有关的现金			
筹资活动现金流入小计			
偿还债务支付的现金			
分配股利、利润或偿付利息支付的现金			
支付其他与筹资活动有关的现金			
筹资活动现金流出小计			
筹资活动产生的现金流量净额			
四、汇率变动对现金及现金等价物的影响			
五、现金及现金等价物净增加额			
加:期初现金及现金等价物余额			
六、期末现金及现金等价物余额			

（三）现金流量表附注项目

除现金流量表主表反映的信息外，企业还应在附注中披露将净利润调节为经营活动现金流量、不涉及现金收支的重大投资和筹资活动、现金及现金等价物净变动情况等信息。附注中披露的现金流量表补充资料如表4-6所示。

表4-6 现金流量表补充资料

补充资料	本年金额	上年金额
1. 将净利润调节为经营活动现金流量：		
净利润		
加：资产减值准备		
固定资产折旧、油气资产折耗、生产性生物资产折旧		
无形资产摊销		
长期待摊费用摊销		
处置固定资产、无形资产和其他长期资产的损失（收益以"-"号填列）		
固定资产报废损失（收益以"-"号填列）		
公允价值变动损失（收益以"-"号填列）		
财务费用（收益以"-"号填列）		
投资损失（收益以"-"号填列）		
递延所得税资产减少（增加以"-"号填列）		
递延所得税负债增加（减少以"-"号填列）		
存货的减少（增加以"-"号填列）		
经营性应收项目的减少（增加以"-"号填列）		
经营性应付项目的增加（减少以"-"号填列）		
其他		
经营活动产生的现金流量净额		
2. 不涉及现金收支的重大投资和筹资活动：		
债务转为资本		
一年内到期的可转换公司债券		
融资租入固定资产		
3. 现金及现金等价物净变动情况：		
现金的期末余额		
减：现金的期初余额		
加：现金等价物的期末余额		
减：现金等价物的期初余额		
现金及现金等价物净增加额		

能力训练

一、任务内容

任务目标:掌握现金流量表的作用。

(一) 案例资料

依据引导案例资料,对 A 公司、B 公司、C 公司的会计利润和经营活动产生的现金流量净额进行分析。

(二) 要求

1. 计算 A 公司、B 公司和 C 公司各自的会计利润和经营活动产生的现金流量净额;
2. 编制现金净流量计算表,格式如表 4-7 所示。

表 4-7 现金净流量计算表　　　　　　　　　　　　　单位:万元

公司名称	销售商品收到的现金	购买商品支付的现金	支付给职工的现金	会计利润	经营活动产生的现金流量净额	期初现金余额	期末现金余额
	①	②	③	④	⑤=①-②-③	⑥	⑦=⑥+⑤
A 公司							
B 公司							
C 公司							

二、任务分工

工作任务分配及完成计划如表 4-8 所示。

表 4-8 工作任务分配及完成计划

工作任务编号		工作任务名称	
班级		组长	
组别		组员	
明确本次工作任务重点			
工作任务分配	组长: 组员1: 组员2: 组员3: 组员4: 组员5: ……		

（续表）

工作任务完成计划 （行动方案）	第一步： 第二步： 第三步：	
工作任务完成时间		
组长		签名：

注：此表由组长填制，并与工作任务完成纸质材料一同装订。

三、任务实施

任务实施

任务实施步骤详见左侧二维码。

四、任务总结

工作任务完成后将分组的总结与感受分别填写到表4-9和表4-10中。

表4-9 工作任务完成总结

工作任务编号		工作任务名称	
班级		组长	
组别		组员	
完成工作任务过程中存在的问题或困惑			
完成工作任务心得			
组长			签名：

表4-10 工作任务完成的结果评价

组别	正确率	排名	完成工作任务感受	是否提升了工作能力？
1				
2				
3				
4				
5				
6				

任务二　编制现金流量表

相关知识

一、现金流量表的编制原理

现金流量表是按收付实现制反映企业报告期内经营活动、投资活动、筹资活动的现金流动信息。由于企业编制现金流量表之前的会计信息都是在权责发生制下产生的,因此编制现金流量表的过程实际上是对这些会计信息重新整理的过程,这个过程的核心内容就是将权责发生制下的会计资料转换为按收付实现制表示的现金流动。

我国企业会计准则规定,现金流量表应采用直接法填列,采用直接法时,有关企业现金流入和现金流出的信息可以直接从企业会计记录中获得,也可以在利润表中营业收入、营业成本等数据的基础上,通过调整有关资产负债表项目来获得;附注要求采用间接法反映经营活动现金流量,以对现金流量表中按直接法反映的经营活动现金流量进行核对和补充说明。

所谓"直接法",是通过现金收入和现金支出的主要类别直接反映企业经营过程中产生的现金流量的一种方法。采用直接法提供的信息有助于评价企业未来现金流量。所谓"间接法",是以本期净利润为起算点,调整不涉及现金的收入、费用、营业外收支以及经营性应收应付等项目的增减变动,据此计算并列示出经营活动现金流量的一种方法。

二、现金流量表项目的填列

（一）现金流量表项目填列的总体要求

现金流量表项目填列的总体要求如下：

（1）现金流量表应反映企业一定会计期间内有关现金及现金等价物流入和流出的信息。

（2）企业应根据具体情况确定现金等价物的范围,并且一贯地保持其划分标准,如改变划分标准,则应视为会计政策的变更。企业确定现金等价物的原则及其变更,应在会计报表附注中披露。

（3）现金流量表应按照经营活动产生的现金流量、投资活动产生的现金流量和筹资活动产生的现金流量分别反映。本说明所指的现金流量是指现金的流入和流出。

（4）现金流量表一般应按现金流入和流出总额反映。但代客户收取或支付的现金以及周转快、金额大、期限短的项目的现金收入和现金支出可以按净额反映。

（二）现金流量表各项目的内容及填列方法

1. 经营活动产生的现金流量项目的内容及填列方法

（1）销售商品、提供劳务收到的现金。本项目反映企业销售商品、提供劳务实际收到的现金,包括销售收入和应向购买者收取的增值税销项税额,具体包括：本期销售商品、提供劳务收到的现金,以及前期销售商品、提供劳务本期收到的现金和本期预收的款项,减去本期销售本期退回的商品和前期销售本期退回的商品支付的现金。企业销售材料和代购代销业务收到的现金,也在本项目中反映。本项目可以根据"库存现金""银行存款""应收票据""应收账款""预收账款""主营业务收入""其他业务收入"等科目的记录分析填列。

(2) 收到的税费返还。本项目反映企业收到返还的各种税费,如收到的增值税、所得税、消费税、关税和教育费附加返还款等。本项目可以根据有关科目的记录分析填列。

(3) 收到其他与经营活动有关的现金。本项目反映企业除上述各项目外,收到的其他与经营活动有关的现金,如罚款收入、经营租赁固定资产收到的现金、投资性房地产收到的租金收入、流动资产损失中由个人赔偿的现金收入、除税费返还外的其他政府补助收入等。其他与经营活动有关的现金,如果金额较大,则根据"库存现金""银行存款""管理费用""销售费用"等科目的记录分析填列。

(4) 购买商品、接受劳务支付的现金。本项目反映企业购买商品、接受劳务实际支付的现金,包括支付的货款以及与货款一并支付的增值税进项税额,具体包括:本期购买商品、接受劳务支付的现金,以及本期支付前期购买商品、接受劳务的未付款项和本期预付款项,减去本期发生的购货退回收到的现金。为购置存货而发生的借款利息资本化部分,应在"分配股利、利润或偿付利息支付的现金"项目中反映。本项目可以根据"库存现金""银行存款""应付票据""应付账款""预付账款""主营业务成本""其他业务成本"等科目的记录分析填列。

(5) 支付给职工以及为职工支付的现金。本项目反映企业实际支付给职工的现金以及为职工支付的现金,包括企业为获得职工提供的服务,本期实际给予各种形式的报酬以及其他相关支出,如支付给职工的工资、奖金、各种津贴和补贴等,以及为职工支付的其他费用,不包括支付给在建工程人员的工资。支付的在建工程人员的工资,在"购建固定资产、无形资产和其他长期资产支付的现金"项目中反映。企业为职工支付的医疗、养老、失业、工伤、生育等社会保险基金,补充养老保险,住房公积金,为职工交纳的商业保险金,因解除与职工的劳动关系而给予的补偿,现金结算的股份支付,以及企业支付给职工或为职工支付的其他福利费用等,应根据职工的工作性质和服务对象,分别在"购建固定资产、无形资产和其他长期资产支付的现金"和"支付给职工以及为职工支付的现金"项目中反映。本项目可以根据"库存现金""银行存款""应付职工薪酬"等科目的记录分析填列。

(6) 支付的各项税费。本项目反映企业按规定支付的各项税费,包括本期发生并支付的税费,以及本期支付以前各期发生的税费和预交的税费,如支付的增值税、消费税、所得税、教育费附加、印花税、房产税、土地增值税、车船使用税等,不包括本期退回的增值税、所得税。本期退回的增值税、所得税等,在"收到的税费返还"项目中反映。本项目可以根据"应交税费""库存现金""银行存款"等科目的记录分析填列。

(7) 支付其他与经营活动有关的现金。本项目反映企业除上述各项目外支付的其他与经营活动有关的现金,如罚款支出,支付的差旅费、业务招待费、保险费,经营租赁支付的现金等。其他与经营活动有关的现金,如果金额较大,则应单列项目反映。本项目可以根据有关科目的记录分析填列。

2. 投资活动产生的现金流量项目的内容及填列方法

(1) 收回投资收到的现金。本项目反映企业出售、转让或到期收回除现金等价物以外的交易性金融资产、债权投资、其他债权投资、其他权益工具投资、长期股权投资等收到的现金,不包括债权性投资收回的利息、收回的非现金资产,以及处置子公司及其他营业单位收到的现金净额。债权性投资收回的本金在本项目中反映,债权性投资收回的利息在"取得投资收益收到的现金"项目中反映。处置子公司及其他营业单位收到的现金净额单设项目反映。本项目可以根据"交易性金融资产""债权投资""其他债权投资""其他权益工具投资""长期股权投资""库存现金""银行存款"等科目的记录分析填列。

(2) 取得投资收益收到的现金。本项目反映企业因股权性投资而分得的现金股利,因债权性投资而取得的现金利息收入。股票股利由于不产生现金流量,不在本项目中反映。包括在现金等价物范围内的债权性投资,其利息收入在本项目中反映。本项目可以根据"应收股利""应收利息""投资收益""库存现金""银行存款"等科目的记录分析填列。

(3) 处置固定资产、无形资产和其他长期资产收回的现金净额。本项目反映企业出售固定资产、无形资产和其他长期资产(如投资性房地产)所取得的现金,减去为处置这些资产而支付的有关税费后的净额。处置固定资产、无形资产和其他长期资产收到的现金,与处置活动支付的现金,两者在时间上比较接近,以净额反映更能准确反映处置活动对现金流量的影响。出于自然灾害等原因所造成的固定资产等长期资产报废、毁损而收到的保险赔偿收入,在本项目中反映。处置固定资产、无形资产和其他长期资产收回的现金净额如为负数,则应作为投资活动产生的现金流量,在"支付其他与投资活动有关的现金"项目中反映。本项目可以根据"固定资产清理""库存现金""银行存款"等科目的记录分析填列。

(4) 处置子公司及其他营业单位收到的现金净额。本项目反映企业处置子公司及其他营业单位所取得的现金减去子公司或其他营业单位持有的现金及现金等价物以及相关处置费用后的净额。本项目可以根据有关科目的记录分析填列。企业处置子公司及其他营业单位是整体交易,子公司和其他营业单位可能持有现金及现金等价物。这样,整体处置子公司或其他营业单位的现金流量,就应以处置价款中收到现金的部分,减去子公司或其他营业单位持有的现金及现金等价物以及相关处置费用后的净额反映。处置子公司及其他营业单位收到的现金净额如为负数,则应在"支付其他与投资活动有关的现金"项目中反映。

(5) 收到其他与投资活动有关的现金。本项目反映企业除上述各项目外,收到的其他与投资活动有关的现金。其他与投资活动有关的现金,如果金额较大,则应单列项目反映。本项目可以根据有关科目的记录分析填列。

(6) 购建固定资产、无形资产和其他长期资产支付的现金。本项目反映企业购买、建造固定资产,取得无形资产和其他长期资产(如投资性房地产)支付的现金,包括购买机器设备支付的现金、建造工程支付的现金、支付在建工程人员的工资等现金支出,不包括为购建固定资产、无形资产和其他长期资产而发生的借款利息资本化部分,以及融资租入固定资产所支付的租赁费。为购建固定资产、无形资产和其他长期资产而发生的借款利息资本化部分,在"分配股利、利润或偿付利息支付的现金"项目中反映;融资租入固定资产所支付的租赁费,在"支付其他与筹资活动有关的现金"项目中反映,不在本项目中反映。本项目可以根据"固定资产""在建工程""工程物资""无形资产""库存现金""银行存款"等科目的记录分析填列。

(7) 投资支付的现金。本项目反映企业进行权益性投资和债权性投资支付的现金,包括企业取得除现金等价物以外的交易性金融资产、债权投资、其他债权投资、其他权益工具投资、长期股权投资而支付的现金,以及支付的佣金、手续费等交易费用。企业购买股票和债券时,实际支付的价款中包含的已宣告但尚未领取的现金股利或已到付息期但尚未领取的债券利息,应在"支付其他与投资活动有关的现金"项目中反映;收回购买股票和债券时支付的已宣告但尚未领取的现金股利或已到付息期但尚未领取的债券利息,应在"收到其他与投资活动有关的现金"项目中反映。本项目可以根据"交易性金融资产""债权投资""其他债权投资""其他权益工具投资""长期股权投资""库存现金""银行存款"等科目的记录分析填列。

(8) 取得子公司及其他营业单位支付的现金净额。本项目反映企业取得子公司及其他营业单位购买出价中以现金支付的部分,减去子公司或其他营业单位持有的现金及现金等价物后的净额。本项目可以根据有关科目的记录分析填列。整体购买一个单位,其结算方式是多种多样的,如购买方全部以现金支付或一部分以现金支付而另一部分以实物清偿。同时,企业购买子公司及其他营业单位是整体交易,子公司和其他营业单位除有固定资产和存货外,还可能持有现金及现金等价物。这样,整体购买子公司或其他营业单位的现金流量,就应以购买出价中以现金支付的部分减去子公司或其他营业单位持有的现金及现金等价物后的净额反映,如为负数,则应在"收到其他与投资活动有关的现金"项目中反映。

(9) 支付其他与投资活动有关的现金。本项目反映企业除上述各项目外,支付的其他与投资活动有关的现金。其他与投资活动有关的现金,如果金额较大,则应单列项目反映。本项目可以根据有关科目的记录分析填列。

3. 筹资活动产生的现金流量项目的内容及填列方法

(1) 吸收投资收到的现金。本项目反映企业以发行股票等方式筹集资金实际收到的款项净额(发行收入减去支付的佣金等发行费用后的净额)。以发行股票等方式筹集资金而由企业直接支付的审计、咨询等费用,在"支付其他与筹资活动有关的现金"项目中反映。本项目可以根据"实收资本(或股本)""资本公积""库存现金""银行存款"等科目的记录分析填列。

(2) 取得借款收到的现金。本项目反映企业举借各种短期、长期款项而收到的现金,以及发行债券实际收到的款项净额(发行收入减去直接支付的佣金等发行费用后的净额)。本项目可以根据"短期借款""长期借款""交易性金融负债""应付债券""库存现金""银行存款"等科目的记录分析填列。

(3) 收到其他与筹资活动有关的现金。本项目反映企业除上述各项目外收到的其他与筹资活动有关的现金。其他与筹资活动有关的现金,如果金额较大,则应单列项目反映。本项目可以根据有关科目的记录分析填列。

(4) 偿还债务支付的现金。本项目反映企业以现金偿还债务的本金,包括:归还金融企业的借款本金、偿付企业到期的债券本金等。企业偿还的借款利息、债券利息,在"分配股利、利润或偿付利息支付的现金"项目中反映。本项目可以根据"短期借款""长期借款""交易性金融负债""应付债券""库存现金""银行存款"等科目的记录分析填列。

(5) 分配股利、利润或偿付利息支付的现金。本项目反映企业实际支付的现金股利、支付给其他投资单位的利润或用现金支付的借款利息、债券利息。不同用途的借款,其利息的开支渠道不一样,如在建工程、财务费用等,均在本项目中反映。本项目可以根据"应付股利""应付利息""利润分配""财务费用""在建工程""制造费用""研发支出""库存现金""银行存款"等科目的记录分析填列。

(6)支付其他与筹资活动有关的现金。本项目反映企业除上述各项目外支付的其他与筹资活动有关的现金,如以发行股票、债券等方式筹集资金而由企业直接支付的审计、咨询等费用,融资租赁各期支付的现金,以分期付款方式购建固定资产、无形资产等各期支付的现金。其他与筹资活动有关的现金,如果金额较大,则应单列项目反映。本项目可以根据有关科目的记录分析填列。

能力训练

一、任务内容

(一)案例资料

1. 经营活动产生的现金流量项目的填列

(1)销售商品、提供劳务收到的现金

[例4-1] A公司本期销售一批商品,开出的增值税专用发票上注明的销售价款为2 000 000元,增值税销项税额为260 000元,以银行存款收讫;应收票据期初余额为60 500元,期末余额为20 000元;应收账款期初余额为200 000元,期末余额为90 000元;年度内核销的坏账损失为5 000元。另外,本期因商品质量问题发生退货,支付货款8 000元,货款已通过银行转账支付。

本期销售商品、提供劳务收到的现金计算如下:

本期销售商品收到的现金	2 260 000
加:本期收到前期的应收票据(60 500-20 000)	40 500
本期收到前期的应收账款(200 000-90 000-5 000)	105 000
减:本期因销售退回支付的现金	8 000
本期销售商品、提供劳务收到的现金	2 397 500

(2)收到的税费返还

[例4-2] A公司前期出口商品一批,已缴纳增值税,按规定应退增值税4 150元,前期未退,本期以转账方式收讫;收到教育费附加返还款960元,款项已存入银行。

本期收到的税费返还计算如下:

本期收到的出口退增值税税额	4 150
加:本期收到的教育费附加返还款	960
本期收到的税费返还	5 110

(3)购买商品、接受劳务支付的现金

[例4-3] A公司本期购买原材料,收到的增值税专用发票上注明的材料价款为40 000元,增值税进项税额为5 200元,款项已通过银行转账支付;本期支付应付票据3 100元;购买工程用物资35 600元,货款已通过银行转账支付。

本期购买商品、接受劳务支付的现金计算如下:

本期购买原材料支付的价款	40 000
加:本期购买原材料支付的增值税进项税额	5 200
本期支付的应付票据	3 100
本期购买商品、接受劳务支付的现金	48 300

(4) 支付给职工以及为职工支付的现金

[例 4-4] A 公司本期实际支付工资 200 100 元,其中经营人员工资 160 000 元,在建工程人员工资 40 100 元。

本期支付给职工以及为职工支付的现金为 160 000 元。

(5) 支付的各项税费

[例 4-5] A 公司本期向税务机关缴纳增值税 21 600 元;本期发生的所得税 815 000 元已全部缴纳。

本期支付的各项税费计算如下:

本期支付的增值税税额	21 600
加:本期发生并缴纳的所得税税额	815 000
本期支付的各项税费	836 600

2. 投资活动产生的现金流量项目的填列

(1) 收回投资收到的现金

[例 4-6] A 公司出售某项长期股权投资,收回的全部投资金额为 100 000 元;出售某项长期债权性投资,收回的全部投资金额为 85 000 元,其中 2 000 元是债券利息。

本期收回投资收到的现金计算如下:

本期收回长期股权投资金额	100 000
加:本期收回长期债权性投资本金(85 000-2 000)	83 000
本期收回投资收到的现金	183 000

(2) 取得投资收益收到的现金

[例 4-7] A 公司期初长期股权投资余额为 500 000 元,其中 400 000 元投资于联营企业 B 企业,占其股本的 30%,采用权益法核算;另外 70 000 元和 30 000 元分别投资于 C 企业和 D 企业,各占接受投资企业总股本的 10% 和 12%,采用成本法核算。当年 B 企业盈利 500 000 元,分配现金股利 200 000 元;C 企业亏损,没有分配股利;D 企业盈利 100 000 元,分配现金股利 70 000 元。企业已如数收到现金股利。

本期取得投资收益收到的现金计算如下:

本期取得 B 企业实际分回的投资收益(200 000×30%)	60 000
加:取得 D 企业实际分回的投资收益(70 000×12%)	8 400
本期取得投资收益收到的现金	68 400

(3) 处置固定资产、无形资产和其他长期资产收回的现金净额

[例 4-8] A 公司出售一台不需用设备,收到价款 200 000 元,该设备原价 500 000 元,已计提折旧 200 000 元。支付该项设备拆卸费用 1 000 元,运输费用 600 元,设备已由购入单位运走。

本期处置固定资产、无形资产和其他长期资产收回的现金净额计算如下:

本期出售固定资产收到的现金	200 000
减：支付出售固定资产的清理费用	1 600
本期处置固定资产、无形资产和其他长期资产收回的现金净额	198 400

（4）购建固定资产、无形资产和其他长期资产支付的现金

[例 4-9] A 公司购入房屋一幢，价款 805 500 元，通过银行转账 600 000 元，其他价款用公司产品抵偿。为在建厂房购进建筑材料一批，价款 100 000，已通过银行转账支付。

本期购建固定资产、无形资产和其他长期资产支付的现金计算如下：

本期购买房屋支付的现金	600 000
加：本期为在建工程购买材料支付的现金	100 000
本期购建固定资产、无形资产和其他长期资产支付的现金	700 000

（5）投资支付的现金

[例 4-10] A 公司以银行存款 890 000 元投资于 W 企业的股票。此外，购买工商银行发行的金融债券，面值总额 51 000 元，票面利率 10%，实际支付金额为 50 000 元。

本期投资支付的现金计算如下：

本期投资于 W 企业的现金总额	890 000
加：本期投资于工商银行金融债券的现金总额	50 000
本期投资支付的现金	940 000

（6）取得子公司及其他营业单位支付的现金净额

[例 4-11] A 公司购买 G 公司，出价 350 000 元，全部以银行存款转账支付。该公司的有关资料如表 4-11 所示。

表 4-11　G 公司资产负债表（简表）　　　　　　　　　　单位：元

资产	金额	负债和所有者权益	金额
库存现金及银行存款	140 000	短期借款	200 000
存货	75 000	应付账款	125 000
固定资产	375 000	长期应付款	40 000
长期股权投资	137 500	实收资本	300 000
其他资产	12 500	资本公积	50 000
		盈余公积	25 000
资产总计	740 000	负债和所有者权益总计	740 000

G 公司有 140 000 元的库存现金及银行存款，没有现金等价物，A 公司的实际现金流出为：

购买公司出价	350 000
减：G 公司持有的现金及现金等价物	140 000
取得子公司支付的现金净额	210 000

3. 筹资活动产生的现金流量项目的填列

（1）吸收投资收到的现金

[例 4-12] A 公司对外公开募集股份 2 000 000 股，每股 1 元，发行价每股 2.5 元，代理发行的证券公司为其支付的各种费用共计 200 000 元。A 公司已收到全部发行价款。

本期吸收投资收到的现金计算如下:

本期发行股票取得的现金	5 000 000
减:发行费用	200 000
本期吸收投资收到的现金	4 800 000

(2) 分配股利、利润或偿付利息支付的现金

[例 4-13] A 公司期初应付现金股利为 50 000 元,本期宣布并发放现金股利 110 000 元,期末应付现金股利为 20 000 元。

本期分配股利、利润或偿付利息支付的现金计算如下:

本期宣布并发放的现金股利	110 000
加:本期支付的前期应付股利 (50 000 - 20 000)	30 000
本期分配股利、利润或偿付利息支付的现金	140 000

4. 现金流量表的编制

[例 4-14] M 股份有限公司 2024 年 12 月 31 日的资产负债表及 2024 年度的利润表分别如表 4-12 和表 4-13 所示。

表 4-12 资产负债表

编制单位:M 股份有限公司　　　　2024 年 12 月 31 日　　　　单位:元

资产	期末余额	年初余额	负债和股东权益	期末余额	年初余额
流动资产:			流动负债:		
货币资金	7 890 000.00	12 500 000.00	短期借款	16 625 000.00	7 500 000.00
交易性金融资产			交易性金融负债		
衍生金融资产			衍生金融负债		
应收票据	6 625 000.00	0	应付票据		
应收账款	51 250 000.00	50 000 000.00	应付账款	15 200 000.00	12 500 000.00
预付款项			预收款项		
其他应收款			合同负债		
存货	46 225 000.00	45 000 000.00	应付职工薪酬	1 925 000.00	875 000.00
合同资产			应交税费	2 721 250.00	8 000 000.00
持有待售资产			其他应付款		
一年内到期的非流动资产			持有待售负债		
其他流动资产			一年内到期的非流动负债		
流动资产合计	111 990 000.00	107 500 000.00	其他流动负债		
非流动资产:			流动负债合计	36 471 250.00	28 875 000.00
债权投资			非流动负债:		

(单位:元)(续表)

资产	期末余额	年初余额	负债和股东权益	期末余额	年初余额
其他债权投资			长期借款		
长期应收款			应付债券		
长期股权投资	47 625 000.00	42 500 000.00	其中:优先股		
其他权益工具投资			永续债		
其他非流动金融资产			长期应付款		
投资性房地产			预计负债		
固定资产	176 250 000.00	140 000 000.00	递延收益		
在建工程			递延所得税负债		
生产性生物资产			其他非流动负债		
油气资产			非流动负债合计	0	0
无形资产	9 000 000.00	10 000 000.00	负债合计	36 471 250.00	28 875 000.00
开发支出			股东权益:		
商誉			股本	225 000 000.00	200 000 000.00
长期待摊费用			其他权益工具		
递延所得税资产			其中:优先股		
其他非流动资产			永续债		
非流动资产合计	232 875 000.00	192 500 000.00	资本公积	60 000 000.00	50 000 000.00
			减:库存股		
			其他综合收益		
			专项储备		
			盈余公积	20 340 312.50	20 000 000.00
			未分配利润	3 053 437.50	1 125 000.00
			股东权益合计	308 393 750.00	271 125 000.00
资产总计	344 865 000.00	300 000 000.00	负债和股东权益总计	344 865 000.00	300 000 000.00

表 4-13 利润表

编制单位:M 股份有限公司　　　　2024 年度　　　　　　　　　　　　　　单位:元

项目	本期金额	上期金额
一、营业收入	75 000 000	略
减:营业成本	48 750 000	

(单位:元)(续表)

项目	本期金额	上期金额
税金及附加	1 325 000	
销售费用	6 591 000	
管理费用	16 434 000	
研发费用		
财务费用	250 000	
其中:利息费用		
利息收入		
资产减值损失		
信用减值损失	3 750 000	
加:其他收益		
投资收益(损失以"-"号填列)	5 125 000	
其中:对联营企业和合营企业的投资收益		
净敞口套期收益(损失以"-"填列)		
公允价值变动收益(损失以"-"号填列)		
资产处置收益(损失以"-"号填列)		
二、营业利润(亏损以"-"号填列)	3 025 000	
加:营业外收入		
减:营业外支出		
三、利润总额(亏损总额以"-"号填列)	3 025 000	
减:所得税费用	756 250	
四、净利润(净亏损以"-"号填列)	2 268 750	
(一)持续经营净利润(净亏损以"-"号填列)		
(二)终止经营净利润(净亏损以"-"号填列)		
五、其他综合收益的税后净额		
(一)不能重分类进损益的其他综合收益		
1.重新计量设定受益计划变动额		
2.权益法下不能转损益的其他综合收益		
3.其他权益工具投资公允价值变动		
4.企业自身信用风险公允价值变动		
……		

(单位:元)(续表)

项目	本期金额	上期金额
(二)将重分类进损益的其他综合收益		
1.权益法下可转损益的其他综合收益		
2.其他债权投资公允价值变动		
3.金融资产重分类计入其他综合收益的金额		
4.其他债权投资信用减值准备		
5.现金流量套期储备		
6.外币财务报表折算差额		
……		
六、综合收益总额		
七、每股收益:		
(一)基本每股收益		
(二)稀释每股收益		

现金流量表工作底稿格式如表4-14所示。

表 4-14　现金流量表工作底稿(简表)

编制单位:M 股份有限公司　　　　　2024 年度　　　　　　　　　　单位:元

| 项目 | 年初数 | 调整分录 | | 期末数 |
		借方	贷方	
一、资产负债表项目				
流动资产:				
货币资金	12 500 000.00			7 890 000.00
应收票据	0			6 625 000.00
应收账款	50 000 000.00			51 250 000.00
存货	45 000 000.00			46 225 000.00
流动资产合计	107 500 000.00			111 990 000.00
非流动资产:				
长期股权投资	42 500 000.00			47 625 000.00
固定资产	140 000 000.00			176 250 000.00
无形资产	10 000 000.00			9 000 000.00
非流动资产合计	192 500 000.00			232 875 000.00
资产总计	300 000 000.00			344 865 000.00
流动负债:				

(单位:元)(续表)

项目	年初数	调整分录 借方	调整分录 贷方	期末数
短期借款	7 500 000.00			16 625 000.00
应付账款	12 500 000.00			15 200 000.00
应付职工薪酬	875 000.00			1 925 000.00
应交税费	8 000 000.00			2 721 250.00
流动负债合计	28 875 000.00			36 471 250.00
非流动负债:				
长期借款				
应付债券				
非流动负债合计				
负债合计	28 875 000.00			36 471 250.00
股东权益:				
股本	200 000 000.00			225 000 000.00
资本公积	50 000 000.00			60 000 000.00
盈余公积	20 000 000.00			20 340 312.50
未分配利润	1 125 000.00			3 053 437.50
股东权益合计	271 125 000.00			308 393 750.00
负债和股东权益总计	300 000 000.00			344 865 000.00
二、利润表项目				
营业收入				75 000 000.00
减:营业成本				48 750 000.00
税金及附加				1 325 000.00
销售费用				6 591 000.00
管理费用				16 434 000.00
研发费用				
财务费用				250 000.00
资产减值损失				
信用减值损失				3 750 000.00
加:其他收益				
投资收益				5 125 000.00
净敞口套期收益				
公允价值变动收益				
资产处置收益				

(单位:元)(续表)

项目	年初数	调整分录		期末数
		借方	贷方	
营业利润				3 025 000.00
加:营业外收入				
减:营业外支出				
利润总额				3 025 000.00
减:所得税费用				756 250.00
净利润				2 268 750.00
三、现金流量表项目				
(一)经营活动产生的现金流量:				
销售商品、提供劳务收到的现金				
收到的税费返还				
收到其他与经营活动有关的现金				
经营活动现金流入小计				
购买商品、接受劳务支付的现金				
支付给职工以及为职工支付的现金				
支付的各项税费				
支付其他与经营活动有关的现金				
经营活动现金流出小计				
经营活动产生的现金流量净额				
(二)投资活动产生的现金流量:				
收回投资收到的现金				
取得投资收益收到的现金				
处置固定资产、无形资产和其他长期资产收回的现金净额				
处置子公司及其他营业单位收到的现金净额				
收到其他与投资活动有关的现金				
投资活动现金流入小计				
购建固定资产、无形资产和其他长期资产支付的现金				
投资支付的现金				
取得子公司及其他营业单位支付的现金净额				

(单位:元)(续表)

项目	年初数	调整分录 借方	调整分录 贷方	期末数
支付其他与投资活动有关的现金				
投资活动现金流出小计				
投资活动产生的现金流量净额				
(三)筹资活动产生的现金流量:				
吸收投资收到的现金				
取得借款收到的现金				
收到其他与筹资活动有关的现金				
筹资活动现金流入小计				
偿还债务支付的现金				
分配股利、利润或偿付利息支付的现金				
支付其他与筹资活动有关的现金				
筹资活动现金流出小计				
筹资活动产生的现金流量净额				
(四)现金及现金等价物净减少额				
四、调整分录借贷合计				

编制现金流量表的步骤如下:

(1)将资产负债表的期初数和期末数分别过入工作底稿的"年初数"栏和"期末数"栏,并将同期的利润表资料过入工作底稿。

(2)对当期业务进行分析并编制调整分录。

(3)编制现金流量表工作底稿。

(4)核对工作底稿中各项目的借方合计数、贷方合计数是否相等。

(5)编制正式的现金流量表。

M股份有限公司资产负债表有关项目的明细资料如下:

(1)2024年年初应收账款对应的坏账准备为2 500 000元,2024年年末应收账款对应的坏账准备为6 250 000元。

(2)应交税费——应交增值税的组成:本期增值税进项税额17 110 000元,增值税销项税额9 750 000元。

(3)2024年计提固定资产折旧8 750 000元,2024年购建固定资产45 000 000元。

(4)2024年计提无形资产摊销1 000 000元。

(5)2024年应付职工薪酬贷方发生额为11 970 000元,实际支付职工薪酬为10 920 000元。

(6)2024年计提盈余公积340 312.50元。

（二）要求

1. 根据以上资料，计算 M 股份有限公司 2024 年度现金流量表各项目金额；
2. 编制 M 股份有限公司 2024 年度现金流量表主表。现金流量表主表的格式如表 4-15 所示。

表 4-15 现金流量表

编制单位：M 股份有限公司　　　　　2024 年度　　　　　　　　　　　　单位：元

项目	行次	2024 年	2023 年
一、经营活动产生的现金流量：			略
销售商品、提供劳务收到的现金			
收到的税费返还			
收到其他与经营活动有关的现金			
经营活动现金流入小计			
购买商品、接受劳务支付的现金			
支付给职工以及为职工支付的现金			
支付的各项税费			
支付其他与经营活动有关的现金			
经营活动现金流出小计			
经营活动产生的现金流量净额			
二、投资活动产生的现金流量：			
收回投资收到的现金			
取得投资收益收到的现金			
处置固定资产、无形资产和其他长期资产收回的现金净额			
处置子公司及其他营业单位收到的现金净额			
收到其他与投资活动有关的现金			
投资活动现金流入小计			
购建固定资产、无形资产和其他长期资产支付的现金			
投资支付的现金			
取得子公司及其他营业单位支付的现金净额			
支付其他与投资活动有关的现金			
投资活动现金流出小计			
投资活动产生的现金流量净额			
三、筹资活动产生的现金流量：			
吸收投资收到的现金			

（单位：元）（续表）

项目	行次	2024 年	2023 年
取得借款收到的现金			
收到其他与筹资活动有关的现金			
筹资活动现金流入小计			
偿还债务支付的现金			
分配股利、利润或偿付利息支付的现金			
支付其他与筹资活动有关的现金			
筹资活动现金流出小计			
筹资活动产生的现金流量净额			
四、汇率变动对现金及现金等价物的影响			
五、现金及现金等价物净增加额			
加：期初现金及现金等价物余额			
六、期末现金及现金等价物余额			

二、任务分工

工作任务分配及完成计划如表 4-16 所示。

表 4-16　工作任务分配及完成计划

工作任务编号		工作任务名称	
班级		组长	
组别		组员	
明确本次工作任务重点			
工作任务分配	组长： 组员 1： 组员 2： 组员 3： 组员 4： 组员 5： ……		
工作任务完成计划 （行动方案）	第一步： 第二步： 第三步：		
工作任务完成时间			
组长			签名：

注：此表由组长填制，并与工作任务完成纸质材料一同装订。

三、任务实施

任务实施步骤详见右侧二维码。

四、任务总结

工作任务完成后将分组的总结与感受分别填写到表 4-17 和表 4-18 中。

任务实施

表 4-17　工作任务完成总结

工作任务编号		工作任务名称	
班级		组长	
组别		组员	
完成工作任务过程中存在的问题或困惑			
完成工作任务心得			
组长			签名：

表 4-18　工作任务完成的结果评价

组别	正确率	排名	完成工作任务感受	是否提升了工作能力？
1				
2				
3				
4				
5				
6				

任务三　编制现金流量表附注

相关知识

一、现金流量表附注的内容

在报表附注中披露的现金流量表补充资料包括三部分内容：①将净利润调节为经营活动现金流量；②不涉及现金收支的重大投资和筹资活动；③现金及现金等价物净变动情况。

按照企业会计准则的规定，企业应当采用间接法在现金流量表附注中披露将净利润调节为经营活动现金流量的信息。由于净利润是按照权责发生制原则确定的，且包括投资活动和筹资活动的收益与费用，将净利润调节为经营活动现金流量，实际上就是将权责发生制原则确定的净利润调整为现金净流入，并剔除投资活动和筹资活动对现金流量的影响。

具体来说,需要在净利润基础上进行调节的项目主要包括:①计提的资产减值准备;②固定资产折旧;③无形资产摊销;④长期待摊费用摊销;⑤待摊费用;⑥预提费用;⑦处置固定资产、无形资产和其他长期资产的损益;⑧固定资产报废损失;⑨财务费用;⑩投资损益;⑪递延税款;⑫存货;⑬经营性应收项目;⑭经营性应付项目。

二、现金流量表附注的编制

企业应当采用间接法在现金流量表附注中披露将净利润调节为经营活动现金流量的信息。现金流量表补充资料包括将净利润调节为经营活动现金流量、不涉及现金收支的重大投资和筹资活动、现金及现金等价物净变动情况等项目。

(一)将净利润调节为经营活动现金流量的编制

1. 资产减值准备

这里所指的资产减值准备是指当期计提、扣除、转回的减值准备,包括存货跌价准备、投资性房地产减值准备、长期股权投资减值准备、固定资产减值准备、在建工程减值准备、工程物资减值准备、生产性生物资产减值准备、无形资产减值准备、商誉减值准备等。企业当期计提和按规定转回的各项资产减值准备,包括在利润表中,属于利润的减除项目,但没有发生现金流出。所以,在将净利润调节为经营活动现金流量时,需要予以加回。本项目可根据"资产减值损失"科目的记录分析填列。

2. 固定资产折旧、油气资产折耗、生产性生物资产折旧

企业计提的固定资产折旧,有的包括在管理费用中,有的包括在制造费用中。计入管理费用的部分,作为期间费用在计算净利润时从中扣除,但没有发生现金流出,在将净利润调节为经营活动现金流量时需要予以加回。计入制造费用的已经变现的部分,在计算净利润时通过销售成本予以扣除,但没有发生现金流出;计入制造费用的没有变现的部分,既不涉及现金收支,又不影响企业当期净利润,由于在调节存货时已经从中扣除,因此在将净利润调节为经营活动现金流量时需要予以加回。同理,企业计提的油气资产折耗、生产性生物资产折旧也需要予以加回。本项目可根据"累计折旧""累计折耗""生产性生物资产折旧"科目的贷方发生额分析填列。

3. 无形资产摊销和长期待摊费用摊销

企业对使用寿命有限的无形资产计提摊销时,计入管理费用或制造费用。长期待摊费用摊销时,有的计入管理费用,有的计入销售费用,有的计入制造费用。计入管理费用等期间费用和计入制造费用的已经变现的部分,在计算净利润时已经从中扣除,但没有发生现金流出;计入制造费用的没有变现的部分,在调节存货时已经从中扣除,但不涉及现金收支,因此在将净利润调节为经营活动现金流量时需要予以加回。本项目可根据"累计摊销""长期待摊费用"科目的贷方发生额分析填列。

4. 处置固定资产、无形资产和其他长期资产的损失(收益以"-"号填列)

企业处置固定资产、无形资产和其他长期资产发生的损益,属于投资活动产生的损益,不属于经营活动产生的损益,所以在将净利润调节为经营活动现金流量时需要予以剔除。如为损失,在将净利润调节为经营活动现金流量时应当加回;如为收益,在将净利润调节为

经营活动现金流量时应当扣除。本项目可根据"资产处置损益"科目所属有关明细科目的记录分析填列,净收益以"-"号填列。

[例4-15] 2019年度,A公司处置设备一台,原价110 000元,累计已提折旧75 000元,收到现金45 000元,产生处置收益10 000元[=45 000-(110 000-75 000)]。处置固定资产的收益10 000元,在将净利润调节为经营活动现金流量时应当扣除。

5. 固定资产报废损失(收益以"-"号填列)

企业发生的固定资产报废损失,属于投资活动产生的损益,不属于经营活动产生的损益,所以在将净利润调节为经营活动现金流量时需要予以剔除。如为净损失,在将净利润调节为经营活动现金流量时应当加回;如为净收益,在将净利润调节为经营活动现金流量时应当扣除。本项目可根据"营业外支出""营业外收入"等科目所属有关明细科目的记录分析填列。

[例4-16] 2024年度,A公司盘亏设备一台,原价55 000元,已提折旧42 000元;报废汽车一辆,原价148 000元,已提折旧131 000元;共发生固定资产盘亏、报废损失30 000元[=(55 000-42 000)+(148 000-131 000)]。固定资产盘亏、报废损失30 000元,在将净利润调节为经营活动现金流量时应当加回。

6. 公允价值变动损失(收益以"-"号填列)

公允价值变动损益反映企业交易性金融资产、投资性房地产等公允价值变动形成的应计入当期损益的利得或损失。企业发生的公允价值变动损益,通常与企业的投资活动或筹资活动有关,而且并不影响企业当期的现金流量,因此在将净利润调节为经营活动现金流量时应当将其从净利润中剔除。如为持有损失,在将净利润调节为经营活动现金流量时应当加回;如为持有利得,在将净利润调节为经营活动现金流量时应当扣除。本项目可根据"公允价值变动损益"科目的发生额分析填列。

[例4-17] 2022年12月31日,A公司持有交易性金融资产的公允价值为1 580 000元,2024年度未发生交易性金融资产的增减变动,2024年12月31日,该公司持有交易性金融资产的公允价值为1 600 000元,公允价值变动收益为20 000元。这20 000元的资产持有利得,在将净利润调节为经营活动现金流量时应当扣除。

7. 财务费用(收益以"-"号填列)

企业发生的财务费用中不属于经营活动的部分,应当在将净利润调节为经营活动现金流量时予以加回。本项目可根据"财务费用"科目的本期借方发生额分析填列;如为收益,则以"-"号填列。

[例4-18] 2024年度,A公司共发生财务费用80 000元,其中属于经营活动的为50 000元,属于筹资活动的为30 000元。属于筹资活动的财务费用30 000元,在将净利润调节为经营活动现金流量时应当加回。

8. 投资损失(收益以"-"号填列)

企业发生的投资损益,属于投资活动产生的损益,不属于经营活动产生的损益,所以在将净利润调节为经营活动现金流量时需要予以剔除。如为净损失,在将净利润调节为经营活动现金流量时应当加回;如为净收益,在将净利润调节为经营活动现金流量时应当扣除。本项目可根据利润表中"投资收益"项目的数字填列;如为投资收益,则以"-"号填列。

9. 递延所得税资产减少（增加以"-"号填列）

递延所得税资产减少使计入所得税费用的金额大于当期应交的所得税金额，二者之间的差额没有发生现金流出，但在计算净利润时已经扣除，在将净利润调节为经营活动现金流量时应当加回。递延所得税资产增加使计入所得税费用的金额小于当期应交的所得税金额，二者之间的差额没有发生现金流入，但在计算净利润时已经包括在内，在将净利润调节为经营活动现金流量时应当扣除。本项目可根据资产负债表中"递延所得税资产"项目的期初、期末余额分析填列。

[例4-19] 2024年1月1日，A公司递延所得税资产借方余额为23 000元；2024年12月31日，递延所得税资产借方余额为320 000元，增加了9 000元。经分析，为该企业计提固定资产减值准备36 000元，使资产和负债的账面价值与计税基础不一致。递延所得税资产增加的9 000元，在将净利润调节为经营活动现金流量时应当扣除。

10. 递延所得税负债增加（减少以"-"号填列）

递延所得税负债增加使计入所得税费用的金额大于当期应交的所得税金额，二者之间的差额没有发生现金流出，但在计算净利润时已经扣除，在将净利润调节为经营活动现金流量时应当加回。递延所得税负债减少使计入当期所得税费用的金额小于当期应交的所得税金额，二者之间的差额并没有发生现金流入，但在计算净利润时已经包括在内，在将净利润调节为经营活动现金流量时应当扣除。本项目可根据资产负债表中"递延所得税负债"项目的期初、期末余额分析填列。

11. 存货的减少（增加以"-"号填列）

期末存货比期初存货减少，说明本期生产经营过程耗用的存货有一部分是期初的存货，耗用的这部分存货并没有发生现金流出，但在计算净利润时已经扣除，所以在将净利润调节为经营活动现金流量时应当加回。期末存货比期初存货增加，说明当期购入的存货除耗用外，还剩余了一部分，这部分存货也发生了现金流出，但在计算净利润时没有包括在内，所以在将净利润调节为经营活动现金流量时需要扣除。当然，存货的增减变化过程还涉及应付项目，这一因素在"经营性应付项目的增加（减少以"-"号填列）"中考虑。本项目可根据资产负债表中"存货"项目期初数、期末数之间的差额填列；期末数大于期初数的差额，以"-"号填列。如果存货的增减变化过程属于投资活动，如在建工程领用存货，则应当将这一因素剔除。

[例4-20] 2024年1月1日，A公司存货余额为50 000元；2024年12月31日，存货余额为90 000元，增加了40 000元（=90 000-50 000）。存货增加的40 000元，在将净利润调节为经营活动现金流量时应当扣除。

12. 经营性应收项目的减少（增加以"-"号填列）

经营性应收项目包括应收账款、应收票据、预付账款和其他应收款中与经营活动有关的部分，以及应收的增值税销项税额等。经营性应收项目期末余额小于经营性应收项目期初余额，说明本期收回的现金大于利润表中所确认的销售收入，所以在将净利润调节为经营活动现金流量时需要加回。经营性应收项目期末余额大于经营性应收项目期初余额，说明本期销售收入中有一部分没有收回现金,但是在计算净利润时这部分销售收入已包括在内,所以在将净利润调节为经营活动现金流量时需要扣除。本项目可根据有关科目的期初、期末余额分析填列;如为增加,则以"-"号填列。

[例4-21] 2024年1月1日,A公司应收账款余额为85 000元,应收票据余额为40 000元;2024年12月31日,应收账款余额为100 000元,应收票据余额为31 000元;2024年度,该公司经营性应收项目年末比年初增加了6 000元[=(100 000-85 000)+(31 000-40 000)]。经营性应收项目增加的6 000元,在将净利润调节为经营活动现金流量时应当扣除。

13. 经营性应付项目的增加(减少以"-"号填列)

经营性应付项目包括应付票据、应付账款、预收账款、应付职工薪酬、应交税费、其他应付款中与经营活动有关的部分,以及应付的增值税进项税额等。经营性应付项目期末余额大于经营性应付项目期初余额,说明本期购入的存货中有一部分没有支付现金,但是在计算净利润时通过销售成本包括在内,在将净利润调节为经营活动现金流量时需要加回;经营性应付项目期末余额小于经营性应付项目期初余额,说明本期支付的现金大于利润表中所确认的销售成本,在将净利润调节为经营活动现金流量时需要扣除。本项目可根据有关科目的期初、期末余额分析填列;如为减少,则以"-"号填列。

[例4-22] 2024年1月1日,A公司应付账款余额为110 000元,应付票据余额为16 800元,应付职工薪酬余额为2 250元,应交税费余额为8 000元;2024年12月31日,应付账款余额为200 000元,应付票据余额为30 000元,应付职工薪酬余额为2 980元,应交税费余额为9 900元;2024年度,经营性应付项目年末比年初增加了105 830元[=(200 000-110 000)+(30 000-16 800)+(2 980-2 250)+(9 900-8 000)]。经营性应付项目增加的105 830元,在将净利润调节为经营活动现金流量时应当加回。

(二)不涉及现金收支的重大投资和筹资活动的披露

不涉及现金收支的重大投资和筹资活动反映企业一定期间内影响资产或负债但不形成该期现金收支的所有投资和筹资活动的信息。这些投资和筹资活动虽然不涉及当期现金收支,但对以后各期的现金流量有重大影响。因此,《企业会计准则第31号——现金流量表》规定,企业应当在附注中披露不涉及当期现金收支、但影响企业财务状况或在未来可能影响企业现金流量的重大投资和筹资活动,主要包括:①债务转为资本,反映企业本期转为资本的债务金额;②一年内到期的可转换公司债券,反映企业一年内到期的可转换公司债券的本息;③融资租入固定资产,反映企业本期融资租入的固定资产。

(三)现金及现金等价物净变动情况的披露

现金及现金等价物净变动情况反映企业一定期间内现金及现金等价物净变动情况的信息。现金及现金等价物净变动金额等于现金及现金等价物的期末余额与期初余额的差额,应与主表中"现金及现金等价物净增加额"项目的金额相一致,是对主表中"现金及现金等价物"项目的补充说明。

现金流量表补充资料各项目的填列方法归纳如表4-19所示。

表 4-19 现金流量表补充资料各项目的填制方法

项目	内容	填列方法
1. 将净利润调节为经营活动现金流量		
资产减值准备	本期实际计提的各项资产减值准备的数额	根据"资产减值准备"科目的记录分析填列
固定资产折旧、油气资产折耗、生产性生物资产折旧	本期累计提取的固定资产折旧、油气资产折耗、生产性生物资产折旧	根据"累计折旧""累计折耗""生产性生物资产折旧"科目的贷方发生额分析填列
无形资产摊销	本期累计摊入成本费用的无形资产的价值	根据"累计摊销"科目的贷方发生额分析填列
长期待摊费用摊销	本期累计摊入成本费用的长期待摊费用的金额	根据"长期待摊费用"科目的贷方发生额分析填列
处置固定资产、无形资产和其他长期资产的损失（收益以"-"号填列）	本期实际发生的处置固定资产、无形资产和其他长期资产的数额	根据"资产处置损益"科目所属有关明细科目的记录分析填列，净收益以"-"号填列
固定资产报废损失（收益以"-"号填列）	本期实际发生的固定资产报废的数额	根据"营业外支出""营业外收入"等科目所属有关明细科目的记录分析填列，净收益以"-"号填列
公允价值变动损失（收益以"-"号填列）	企业持有的交易性金融资产、采用公允价值模式计量的投资性房地产等公允价值变动形成的净损失	根据"公允价值变动损益"科目的发生额分析填列
财务费用（收益以"-"号填列）	投资、筹资活动中发生的财务费用	根据"财务费用"科目的本期借方发生额分析填列；如为收益，则以"-"号填列
投资损失（收益以"-"号填列）	本期投资所发生的损失减去收益后的净损失	根据利润表中"投资收益"项目的数字填列；如为投资收益，则以"-"号填列
递延所得税资产减少（增加以"-"号填列）	企业资产负债表"递延所得税资产"项目的期初余额与期末余额的差额	根据资产负债表中"递延所得税资产"项目的期初、期末余额分析填列
递延所得税负债增加（减少以"-"号填列）	企业资产负债表"递延所得税负债"项目的期初余额与期末余额的差额	根据资产负债表中"递延所得税负债"项目的期初、期末余额分析填列
存货的减少（增加以"-"号填列）	存货的增减变动	根据资产负债表中"存货"项目期初数、期末数之间的差额填列；期末数大于期初数的差额，以"-"号填列

(续表)

项目	内容	填列方法
经营性应收项目的减少（增加以"-"号填列）	应收账款、应收票据、预付账款和其他应收款中与经营活动有关的部分	根据资产负债表中"应收账款"（由于坏账准备已调整，不做扣减）"应收票据""其他应收款""预付款项"项目期末余额与期初余额之间的差额分析填列
经营性应付项目的增加（减少以"-"号填列）	应付账款、应付票据、预收账款、应付职工薪酬、应交税费和其他应付款中与经营活动有关的部分	根据资产负债表中"应付账款""应付票据""预收款项""应付职工薪酬""应交税费""其他应付款"项目中与经营活动有关部分期末余额与期初余额之间的差额分析填列
2. 不涉及现金收支的重大投资和筹资活动		
债务转为资本	本期转为资本的债务金额	根据"实收资本（或股本）"科目的贷方发生额分析填列
一年内到期的可转换公司债券	一年内到期的可转换公司债券的本息	根据"应付债券"科目的记录及备查簿的相关资料分析填列
融资租入固定资产	本期融资租入的固定资产	根据计入"长期应付款"科目的金额减去"未确认融资费用"科目的金额后的余额填列
3. 现金及现金等价物净变动情况		
现金及现金等价物净变动情况	现金及现金等价物的期末余额与期初余额的差额，是对主表中"现金及现金等价物"项目的补充说明	金额应与主表中"现金及现金等价物净增加额"项目的金额相一致。若内容与货币资金一致，则根据资产负债表"货币资金"项目的期末余额、期初余额的差额填列

能力训练

一、任务内容

（一）案例资料

根据任务一 M 股份有限公司资料。

（二）要求

1. 计算分析 M 股份有限公司 2024 年度现金流量表补充资料"将净利润调节为经营活动现金流量"各项目；

2. 编制 M 股份有限公司现金流量表补充资料，格式如表 4-20 所示。

表 4-20 现金流量表补充资料

编制单位：M 股份有限公司　　　　　2024 年度　　　　　　　　　　单位：元

项目	本期金额	上期金额
1. 将净利润调节为经营活动现金流量		略
净利润		
加：资产减值准备		
固定资产折旧、油气资产折耗、生产性生物资产折旧		
无形资产摊销		
长期待摊费用摊销		
处置固定资产、无形资产和其他长期资产的损失（收益以"-"号填列）		
固定资产报废损失（收益以"-"号填列）		
公允价值变动损失（收益以"-"号填列）		
财务费用（收益以"-"号填列）		
投资损失（收益以"-"号填列）		
递延所得税资产减少（增加以"-"号填列）		
递延所得税负债增加（减少以"-"号填列）		
存货的减少（增加以"-"号填列）		
经营性应收项目的减少（增加以"-"号填列）		
经营性应付项目的增加（减少以"-"号填列）		
其他		
经营活动产生的现金流量净额		
2. 不涉及现金收支的重大投资和筹资活动		
债务转为资本		
一年内到期的可转换公司债券		
融资租入固定资产		
3. 现金及现金等价物净变动情况		
现金的期末余额		
减：现金的期初余额		
加：现金等价物的期末余额		
减：现金等价物的期初余额		
现金及现金等价物净增加额		

二、任务分工

工作任务分配及完成计划如表 4-21 所示。

表 4-21 工作任务分配及完成计划

工作任务编号		工作任务名称	
班级		组长	
组别		组员	
明确本次工作任务重点			
工作任务分配	组长： 组员1： 组员2： 组员3： 组员4： 组员5： ……		
工作任务完成计划（行动方案）	第一步： 第二步： 第三步：		
工作任务完成时间			
组长			签名：

注：此表由组长填制，并与工作任务完成纸质材料一同装订。

三、任务实施

任务实施步骤详见右侧二维码。

四、任务总结

工作任务完成后将分组的总结与感受分别填写到表 4-22 和表 4-23 中。

任务实施

表 4-22 工作任务完成总结

工作任务编号		工作任务名称	
班级		组长	
组别		组员	
完成工作任务过程中存在的问题或困惑			
完成工作任务心得			
组长			签名：

表 4-23 工作任务完成的结果评价

组别	正确率	排名	完成工作任务感受	是否提升了工作能力？
1				
2				
3				
4				
5				
6				

项目实训评价

1. 学生进行自我评价，并将结果填入学生技能自评表。学生技能自评表如表 4-24 所示。

表 4-24 学生技能自评表

项目四		现金流量表编制		
评价项目		评价标准	分值	得分
技能评价	现金流量表的性质与作用	能了解现金流量表的性质	10	
		能了解现金流量表的作用	10	
	现金流量表的结构	能熟悉现金流量表的结构	10	
	编制现金流量表	能掌握现金流量表的编制方法	40	
素质评价	工作态度	态度端正，无无故缺勤、迟到、早退现象	6	
	工作质量	能按计划完成工作任务	6	
	协调能力	与小组成员、同学之间能合作交流，协调工作	6	
	职业素质	能做到认真工作	6	
	创新意识	能运用所学开展工作	6	
		合计	100	

2. 学生以小组为单位，对以上学习工作任务的过程与结果进行互评，将互评结果填入学生互评表。学生互评表如表 4-25 所示。

表 4-25 学生互评表

项目四		现金流量表编制							评价对象（组别）					
评价项目	分值	等级							1	2	3	4	5	6
课前任务	10	优	10	良	8	中	6	差	4					
计划合理	10	优	10	良	8	中	6	差	4					

（续表）

项目四		现金流量表编制											
评价项目	分值	等级							评价对象（组别）				
									1	2	3	4	5	6
方案准确	10	优	10	良	8	中	6	差	4					
团队合作	10	优	10	良	8	中	6	差	4					
组织有序	10	优	10	良	8	中	6	差	4					
工作质量	10	优	10	良	8	中	6	差	4					
工作效率	10	优	10	良	8	中	6	差	4					
工作完成	10	优	10	良	8	中	6	差	4					
工作规范	10	优	10	良	8	中	6	差	4					
课后任务	10	优	10	良	8	中	6	差	4					

3. 教师对学生工作过程与工作结果进行评价，并将评价结果填入教师综合评价表。教师综合评价表如表4-26所示。

表4-26 教师综合评价表

项目四		现金流量表编制		
评价项目		评价标准	分值	得分
考勤（10%）		无无故缺勤、迟到、早退现象	10	
工作过程（60%）	现金流量表的性质与作用	能了解现金流量表的性质	10	
		能了解现金流量表的作用	10	
	现金流量表的结构	能熟悉现金流量表的结构	10	
	编制现金流量表	能掌握现金流量表的编制方法	30	
工作结果（30%）	工作进度	能按时完成工作任务	10	
	工作规范	能按照会计准则编制现金流量表	10	
	成果展示	能准确编制现金流量表	10	
合计			100	

自测训练

一、单项选择题

在每小题列出的四个备选项中只有一个选项是符合题目要求的，请将其代码填写在题后的括号内。

1. 下列各项中（　　）会引起现金流量净额发生变动。
   A. 将现金存入银行　　　　　　　　　B. 用银行存款购买2个月到期的债券
   C. 用固定资产抵偿债务　　　　　　　D. 用银行存款清偿30万元的债务

2. 下列各项中不属于现金或现金等价物的有( )。
   A. 银行汇票存款　　　　　　　　　B. 三个月内到期的商业承兑汇票
   C. 三个月内到期的国库券　　　　　D. 长期股权投资

3. 下列各项中不影响经营活动现金流量的是( )。
   A. 当期收回前期核销的坏账损失　　B. 收到的罚款收入
   C. 支付给在建工程人员的工资　　　D. 支付给离退休人员的工资

4. 下列各项中应在现金流量表"投资活动产生的现金流量"项目中列示的是( )。
   A. 偿还公司债券利息支付的现金
   B. 出售长期股权投资收到的现金
   C. 以经营租赁方式租入固定资产支付的现金
   D. 企业销售材料收到的现金

5. 某企业2024年营业收入为1 000万元,增值税销项税额为130万元,"应收账款"科目年初余额为100万元,年末余额为120万元,无其他事项,企业2024年现金流量表中"销售商品、提供劳务收到的现金"项目列示的金额应为( )万元。
   A. 1 000　　　　B. 1 110　　　　C. 1 150　　　　D. 1 710

6. 某公司对外转让一项账面净值为35万元的固定资产,取得收入50万元,已存入银行,转让时以现金支付转让费3万元和税金2万元,此项业务在现金流量表中应( )。
   A. 在"收到其他与经营活动有关的现金"和"支付的各项税费"项目中分别填列50万元、5万元
   B. 在"收到其他与经营活动有关的现金"和"支付其他与经营活动有关的现金"项目中分别填列50万元、5万元
   C. 在"处置固定资产、无形资产和其他长期资产收回的现金净额"项目中填列45万元
   D. 在"处置固定资产、无形资产和其他长期资产收回的现金净额"项目中填列10万元

7. 甲公司2024年度共发生管理费用1 850万元,其中:以现金支付管理人员薪酬680万元,存货盘亏损失(管理不善引起)28万元,计提固定资产折旧320万元,计提无形资产摊销130万元,其余均以现金支付。假定不考虑其他因素,甲公司2024年度现金流量表中"支付其他与经营活动有关的现金"项目列示的金额应为( )万元。
   A. 334　　　　B. 692　　　　C. 850　　　　D. 1 040

8. 甲企业本期支付离退休人员工资30万元,支付离退休人员活动费5万元,支付在建工程人员工资6万元;支付广告费200万元,支付生产车间经营租金25万元,支付财产保险费60万元;支付业务招待费2万元;执行法院判决,支付购买商品的欠款500万元,支付合同违约金8万元;发生坏账10万元;支付利息56万元;支付购买股票款90万元;捐赠现金支付15万元。上述支出中,现金流量表中"支付其他与经营活动有关的现金"项目列示的金额应为( )万元。
   A. 330　　　　B. 345　　　　C. 305　　　　D. 130

9. 工业企业的下列业务事项中,能够引起"经营活动产生的现金流量净额"发生变化的有( )。
   A. 向建造承包商预付工程备料款200 000元
   B. 转让土地使用权取得价款1 800 000元

C. 为发放工资从银行提取现金 500 000 元

D. 用闲置设备换入原材料时支付补价 50 000 元

10. 某企业 2024 年度共发生财务费用 20 000 元,其中:19 000 元为短期借款利息,1 000 元为票据贴现利息,则现金流量表补充资料中"财务费用"项目应填列的金额为( )元。

A. 19 000　　　　B. 20 000　　　　C. -19 000　　　　D. -20 000

二、多项选择题

在每小题列出的备选项中至少有两个是符合题目要求的,请将其代码填写在题后的括号内。

1. 下列各项中属于现金流量表中投资活动产生的现金流量的有( )。

A. 购买股票作为长期股权投资支付的现金

B. 转让无形资产所有权收到的现金

C. 购买三个月内到期的国库券支付的现金

D. 出售专利收到的现金

2. 下列关于现金流量分类的表述中正确的有( )。

A. 支付的经营租赁设备的租金作为经营活动现金流出

B. 收到的联营企业分派的现金股利作为投资活动现金流入

C. 支付的计入当期损益的研究开发费用作为投资活动现金流出

D. 支付的在建工程人员工资计入经营活动现金流出

3. 在采用间接法将净利润调节为经营活动现金流量时,下列各项中属于调增项目的有( )。

A. 固定资产报废损失　　　　B. 财务费用

C. 长期待摊费用摊销　　　　D. 存货增加

4. 下列各项中属于现金流量表中现金及现金等价物的有( )。

A. 库存现金　　　　B. 银行本票存款

C. 银行承兑汇票　　　　D. 持有 2 个月内到期的国债

5. 下列各项中属于企业现金流量表中筹资活动产生的现金流量的有( )。

A. 收到的现金股利　　　　B. 支付的银行借款利息

C. 收到的处置价款　　　　D. 支付的融资租赁租金

6. 下列各项中不会引起现金流量净额变动的有( )。

A. 将现金存入银行　　　　B. 用银行存款购买 1 个月到期的债券

C. 用固定资产抵偿债务　　　　D. 用银行存款清偿 20 万元的债务

7. 下列各项中属于现金流量表中投资活动产生的现金流量的有( )。

A. 购建固定资产支付的现金

B. 确认被投资单位宣告分配的现金股利

C. 购买三个月内到期的国库券支付的现金

D. 收到对方以银行存款支付的债券投资的利息

8. "销售商品、提供劳务收到的现金"反映( )。

A. 本期销售商品、提供劳务的现金　　　　B. 前期销售商品本期收到的现金

C. 前期提供劳务本期收到的现金　　　　D. 本期预收的账款

9. 下列各项中可能使经营活动现金流量减少的有(　　)。

A. 无形资产摊销　　　　　　　　　　B. 出售长期资产利得

C. 存货增加　　　　　　　　　　　　D. 应付账款减少

10. 下列各项中应作为现金流量表中经营活动产生的现金流量的有(　　)。

A. 销售商品收到的现金　　　　　　　B. 取得短期借款收到的现金

C. 采购原材料支付的增值税　　　　　D. 长期股权投资支付的手续费

三、判断题

判断下列各题正误,正确者在括号内打"√",错误者在括号内打"×"。

1. 用银行存款支付到期商业承兑汇票款,应在现金流量表"筹资活动产生的现金流量"项目中列示。(　　)

2. 企业偿还的长期借款利息,在编制现金流量表时应在"偿还债务支付的现金"项目中反映。(　　)

3. 企业前期销售本期退回的商品支付的现金应在"支付其他与经营活动有关的现金"项目中反映。(　　)

4. 减少注册资本所支付的现金应在现金流量表"投资活动产生的现金流量"项目中列示。(　　)

5. 企业计提坏账准备将引起经营活动现金流量增加。(　　)

6. 我国《企业会计准则第 31 号——现金流量表》在要求企业按间接法编制现金流量表的同时,还要求企业在补充资料中按直接法将净利润调节为经营活动现金流量。(　　)

7. 企业分得的股票股利可在"取得投资收益收到的现金"项目中反映。(　　)

8. 企业以发行股票、债券等方式筹集资金实际收到的现金净额,属于筹资活动产生的现金流量。(　　)

9. "偿还债务支付的现金"项目反映企业为偿还债务利息而支付的费用。(　　)

10. 现金流量表反映企业在一定会计期间现金及现金等价物流入和流出的情况。(　　)

项目五

会计报表编制综合训练

学习任务描述

会计报表是指企业对外提供的反映企业某一特定日期的财务状况和某一会计期间的经营成果、现金流量等会计信息的文件。会计报表包括资产负债表、利润表、现金流量表、所有者权益变动表和附注。本项目主要进行资产负债表、利润表和现金流量表的编制训练。

会计报表要按照编制要求,依据编制原理,采用合适的会计核算程序和步骤进行编制工作。会计报表的编制要求包括真实可靠、全面完整、相关可比、编报及时和便于理解。会计核算程序包括记账凭证核算程序、科目汇总表核算程序、汇总记账凭证核算程序和其他会计核算程序。会计报表编制具体步骤包括:第一,进行会计报表编制前的结账和试算平衡;第二,根据会计等式,按照一定的方法将会计科目数额填入相应的会计报表项目中。

1. 知识目标

通过本项目的学习,全面掌握主要会计报表编制方法。

2. 能力目标

通过本项目的学习,掌握资产负债表、利润表和现金流量表的编制方法。

3. 素养目标

培养学生遵循准则、尊重数据的基本素质;培养学生诚信为本、操守为重的职业道德品质和勇于担当的社会责任感。

知识体系

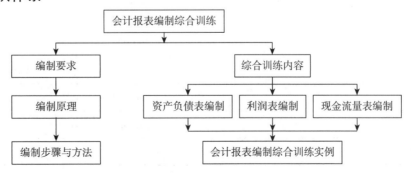

图 5-1 会计报表编制综合训练知识体系

引导案例

会计报表是反映企业综合会计信息的重要载体,能够全面系统地揭示企业某一特定日期的财务状况和某一会计期间的经营成果、现金流量,满足投资者、债权人、经营者等各方的需要。

表5-1是华夏股份有限公司2024年度损益类科目发生额汇总表,请运用科目汇总表编制利润表。

表5-1　华夏股份有限公司2024年度损益类科目发生额汇总表　　　　单位:元

科目名称	本年发生额	
	借方	贷方
主营业务收入		35 040 000
其他业务收入		4 548 000
投资收益		6 240 000
其中:对联营企业和合营企业的投资收益		8 130 000
处置长期投资损失	1 890 000	
公允价值变动损益		600 000
资产处置损益		1 020 000
其他收益		2 700 000
营业外收入		960 240
其他综合收益		
主营业务成本	19 410 000	
其他业务成本	2 992 200	
税金及附加	716 400	
销售费用	7 878 000	
管理费用	2 052 000	
财务费用	2 760 000	
其中:利息费用	4 860 000	
利息收入		2 100 000
资产减值损失	1 800 000	
营业外支出	6 000 000	
所得税费用	1 874 910	

任务一　会计报表编制前期准备

相关知识

一、会计报表编制程序

（一）结账

结账是指一项将账簿记录定期结算清楚的财务工作。为了总括反映一定时期内（月度、季度、年度）账簿中记录的经济业务，总结经济活动和财务状况是必不可少的，也便于检查各种账簿记录的正确性和完整性，为编制会计报表提供正确的数据资料。会计人员必须定期结出各账户当期发生额及期末余额，并将期末余额结转到下期或新的账簿内。结账包括账项调整、账项结转、结账内容、结账程序和方法等内容（详细内容见项目一）。

（二）会计报表编制前的试算平衡

在编制会计报表前，企业要对会计账簿记录进行试算平衡，为会计报表的数字来源做最后的准备。所谓试算平衡，是指根据资产与负债、所有者权益的恒等关系以及借贷记账法的记账规则，检查所有账户记录是否正确，以保证会计报表数字真实、准确。试算平衡包括发生额试算平衡和余额试算平衡两种方式。实际工作中，试算平衡是通过编制试算平衡表的方式进行的（详细内容见项目一）。

二、会计核算程序

会计核算程序是指在会计核算中，以账簿组织为核心，将账簿组织、记账程序和记账方法有机结合的方式。其中，账簿组织是指会计凭证和账簿的种类、格式及账簿之间的相互关系；记账程序是指从填制审核会计凭证，登记各种账簿，直到编制会计报表的顺序和方法。不同的账簿组织、记账程序和记账方法相互结合在一起，就构成了不同的会计核算程序。

会计核算程序包括记账凭证核算程序、科目汇总表核算程序、汇总记账凭证核算程序和其他会计核算程序。各种核算程序的主要区别在于登记总分类账的依据和方法不同。下面将分别介绍以上各种会计核算程序的基本内容。

（一）记账凭证核算程序

记账凭证核算程序是直接根据每张记账凭证逐笔登记总分类账。在记账凭证核算程序下，记账凭证一般有收款凭证、付款凭证和转账凭证三种类型，总分类账和现金日记账、银行存款日记账均采用三栏式，明细分类账则根据管理的需要设置，分别采用三栏式、多栏式、数量金额式、横线登记式。

记账凭证核算程序的记账程序如下：

（1）根据各种原始凭证及原始凭证汇总表填制收款凭证、付款凭证和转账凭证；

（2）根据收款凭证和付款凭证登记现金日记账与银行存款日记账；

（3）根据原始凭证、原始凭证汇总表和记账凭证登记各种明细分类账；

（4）根据各种记账凭证逐笔登记总分类账；

（5）月末,将现金日记账、银行存款日记账和明细分类账分别与总分类账相核对；

（6）根据总分类账和明细分类账的资料编制会计报表。

（二）科目汇总表核算程序

科目汇总表核算程序（亦称记账凭证汇总表核算程序）是指根据记账凭证,定期编制科目汇总表,据以登记总分类账的一种会计核算程序。这种核算程序是在记账凭证核算程序基础上发展起来的。科目汇总表核算程序的主要特点是：先根据记账凭证定期编制科目汇总表（记账凭证汇总表）,再根据科目汇总表定期登记总分类账。

科目汇总表核算程序的记账程序如下：

（1）根据各种原始凭证及原始凭证汇总表填制收款凭证、付款凭证和转账凭证；

（2）根据收款凭证和付款凭证登记现金日记账与银行存款日记账；

（3）根据原始凭证、原始凭证汇总表和记账凭证登记各种明细分类账；

（4）根据各种记账凭证汇总编制科目汇总表；

（5）根据科目汇总表登记总分类账；

（6）月末,将现金日记账、银行存款日记账和明细分类账分别与总分类账相核对；

（7）根据总分类账和明细分类账的资料编制会计报表。

（三）汇总记账凭证核算程序

汇总记账凭证核算程序是指根据记账凭证定期编制汇总记账凭证,根据汇总记账凭证登记总分类账的一种会计核算程序。汇总记账凭证核算程序的主要特点是：根据记账凭证定期编制汇总记账凭证,再根据汇总记账凭证登记总分类账。

在汇总记账凭证核算程序下,凭证和账簿的设置与记账凭证核算程序基本相同,此外还需设置汇总收款凭证、汇总付款凭证和汇总转账凭证。总分类账除采用借、贷、余三栏式格式外,还可以采用增设"对方科目"专栏的格式。

汇总记账凭证核算程序的记账程序如下：

（1）根据各种原始凭证及原始凭证汇总表填制收款凭证、付款凭证和转账凭证；

（2）根据收款凭证和付款凭证登记现金日记账与银行存款日记账；

（3）根据原始凭证、原始凭证汇总表和记账凭证登记各种明细分类账；

（4）根据各种记账凭证分别编制各种汇总记账凭证；

（5）根据汇总记账凭证登记总分类账；

（6）月末,将现金日记账、银行存款日记账和明细分类账分别与总分类账相核对；

（7）根据总分类账和明细分类账的资料编制会计报表。

能力训练

一、任务内容

任务目标：掌握利润表的编制方法。

（一）案例资料

依据引导案例资料。

（二）要求

依据华夏股份有限公司科目汇总表编制利润表。利润表的格式如表5-2所示。

表 5-2　利润表

编制单位：华夏股份有限公司　　　　2024年度　　　　单位：元

项目	本期金额	上期金额（略）
一、营业收入		
减：营业成本		
税金及附加		
销售费用		
管理费用		
研发费用		
财务费用		
其中：利息费用		
利息收入		
资产减值损失		
信用减值损失		
加：其他收益		
投资收益（损失以"-"号填列）		
其中：对联营企业和合营企业的投资收益		
公允价值变动收益（损失以"-"号填列）		
资产处置收益（损失以"-"号填列）		
二、营业利润（亏损以"-"号填列）		
加：营业外收入		
减：营业外支出		
三、利润总额（亏损总额以"-"号填列）		
减：所得税费用		
四、净利润（净亏损以"-"号填列）		

二、任务分工

工作任务分配及完成计划如表5-3所示。

表 5-3　工作任务分配及完成计划

工作任务编号		工作任务名称	
班级		组长	
组别		组员	

(续表)

明确本次工作任务重点	
工作任务分配	组长： 组员1： 组员2： 组员3： 组员4： 组员5： ……
工作任务完成计划 （行动方案）	第一步： 第二步： 第三步：
工作任务完成时间	
组长	签名：

注：此表由组长填制，并与工作任务完成纸质材料一同装订。

三、任务实施

任务实施步骤详见左侧二维码。

任务实施

四、任务总结

工作任务完成后将分组的总结与感受分别填写到表5-4和表5-5中。

表5-4 工作任务完成总结

工作任务编号		工作任务名称	
班级		组长	
组别		组员	
完成工作任务过程中存在的问题或困惑			
完成工作任务心得			
组长			签名：

表5-5 工作任务完成的结果评价

组别	正确率	排名	完成工作任务感受	是否提升了工作能力？
1				
2				
3				
4				
5				
6				

任务二　会计报表编制综合训练实例

相关知识

一、编制会计报表的五个步骤

企业会计核算内容包括:根据发生的交易事项填制会计凭证,根据审核无误的会计凭证登记会计账簿,根据完整准确的账簿记录编制会计报表。具体编制会计报表的步骤如下:

第一步,分析案例资料中发生的交易事项,编制会计分录;

第二步,根据编制的会计分录,分析确定上述交易事项是否涉及现金流量,以及现金活动的类别(经营活动、投资活动或筹资活动)和方向(流入或流出);

第三步,按照会计报表项目填制规定,将与其有对应关系的会计科目进行归类汇总;

第四步,按照会计报表项目填制方法,将会计科目的数值填入与其相关的会计报表项目,完成会计报表的编制。

第五步,根据会计报表之间的对应关系,检查会计报表编制结果。

二、其他相关知识

见项目一至项目四,以及本项目任务一。

能力训练

一、任务内容

任务目标:掌握三张主要会计报表的连续编制方法。

案例资料

南方电子元器件有限责任公司是2024年1月1日注册的有限责任公司,主营业务是电子元器件的研究开发设计、制造和销售,适用所得税税率为25%。本任务包含5个子任务,为了突出会计报表编制程序和方法,本任务简化了一些会计业务,如购销业务不考虑增值税、不进行利润分配、不提取盈余公积、简化所得税计算和纳税调整等。

子任务1

(一) 2024年度发生的交易事项

1. 收到股东出资6 000 000元。
2. 取得银行长期借款7 200 000元,年利率5%。
3. 以银行存款购买房屋4 320 000元、设备2 880 000元。
4. 以银行存款购买原材料3 120 000元,生产A产品192件,每件材料费10 000元,每件人工5 000元。
5. 本年销售A产品168件,每件售价35 000元,每件成本15 000元,其中本年收回应收账款 1 920 000 元并存入银行。

6. 以银行存款支付设备维护费 360 000 元、行政管理费 240 000 元。

7. 以银行存款支付借款利息 360 000 元、广告费用 360 000 元。

8. 计提设备折旧 720 000 元（固定资产折旧费用根据用途计入相关资产的成本或当期损益，为简化核算，本任务假设折旧费用计入管理费用，下同）。

9. 计提所得税 240 000 元。

（二）要求

1. 按照案例资料中发生的交易事项，以列表形式编制会计分录，简易会计分录表的格式如表 5-6 所示。

表 5-6　简易会计分录表

序号	借记	贷记	金额（元）
1	银行存款	股本	
2	银行存款	长期借款	
3	固定资产——房屋/设备	银行存款	
4	生产成本——原材料	银行存款	
	生产成本——工资	银行存款	
5	银行存款	主营业务收入	
	应收账款	主营业务收入	
	主营业务成本	库存商品	
6	管理费用	银行存款	
7	财务费用	银行存款	
	销售费用	银行存款	
8	管理费用	累计折旧	
9	所得税费用	应交税费	

2. 根据编制的简易会计分录表，编表分析确定上述交易事项的现金流量状况，现金流量状况表的格式如表 5-7 所示。

表 5-7　现金流量状况表

序号	借记	贷记	金额（元）	现金流量状况
1	银行存款	股本		
2	银行存款	长期借款		
3	固定资产——房屋/设备	银行存款		
4	生产成本——原材料	银行存款		
	生产成本——工资	银行存款		

（续表）

序号	借记	贷记	金额（元）	现金流量状况
5	银行存款	主营业务收入		
	应收账款	主营业务收入		
	主营业务成本	库存商品		
6	管理费用	银行存款		
7	财务费用	银行存款		
	销售费用	银行存款		
8	管理费用	累计折旧		
9	所得税费用	应交税费		

注：现金流量状况包括现金活动的类别（经营活动、投资活动或筹资活动）和方向（流入或流出）。

3. 按照会计报表项目与会计科目的对应关系编制会计科目汇总表，格式如表 5-8 所示。

表 5-8　会计科目汇总表

科目名称	金额（元）	交易序号
银行存款		
应收账款		
生产成本——原材料		
生产成本——工资		
库存商品		
固定资产——房屋/设备		
累计折旧		
长期借款		
股本		
主营业务收入		
主营业务成本		
管理费用		
财务费用		
销售费用		
所得税费用		
经营活动现金流入量		
经营活动现金流出量		
投资活动现金流入量		
投资活动现金流出量		

(续表)

科目名称	金额(元)	交易序号
筹资活动现金流入量		
筹资活动现金流出量		

4. 根据上述资料完成资产负债表、利润表、现金流量表及现金流量表补充资料的编制。
（1）编制资产负债表简表，如表5-9所示。

表5-9 资产负债表简表

编制单位：南方电子元器件有限责任公司　　2024年12月31日　　　　　　　　　　　单位：元

资产	金额		负债和所有者权益	金额	
	期初	期末		期初	期末
银行存款			短期借款		
应收账款			应交税费		
存货			长期借款		
流动资产合计			负债合计		
厂房			实收资本		
设备			未分配利润		
固定资产合计			所有者权益合计		
资产总计			负债和所有者权益总计		

（2）编制利润表简表，如表5-10所示。

表5-10 利润表简表

编制单位：南方电子元器件有限责任公司　　2024年度　　　　　　　　　　　　　单位：元

项目	金额
营业收入	
减：营业成本	
毛利	
减：期间费用	
其中：销售费用	
管理费用	
财务费用	
营业利润	
加：营业外收入	
减：营业外支出	
利润总额	

(单位:元)(续表)

项目	金额
减:所得税费用	
净利润	
加:期初未分配利润	
未分配利润	

(3)编制现金流量表简表,如表5-11所示。

表5-11 现金流量表简表

编制单位:南方电子元器件有限责任公司　　　　2024年度　　　　　　　　　　　　单位:元

项目	金额
经营活动现金流入量	
经营活动现金流出量	
其中:(1)购买商品	
（2)支付给职工	
（3)支付税费	
（4)其他经营活动现金流出量	
经营活动现金净流量	
投资活动现金流入量	
投资活动现金流出量	
投资活动现金净流量	
筹资活动现金流入量	
筹资活动现金流出量	
筹资活动现金净流量	
全部现金流量	
期初现金及现金等价物	
期末现金及现金等价物	

(4)编制现金流量表补充资料简表,如表5-12所示。

表5-12 现金流量表补充资料简表

编制单位:南方电子元器件有限责任公司　　　　2024年度　　　　　　　　　　　　单位:元

项目	金额
将净利润调节为经营活动现金流量:	
净利润	

(单位:元)(续表)

项目	金额
加:计提的资产减值准备	
固定资产折旧	
处置固定资产、无形资产损失(收益以"-"号填列)	
财务费用	
存货的减少(增加以"-"号填列)	
经营性应收项目的减少(增加以"-"号填列)	
经营性应付项目的增加(减少以"-"号填列)	
经营活动产生的现金流量净额	

子任务 2

（一）2025 年度发生的交易事项

1. 以银行存款支付销售费用 240 000 元。
2. 以银行存款缴纳所得税 240 000 元,支付利息 360 000 元,支付管理费用 480 000 元。
3. 以银行存款支付原材料采购款 1 440 000 元,支付工人工资 960 000 元。
4. 本年取得销售收入 6 720 000 元,其中本年收回应收账款的 50%,计 3 360 000 元并存入银行,结转销售成本 2 880 000 元。
5. 计提设备折旧 720 000 元,以银行存款支付设备维护费 720 000 元。
6. 收回上年 3 960 000 元应收账款存入银行。
7. 计算应交所得税 480 000 元。

（二）要求

1. 按照案例资料中发生的交易事项,以列表形式编制会计分录,简易会计分录表的格式如表 5-13 所示。

表 5-13 简易会计分录表

序号	借记	贷记	金额(元)
1	销售费用	银行存款	
2	应交税费	银行存款	
	财务费用	银行存款	
	管理费用	银行存款	
3	生产成本——原材料	银行存款	
	生产成本——工资	银行存款	
4	银行存款	主营业务收入	
	应收账款	主营业务收入	
	主营业务成本	库存商品	

(续表)

序号	借记	贷记	金额(元)
5	管理费用	累计折旧	
	管理费用	银行存款	
6	银行存款	应收账款	
7	所得税费用	应交税费	

2. 根据编制的简易会计分录表,编表分析确定上述交易事项的现金流量状况,现金流量状况表的格式如表5-14所示。

表5-14 现金流量状况表

序号	借记	贷记	金额(元)	现金流量状况
1	销售费用	银行存款		
2	应交税费	银行存款		
	财务费用	银行存款		
	管理费用	银行存款		
3	生产成本——原材料	银行存款		
	生产成本——工资	银行存款		
4	银行存款	主营业务收入		
	应收账款	主营业务收入		
	主营业务成本	库存商品		
5	管理费用	累计折旧		
	管理费用	银行存款		
6	银行存款	应收账款		
7	所得税费用	应交税费		

注:现金流量状况包括现金活动的类别(经营活动、投资活动或筹资活动)和方向(流入或流出)。

3. 按照会计报表项目与会计科目的对应关系编制会计科目汇总表,格式如表5-15所示。

表5-15 会计科目汇总表

科目名称	金额(元)	交易序号
银行存款		
应收账款		
应交税费		
生产成本——原材料		
生产成本——工资		

(续表)

科目名称	金额(元)	交易序号
库存商品		
累计折旧		
主营业务收入		
主营业务成本		
管理费用		
财务费用		
销售费用		
所得税费用		
经营活动现金流入量		
经营活动现金流出量		
投资活动现金流入量		
投资活动现金流出量		
筹资活动现金流入量		
筹资活动现金流出量		

4. 根据上述资料完成资产负债表、利润表、现金流量表及现金流量表补充资料的编制。
（1）编制资产负债表简表，如表5-16所示。

表5-16 资产负债表简表

编制单位：南方电子元器件有限责任公司　　2025年12月31日　　　　　　　　　　　　　单位：元

资产	金额		负债和所有者权益	金额	
	期初	期末		期初	期末
银行存款			短期借款		
应收账款			应交税费		
存货			长期借款		
流动资产合计			负债合计		
厂房			实收资本		
设备			未分配利润		
固定资产合计			所有者权益合计		
资产总计			负债和所有者权益总计		

（2）编制利润表简表，如表5-17所示。

表 5-17 利润表简表

编制单位:南方电子元器件有限责任公司　　2025 年度　　　　　　　　　　　　　　单位:元

项目	金额
营业收入	
减:营业成本	
毛利	
减:期间费用	
其中:销售费用	
管理费用	
财务费用	
营业利润	
加:营业外收入	
减:营业外支出	
利润总额	
减:所得税费用	
净利润	
加:期初未分配利润	
未分配利润	

（3）编制现金流量表简表,如表 5-18 所示。

表 5-18　现金流量表简表

编制单位:南方电子元器件有限责任公司　　2025 年度　　　　　　　　　　　　　　单位:元

项目	金额
经营活动现金流入量	
经营活动现金流出量	
其中:(1)购买商品	
(2)支付给职工	
(3)支付税费	
(4)其他经营活动现金流出量	
经营活动现金净流量	
投资活动现金流入量	
投资活动现金流出量	
投资活动现金净流量	
筹资活动现金流入量	
筹资活动现金流出量	
筹资活动现金净流量	

(单位:元)(续表)

项目	金额
全部现金流量	
期初现金及现金等价物	
期末现金及现金等价物	

(4)编制现金流量表补充资料简表,如表5-19所示。

表5-19 现金流量表补充资料简表

编制单位:南方电子元器件有限责任公司　　2025年度　　　　　　　　　　　　单位:元

项目	金额
将净利润调节为经营活动现金流量:	
净利润	
加:计提的资产减值准备	
固定资产折旧	
处置固定资产、无形资产损失(收益以"-"号填列)	
财务费用	
存货的减少(增加以"-"号填列)	
经营性应收项目的减少(增加以"-"号填列)	
经营性应付项目的增加(减少以"-"号填列)	
经营活动产生的现金流量净额	

子任务3

(一)2026年度发生的交易事项

1. 以银行存款支付销售费用1 200 000元,投入研发费用480 000元成功研制B产品和C产品,支付市场开拓费用960 000元。

2. 以银行存款缴纳所得税480 000元,支付行政管理费用480 000元。

3. 年初从银行借入短期款项12 000 000元,年利率10%,共支付利息1 560 000元(360 000+1 200 000)。

4. 以银行存款购买原材料6 120 000元,支付工人工资2 760 000元,收回上年应收账款3 360 000元并存入银行。

5. 为B产品、C产品人力资源上岗培训支付600 000元。

6. 本年取得销售收入13 920 000元,其中本年收回应收账款的50%,计6 960 000元并存入银行,结转销售成本6 240 000元。

7. 新购买3条半自动生产线,每条1 200 000元,计3 600 000元,以银行存款支付。

8. 计提设备折旧,原生产线计提折旧720 000元,新生产线使用半年,计提折旧600 000

元;支付设备维护费,每条生产线 240 000 元,计 1 440 000 元。

(二)要求

1. 按照案例资料中发生的交易事项,以列表形式编制会计分录,简易会计分录表的格式如表 5-20 所示。

表 5-20 简易会计分录表

序号	借记	贷记	金额(元)
1	销售费用	银行存款	
	管理费用	银行存款	
	销售费用	银行存款	
2	应交税费	银行存款	
	管理费用	银行存款	
3	银行存款	短期借款	
	财务费用	银行存款	
4	银行存款	应收账款	
	生产成本——原材料	银行存款	
	生产成本——工资	银行存款	
5	管理费用	银行存款	
6	银行存款	主营业务收入	
	应收账款	主营业务收入	
	主营业务成本	库存商品	
7	固定资产	银行存款	
8	管理费用	银行存款	
	管理费用	累计折旧	

2. 根据编制的简易会计分录表,编表分析确定上述交易事项的现金流量状况,现金流量状况表的格式如表 5-21 所示。

表 5-21 现金流量状况表

序号	借记	贷记	金额(元)	现金流量状况
1	销售费用	银行存款		
	管理费用	银行存款		
	销售费用	银行存款		
2	应交税费	银行存款		
	管理费用	银行存款		
3	银行存款	短期借款		
	财务费用	银行存款		

（续表）

序号	借记	贷记	金额（元）	现金流量状况
4	银行存款	应收账款		
	生产成本——原材料	银行存款		
	生产成本——工资	银行存款		
5	管理费用	银行存款		
6	银行存款	主营业务收入		
	应收账款	主营业务收入		
	主营业务成本	库存商品		
7	固定资产	银行存款		
8	管理费用	银行存款		
	管理费用	累计折旧		

注：现金流量状况包括现金活动的类别（经营活动、投资活动或筹资活动）和方向（流入或流出）。

3. 按照会计报表项目与会计科目的对应关系编制会计科目汇总表，格式如表 5-22 所示。

表 5-22　会计科目汇总表

科目名称	金额（元）	交易序号
银行存款		
应收账款		
应交税费		
生产成本——原材料		
生产成本——工资		
库存商品		
累计折旧		
主营业务收入		
主营业务成本		
销售费用		
管理费用		
财务费用		
所得税费用		
经营活动现金流入量		
经营活动现金流出量		

(续表)

科目名称	金额(元)	交易序号
投资活动现金流入量		
投资活动现金流出量		
筹资活动现金流入量		
筹资活动现金流出量		

4. 根据上述资料完成资产负债表、利润表、现金流量表及现金流量表补充资料的编制。

（1）编制资产负债表简表，如表5-23所示。

表5-23 资产负债表简表

编制单位：南方电子元器件有限责任公司　　2026年12月31日　　　　　　　　　　　　单位：元

资产	金额		负债和所有者权益	金额	
	期初	期末		期初	期末
银行存款			短期借款		
应收账款			应交税费		
存货			长期借款		
流动资产合计			负债合计		
厂房			实收资本		
设备			未分配利润		
固定资产合计			所有者权益合计		
资产总计			负债和所有者权益总计		

（2）编制利润表简表，如表5-24所示。

表5-24 利润表简表

编制单位：南方电子元器件有限责任公司　　　2026年度　　　　　　　　　　　　　　单位：元

项目	金额
营业收入	
减：营业成本	
毛利	
减：期间费用	
其中：销售费用	
管理费用	
财务费用	

(单位:元)(续表)

项目	金额
营业利润	
加:营业外收入	
减:营业外支出	
利润总额	
减:所得税费用	
净利润	
加:期初未分配利润	
未分配利润	

（3）编制现金流量表简表,如表 5-25 所示。

表 5-25 现金流量表简表

编制单位:南方电子元器件有限责任公司　　2026 年度　　　　　　　　　单位:元

项目	金额
经营活动现金流入量	
经营活动现金流出量	
其中:(1)购买商品	
（2）支付给职工	
（3）支付税费	
（4）其他经营活动现金流出量	
经营活动现金净流量	
投资活动现金流入量	
投资活动现金流出量	
投资活动现金净流量	
筹资活动现金流入量	
筹资活动现金流出量	
筹资活动现金净流量	
全部现金流量	
期初现金及现金等价物	
期末现金及现金等价物	

(4) 编制现金流量表补充资料简表,如表 5-26 所示。

表 5-26 现金流量表补充资料简表

编制单位:南方电子元器件有限责任公司　　2026 年度　　　　　　　　　　　　　　单位:元

项目	金额
将净利润调节为经营活动现金流量:	
净利润	
加:计提的资产减值准备	
固定资产折旧	
处置固定资产、无形资产损失(收益以"-"号填列)	
财务费用	
存货的减少(增加以"-"号填列)	
经营性应收项目的减少(增加以"-"号填列)	
经营性应付项目的增加(减少以"-"号填列)	
经营活动产生的现金流量净额	

子任务 4

(一) 2027 年度发生的交易事项

1. 以银行存款支付销售费用 2 040 000 元,投入研发费用 600 000 元成功研制 D 产品,支付市场开拓费用 1 200 000 元。

2. 以银行存款支付行政管理费用 480 000 元。

3. 年初从银行借入长期款项 14 400 000 元,年利率 5%,支付利息 2 280 000 元。

4. 以银行存款支付原材料采购款 6 960 000 元,支付工人工资 3 840 000 元。

5. 为 D 产品人力资源招募及上岗培训支付 720 000 元。

6. 年初出售原手工生产线,价款 480 000 元,生产线账面折余价值 720 000 元。

7. 销售 A 产品取得销售收入 600 000 元并存入银行,结转销售成本 360 000 元。

8. 新购买 2 条全自动生产线,使用寿命 4 年,每条 2 400 000 元,共计 4 800 000 元。

9. 计提设备折旧,原半自动生产线计提折旧 1 200 000 元,新全自动生产线使用半年,计提折旧 600 000 元。以银行存款支付设备维护费,每条 240 000 元,计 1 200 000 元。

10. 本年度取得销售收入 19 200 000 元,其中本年收回应收账款的 50%,计 960 000 元并存入银行,结转销售成本 8 880 000 元。

11. 收回上年的全部应收账款。

(二) 要求

1. 按照案例资料中发生的交易事项,以列表形式编制会计分录,简易会计分录表格式如表 5-27 所示。

表 5-27　简易会计分录表

序号	借记	贷记	金额(元)
1	销售费用	银行存款	
	管理费用	银行存款	
	销售费用	银行存款	
2	管理费用	银行存款	
3	银行存款	长期借款	
	财务费用	银行存款	
4	生产成本——原材料	银行存款	
	生产成本——工资	银行存款	
5	管理费用	银行存款	
6	银行存款	固定资产	
	营业外支出	固定资产	
7	银行存款	主营业务收入	
	主营业务成本	库存商品	
8	固定资产	银行存款	
9	管理费用	银行存款	
	管理费用	累计折旧	
10	银行存款	主营业务收入	
	应收账款	主营业务收入	
	主营业务成本	库存商品	
11	银行存款	应收账款	

2. 根据编制的简易会计分录表,编表分析确定上述交易事项的现金流量状况,现金流量状况表的格式如表 5-28 所示。

表 5-28　现金流量状况表

序号	借记	贷记	金额(元)
1	销售费用	银行存款	
	管理费用	银行存款	
	销售费用	银行存款	
2	管理费用	银行存款	
3	银行存款	长期借款	
	财务费用	银行存款	
4	生产成本——原材料	银行存款	
	生产成本——工资	银行存款	

(续表)

序号	借记	贷记	金额(元)
5	管理费用	银行存款	
6	银行存款	固定资产	
	营业外支出	固定资产	
7	银行存款	主营业务收入	
	主营业务成本	库存商品	
8	固定资产	银行存款	
9	管理费用	银行存款	
	管理费用	累计折旧	
10	银行存款	主营业务收入	
	应收账款	主营业务收入	
	主营业务成本	库存商品	
11	银行存款	应收账款	

注：现金流量状况包括现金活动的类别（经营活动、投资活动或筹资活动）和方向（流入或流出）。

3. 按照会计报表项目与会计科目的对应关系编制会计科目汇总表，格式如表5-29所示。

表5-29 会计科目汇总表

科目名称	金额(元)	交易序号
银行存款		
应收账款		
应交税费		
生产成本——原材料		
生产成本——工资		
库存商品		
累计折旧		
主营业务收入		
主营业务成本		
销售费用		
管理费用		
财务费用		
营业外支出		
所得税费用		

（续表）

科目名称	金额（元）	交易序号
经营活动现金流入量		
经营活动现金流出量		
投资活动现金流入量		
投资活动现金流出量		
筹资活动现金流入量		
筹资活动现金流出量		

4. 根据上述资料完成资产负债表、利润表、现金流量表及现金流量表补充资料的编制。

（1）编制资产负债表简表，如表5-30所示。

表5-30 资产负债表简表

编制单位：南方电子元器件有限责任公司　　2027年12月31日　　　　　　　　　　单位：元

资产	金额		负债和所有者权益	金额	
	期初	期末		期初	期末
银行存款			短期借款		
应收账款			应交税费		
存货			长期借款		
流动资产合计			负债合计		
厂房			实收资本		
设备			未分配利润		
固定资产合计			所有者权益合计		
资产总计			负债和所有者权益总计		

（2）编制利润表简表，如表5-31所示。

表5-31 利润表简表

编制单位：南方电子元器件有限责任公司　　2027年度　　　　　　　　　　　　单位：元

项目	金额
营业收入	
减：营业成本	
毛利	
减：期间费用	
其中：销售费用	
管理费用	

(单位:元)(续表)

项目	金额
财务费用	
营业利润	
加:营业外收入	
减:营业外支出	
利润总额	
减:所得税费用	
净利润	
加:期初未分配利润	
未分配利润	

(3)编制现金流量表简表,如表 5-32 所示。

表 5-32　现金流量表简表

编制单位:南方电子元器件有限责任公司　　2027 年度　　　　　　　　　　　　　单位:元

项目	金额
经营活动现金流入量	
经营活动现金流出量	
其中:(1)购买商品	
(2)支付给职工	
(3)支付税费	
(4)其他经营活动现金流出量	
经营活动现金净流量	
投资活动现金流入量	
投资活动现金流出量	
投资活动现金净流量	
筹资活动现金流入量	
筹资活动现金流出量	
筹资活动现金净流量	
全部现金流量	
期初现金及现金等价物	
期末现金及现金等价物	

（4）编制现金流量表补充资料简表，如表5-33所示。

表5-33 现金流量表补充资料简表

编制单位：南方电子元器件有限责任公司　　2027年度　　　　　　　　　　　单位：元

项目	金额
将净利润调节为经营活动现金流量：	
净利润	
加：计提的资产减值准备	
固定资产折旧	
处置固定资产、无形资产损失（收益以"-"号填列）	
财务费用	
存货的减少（增加以"-"号填列）	
经营性应收项目的减少（增加以"-"号填列）	
经营性应付项目的增加（减少以"-"号填列）	
经营活动产生的现金流量净额	

子任务5

（一）2028年度发生的交易事项

1. 以银行存款支付销售费用2 400 000元，支付市场开拓费用600 000元，支付全年行政管理费用480 000元。

2. 年初从银行借入短期款项7 200 000元，年利率10%，支付利息3 000 000元，年底偿还短期借款12 000 000元。

3. 以银行存款支付原材料采购款11 640 000元，支付工人工资7 200 000元。

4. 以银行存款支付人力资源培训费用600 000元。

5. 本年取得销售收入42 000 000元，其中本年收回应收账款的50%，计21 000 000元并存入银行，结转销售成本19 200 000元。

6. 本年收回上年应收账款。

7. 处理B库存产成品价款840 000元，已经收到现金，该产品成本600 000元。

8. 计提设备折旧，原半自动生产线本年计提折旧1 200 000元，新全自动生产线计提折旧1 200 000元。

9. 以银行存款支付设备维护费，每条240 000元，计1 200 000元。

10. 计算应交所得税，考虑5年内可以税前弥补的亏损。

（二）要求

1. 按照案例资料中发生的交易事项，以列表形式编制会计分录，简易会计分录表格式如表5-24所示。

表 5-24 简易会计分录表

序号	借记	贷记	金额(元)
1	销售费用	银行存款	
	管理费用	银行存款	
2	银行存款	短期借款	
	财务费用	银行存款	
	短期借款	银行存款	
3	生产成本——原材料	银行存款	
	生产成本——工资	银行存款	
4	管理费用	银行存款	
5	银行存款	主营业务收入	
	应收账款	主营业务收入	
	主营业务成本	库存商品	
6	银行存款	应收账款	
7	银行存款	主营业务收入	
	主营业务成本	库存商品	
8	管理费用	累计折旧	
9	管理费用	银行存款	
10	所得税费用	应交税费	

2. 根据编制的简易会计分录表，编表分析确定上述交易事项的现金流量状况，现金流量状况表的格式如表 5-35 所示。

表 5-35 现金流量状况表

序号	借记	贷记	金额(元)
1	销售费用	银行存款	
	管理费用	银行存款	
2	银行存款	短期借款	
	财务费用	银行存款	
	短期借款	银行存款	
3	生产成本——原材料	银行存款	
	生产成本——工资	银行存款	
4	管理费用	银行存款	
5	银行存款	主营业务收入	
	应收账款	主营业务收入	
	主营业务成本	库存商品	

（续表）

序号	借记	贷记	金额(元)
6	银行存款	应收账款	
7	银行存款	主营业务收入	
	主营业务成本	库存商品	
8	管理费用	累计折旧	
9	管理费用	银行存款	
10	所得税费用	应交税费	

注：现金流量状况包括现金活动的类别（经营活动、投资活动或筹资活动）和方向（流入或流出）。

3. 按照会计报表项目与会计科目的对应关系编制会计科目汇总表，格式如表5-36所示。

表5-36 会计科目汇总表

科目名称	金额(元)	交易序号
银行存款		
应收账款		
应交税费		
生产成本——原材料		
生产成本——工资		
库存商品		
累计折旧		
主营业务收入		
主营业务成本		
销售费用		
管理费用		
财务费用		
营业外支出		
所得税费用		
经营活动现金流入量		
经营活动现金流出量		
投资活动现金流入量		
投资活动现金流出量		
筹资活动现金流入量		
筹资活动现金流出量		

4. 根据上述资料完成资产负债表、利润表、现金流量表及现金流量表补充资料的编制。

（1）编制资产负债表简表，如表5-37所示。

表 5-37 资产负债表简表

编制单位：南方电子元器件有限责任公司　　2028年12月31日　　　　　　　　　　　　　　　　单位：元

资产	金额		负债和所有者权益	金额	
	期初	期末		期初	期末
银行存款			短期借款		
应收账款			应交税费		
存货			长期借款		
流动资产合计			负债合计		
厂房			实收资本		
设备			未分配利润		
固定资产合计			所有者权益合计		
资产总计			负债和所有者权益总计		

（2）编制利润表简表，如表5-38所示。

表 5-38 利润表简表

编制单位：南方电子元器件有限责任公司　　2028年度　　　　　　　　　　　　　　　　单位：元

项目	金额
营业收入	
减：营业成本	
毛利	
减：期间费用	
其中：销售费用	
管理费用	
财务费用	
营业利润	
加：营业外收入	
减：营业外支出	
利润总额	
减：所得税费用	
净利润	
加：期初未分配利润	
未分配利润	

(3) 编制现金流量表简表,如表5-39所示。

表 5-39　现金流量表简表

编制单位:南方电子元器件有限责任公司　　　　2028年度　　　　　　　　　　　　　　单位:元

项目	金额
经营活动现金流入量	
经营活动现金流出量	
其中:(1)购买商品	
（2）支付给职工	
（3）支付税费	
（4）其他经营活动现金流出量	
经营活动现金净流量	
投资活动现金流入量	
投资活动现金流出量	
投资活动现金净流量	
筹资活动现金流入量	
筹资活动现金流出量	
筹资活动现金净流量	
全部现金流量	
期初现金及现金等价物	
期末现金及现金等价物	

(4) 编制现金流量表补充资料简表,如表5-40所示。

表 5-40　现金流量表补充资料简表

编制单位:南方电子元器件有限责任公司　　　　2028年度　　　　　　　　　　　　　　单位:元

项目	金额
将净利润调节为经营活动现金流量:	
净利润	
加:计提的资产减值准备	
固定资产折旧	
处置固定资产、无形资产损失（收益以"-"号填列）	
财务费用	
存货的减少（增加以"-"号填列）	
经营性应收项目的减少（增加以"-"号填列）	
经营性应付项目的增加（减少以"-"号填列）	
经营活动产生的现金流量净额	

二、任务分工

工作任务分配及完成计划如表 5-41 所示。

表 5-41 工作任务分配及完成计划

工作任务编号		工作任务名称	
班级		组长	
组别		组员	
明确本次工作任务重点			
工作任务分配	组长： 组员 1： 组员 2： 组员 3： 组员 4： 组员 5： ……		
工作任务完成计划（行动方案）	第一步： 第二步： 第三步：		
工作任务完成时间			
组长			签名：

注：此表由组长填制，并与工作任务完成纸质材料一同装订。

三、任务实施

任务实施步骤详见右侧二维码。

任务实施

四、任务总结

工作任务完成后将分组的总结与感受分别填写到表 5-42 和表 5-43 中。

表 5-42 工作任务完成总结

工作任务编号		工作任务名称	
班级		组长	
组别		组员	
完成工作任务过程中存在的问题或困惑			
完成工作任务心得			
组长			签名：

表 5-43 工作任务完成的结果评价

组别	正确率	排名	完成工作任务感受	是否提升了工作能力？
1				
2				
3				
4				
5				
6				

项目实训评价

1. 学生进行自我评价,并将结果填入学生技能自评表。学生技能自评表如表 5-44 所示。

表 5-44 学生技能自评表

项目五		会计报表编制综合训练		
评价项目		评价标准	分值	得分
技能评价	科目汇总表	能熟悉科目汇总表	10	
	会计报表编制	能熟练掌握资产负债表的编制方法	20	
		能熟练掌握利润表的编制方法	20	
		能掌握现金流量表的编制方法	10	
		能掌握现金流量表补充资料的编制方法	10	
素质评价	工作态度	态度端正,无无故缺勤、迟到、早退现象	6	
	工作质量	能按计划完成工作任务	6	
	协调能力	与小组成员、同学之间能合作交流,协调工作	6	
	职业素质	能做到认真工作	6	
	创新意识	能运用所学开展工作	6	
		合计	100	

2. 学生以小组为单位,对以上学习工作任务的过程与结果进行互评,将互评结果填入学生互评表。学生互评表如表 5-45 所示。

表 5-45 学生互评表

项目五		会计报表编制综合训练													
评价项目	分值	等级								评价对象(组别)					
										1	2	3	4	5	6
课前任务	10	优	10	良	8	中	6	差	4						
计划合理	10	优	10	良	8	中	6	差	4						

(续表)

项目五		会计报表编制综合训练												
评价项目	分值	等级								评价对象（组别）				
										1	2	3	4	5	6
方案准确	10	优	10	良	8	中	6	差	4						
团队合作	10	优	10	良	8	中	6	差	4						
组织有序	10	优	10	良	8	中	6	差	4						
工作质量	10	优	10	良	8	中	6	差	4						
工作效率	10	优	10	良	8	中	6	差	4						
工作完成	10	优	10	良	8	中	6	差	4						
工作规范	10	优	10	良	8	中	6	差	4						
课后任务	10	优	10	良	8	中	6	差	4						

3. 教师对学生工作过程与工作结果进行评价，并将评价结果填入教师综合评价表。教师综合评价表如表 5-46 所示。

表 5-46　教师综合评价表

项目五		会计报表编制综合训练		
评价项目		评价标准	分值	得分
考勤（10%）		无无故缺勤、迟到、早退现象	10	
工作过程（60%）	科目汇总表	能熟悉科目汇总表	10	
	会计报表编制	能熟练掌握资产负债表的编制方法	15	
		能熟练掌握利润表的编制方法	15	
		能掌握现金流量表的编制方法	10	
		能掌握现金流量表补充资料的编制方法	10	
工作结果（30%）	工作进度	能按时完成工作任务	10	
	工作规范	能按照会计准则编制会计报表	10	
	成果展示	能准确编制出会计报表	10	
合计			100	

项目六

资产负债表分析

学习任务描述

资产负债表是反映企业在某一特定日期财务状况的会计报表。资产负债表分析的内容包括项目分析、结构分析和比率分析。

资产负债表项目分析是根据资产、负债和所有者权益数据分析,发现企业经营管理存在的问题以及对企业的财务状况会产生怎样的影响,从而使管理更具有针对性。

资产负债表结构分析是将报表中某一关键项目的数字作为基数,计算出该项目各个组成部分所占的比重,以分析各项目的具体构成。按选取基数的不同,结构分析可以分为纵向结构分析和横向结构分析。通过结构分析,各项目的相对重要性明显表现出来,可以揭示报表中各项目的相对地位和总体结构关系,便于发现问题。

资产负债表比率分析在整个会计报表分析中占有十分重要的地位,对企业同一时期财务状况和获利能力的分析都较为全面。比率分析具体分解为三大类,即企业偿债能力分析、企业营运能力分析和企业盈利能力分析。本项目主要介绍企业偿债能力分析和企业营运能力分析。通过比率分析,我们可以判定企业的偿债能力和营运能力大小。

1. 知识目标

通过本项目的学习,了解资产负债表分析基础,掌握资产负债表分析方法。

2. 能力目标

通过本项目的学习,掌握资产负债表项目分析方法、结构分析方法和比率分析方法。

3. 素养目标

培养学生树立良好的职业道德,遵守行业规范的工作意识和工作态度,同时具有较强的自主学习能力、沟通能力、团队合作精神以及创新精神。

知识体系

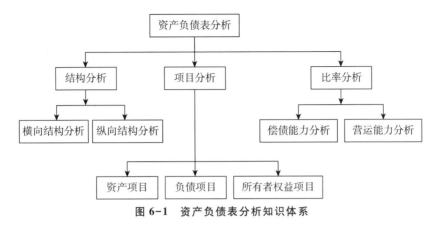

图 6-1 资产负债表分析知识体系

引导案例

2023 年 8 月 23 日,航天信息股份有限公司(证券代码:600271,证券简称:航天信息)预计 2023 年半年度实现归属于母公司所有者的净利润为 52 614.05 万元,与上年同期相比预计增长 80.41%左右。预计 2023 年半年度实现归属于母公司所有者的扣除非经常性损益的净利润为 7 771.16 万元,与上年同期相比预计下降 79.09%左右。请思考:为什么净利润会出现增长 80.41%以及下降 79.09%两种结论?

任务一 资产负债表项目分析

相关知识

资产负债表是反映企业在某一特定日期财务状况的会计报表。它是根据"资产=负债+所有者权益"的会计恒等式,按照一定的分类标准和一定的顺序,把企业在一定日期的资产、负债和所有者权益项目予以适当排列,按照一定的要求编制而成。

资产负债表包含的项目很多,进行资产负债表分析时不必对所有项目逐个进行分析,应选择重点项目,抓住主要矛盾。为此,应了解哪些项目是重点项目,这些项目是怎样反映企业经营管理存在的问题的,对企业的财务状况会产生怎样的影响,从而使管理更具有针对性。

下面分别说明资产项目、负债项目和所有者(股东)权益项目中应重点分析的项目。

一、资产项目分析

资产按流动性分类,可分为流动资产和非流动资产。

流动资产是指可以在一年内或者超过一年的一个营业周期内变现或者运用的资产。这里实际上概括了作为流动资产的两个条件:一是该项资产可以在一年内或者一个营业周期内变现。如制造企业的库存商品在正常情况下一年内或者一个营业周期内可以销售出去,收回现金,因而它属于一项流动资产。二是该项资产的使用期限为一年内或者超过一年的一个营业周期内,也就是说其实物形态只用在一个营业周期内保持不变,超过这个时间界限,其原始形态不复存在。如构成产品实体的原材料,当经过一个营业周期后,它由实物形态转化为货币资金等。流动资产具有流动性强、波动性大、其循环与生产经营周期一致等特点。流动资产是企业生产经营活动中的主要资产,是企业资产的重要组成部分。企业在财务管理活动中,应根据自身的特点,对流动资产的性质及运动规律进行深入细致的研究,并且按照会计准则的规定,加强流动资产的管理,提高对流动资产的使用效果。流动资产主要包括货币资金、应收及预付款项和存货等项目。

非流动资产是指不能在一年内或者超过一年的一个营业周期内变现或者耗用的资产。非流动资产是指流动资产以外的资产,主要包括持有到期投资、长期应收款、长期股权投资、工程物资、投资性房地产、固定资产、在建工程、无形资产、长期待摊费用等。

(一) 货币资金项目分析

货币资金是企业所拥有的处于货币形态的经营资金,是企业流动资产的重要组成部分,它包括库存现金、银行存款和其他货币资金。货币资金是企业流动性最强的资产,即变现速度最快。当该项目数额较大时,企业的支付能力较强,对债权人、供货商的债务偿还和货款支付有较大的保障。但货币资金不仅可用于还债付款,更重要的是投入生产周转增值,因此当该项目数额较大时,对企业的盈利能力会产生不良影响,即损失了资金的增值能力。

货币资金在流动资产中有其突出的特点:一是货币资金有着极强的流动性,在企业生产经营活动中,有一大部分经济业务涉及货币资金收支,也就是货币资金在企业持续经营过程中随时有增减的变化;二是货币资金收支活动频繁;三是货币资金收支数额的大小在一定程度上反映着企业业务量的多少和企业规模的大小;四是货币资金的收支反映企业的收益和损失以及经济效益。

企业货币资金的来源包括企业成立之初投资人以不同方式向企业投入的货币资金、企业在经营期间取得的营业收入等。货币资金的支出主要包括购置财产物资、支付劳务报酬、支付各项费用等。

由于货币资金的流动性强而且它又涉及各方面经营管理活动,国家为了从宏观上控制社会的货币流通量,制定了现金管理办法和内部控制制度,以严格控制和监督企业的货币资金收支。这些规定都是企业在货币资金收支活动中必须遵守的。

(二) 应收及预付款项项目分析

1. 应收及预付款项的内容与特点

应收及预付款项的内容主要包括应收账款、应收票据、其他应收款和预付账款等。其中,应收账款和应收票据是企业销售商品或提供劳务应收取的价款;其他应收款通常与企业销售商品无直接联系,包括应收利息、应收股利和其他应收款等。预付账款是指企业为了购买生产用材料等而预先向供应单位支付的款项。应收及预付款项的性质是企业拥有的债权,是企业的资金被他人占用,因此这个项目的金额越小越好。

2. 应收及预付款项项目的具体分析

(1) 应收账款。通常认为应收账款过多,企业资金一方面被购货方占用多,另一方面还为购货方代交增值税等税金,并且一旦应收账款不能收回,造成的损失更大,对企业财务状况将产生不良影响。应收账款的性质是销货款,应收账款的多少与企业销售规模、销售政策有着密切关系。表现在:销售政策越宽松,销售规模越大,相应的应收账款越多;反之,应收账款就越少。对应收账款的分析,应配合"应收账款明细表",了解应收账款的账龄,加强催收管理。

(2) 应收票据。按规定,应收票据即商业汇票的有效期最长不超过6个月,通常为3—6个月;商业汇票有明确的承兑人背书承兑,因此收不回票款的可能性极小,特别是银行承兑汇票,其信用度更高,收款更有保证。

(3) 预付账款。由于是外单位占有本企业的资金,因此预付账款越少越好。预付账款过多表明企业供应方面有问题。

(4) 其他应收款。其他应收款一般期限较短。若其他应收款过多,则属于不正常的现象,容易产生一些不明资金占用,因此其他应收款越少越好。

(三) 存货项目分析

存货是指企业在生产经营过程中为销售或者耗用而储备的物资。它是流动资产中所占比重最大的项目,其金额可占流动资产总额的一半左右,包括原材料、燃料、包装物、低值易耗品、在产品、外购商品、自制半成品和库存商品等。存货按内容大体可分为四类:一是材料,二是在产品(或在制品);三是库存商品;四是周转材料(如包装物、低值易耗品)。

1. 存货的计价

存货应以取得时的实际成本计价。由于企业存货取得的渠道不同,在确定存货的实际成本上也不尽一致。按照计划成本核算存货的企业,对存货的实际成本与计划成本之间的差异应当单独核算。

存货领用或者发出的计价是企业存货管理的一项重要内容。在企业生产经营活动中,存货始终处于流动状态,由于存货的产地、价格、运输费用以及生产耗费的条件不同,每种存货的每批成本各不相同,这就涉及如何确定每批发出或者领用的存货成本。根据企业会计准则的规定,企业领用或者发出的存货按照实际成本核算,可以采用先进先出法、加权平均法、移动平均法和个别计价法等确定其实际成本。

2. 存货项目的具体分析

存货项目的分析是流动资产分析的重点,应从存货占用额变动和存货真实性等方面进行,评价存货占用是否合理,存货资金利用效果如何,并分析影响存货占用额变动的因素。

(1) 存货占用额变动分析。

① 材料分析。材料的种类一般较多,对所有项目逐个进行分析,不仅工作量大,而且没必要。因此,可选择主要材料、主要品种或变动较大的项目进行详细分析。材料占用额变动的原因可从材料结存量和材料单价两个方面分析。

$$材料占用额 = \sum (材料结存量 \times 材料单价)$$

其中,材料结存量受到期初结存量、本期购入量和本期消耗量三个因素影响。它们之间的关系可用公式表示如下:

材料结存量 = 期初结存量 + 本期购入量 − 本期消耗量

本期消耗量 = 本期产量 × 单位产品消耗量

材料结存量变动的主要原因有:其一,产品生产情况变动,如增产、减产、停产或产品种类变化等。其二,材料采购情况变动,如供应地点、运输方式、结算方式变化,供应时间和批量改变,盲目采购,材料提前、集中、推迟到货等。

② 在产品分析。在产品占用额变动一般受到在产品结存量、单位产品成本和在产品系数三个因素影响。它们之间的关系可用公式表示如下:

$$在产品占用额 = \sum(在产品结存量 \times 单位产品成本 \times 在产品系数)$$

在产品结存量受产量和生产周期两个因素的影响。在其他因素不变的条件下,产量、生产周期与在产品结存量成正比关系。一般来讲,由于产量的增加而引起在产品结存量的增加是合理的;反之,由于产量的减少而引起在产品结存量的减少不能说明资金管理取得了成绩。对生产周期变动的分析,应着重从改进生产技术和生产组织方面进行。

在其他因素不变的条件下,单位产品成本与在产品占用额成正比关系。对单位产品成本变动的分析,应该结合成本分析进行。

在产品系数反映了生产费用递增的情况。在产品系数越大,在产品资金占用越多;反之,则越少。对在产品系数变动的分析,应从投入生产费用情况是否合理进行考察。

(2) 存货真实性分析。由于存货是企业重要的实物资产,其账面价值是按购进存货时的历史成本列示的,而现实的存货由于会计核算方法、存货保管制度、生产产品品种变化等,往往会使存货实际价值与其账面价值不相符,如因保管不善发生的毁损等。企业应经常进行账实核对,保证存货的真实性。

(四) 固定资产项目分析

1. 固定资产的概念

固定资产是指为生产产品、提供劳务、出租或经营管理而持有的,使用寿命超过一个会计年度的有形资产,包括机器设备、房屋建筑物、运输设备等。

固定资产折旧是指在固定资产的使用寿命内,按确定的方法对应计折旧额进行的系统分摊。

2. 固定资产项目的具体分析

(1) 规模分析。一个企业固定资产的多少,通常代表一个企业生产经营规模的大小以及生产经营能力的高低。只有具备一定生产规模的企业才能在激烈的市场竞争中生存和发展,只有具备一定生产规模的企业才能创造更大的效益。不同行业的固定资产占总资产的比重只有达到行业要求的标准,才能降低经营风险,保证长远发展。

(2) 新旧程度分析。企业固定资产的数量代表企业的规模,企业固定资产的新旧程度在一定意义上代表企业的发展。这是因为一个企业发展的必要条件就是固定资产不断更新改造,以新的生产线不断补充旧的生产线,以新的性质优良的设备逐渐替换旧设备,不断生产出新的适合市场需要的高质量产品。企业只有不断推出高质量的新产品,才能不断扩大企业的盈利规模。所以,当一个企业设备较新时,一般表现为企业的生产率较高,产品质量较好,能够巩固占领市场,获得更大的盈利;反之,则会逐渐被市场淘汰。因此,企业应根据固定资产的新旧程度合理地安排更新改造。

(3) 折旧分析。固定资产的价值是以折旧的方式逐渐转移到产品成本和有关费用中去的,因此各期折旧额的多少直接关系到企业的盈利水平。为此,我们应分析影响折旧额的因素。

影响折旧额的因素主要有固定资产原值、固定资产净残值、固定资产使用寿命和固定资产的折旧方法。固定资产原值取决于购置固定资产时发生的支出。通常固定资产原值包括购置时支付的价款,安装、运输、调试等费用,以及为使固定资产达到预定可使用状态所发生的可直接归属于该项资产的其他支出等。与固定资产有关的后续支出,如果使可能流入企业的经济利益超过了原先的估计,如延长了固定资产的使用寿命,或者使产品质量实质性提高,或者使产品成本实质性降低,则应当计入固定资产账面价值,其增计金额不应超过该项固定资产的可收回金额。应计入固定资产账面价值以外的后续支出,应当确认为费用。原值减去净残值就是固定资产的应提折旧额。按照企业会计准则和税法的规定,企业任何固定资产都有一个使用寿命,企业应当根据固定资产的性质和使用情况,合理确定固定资产的使用寿命和预计净残值。企业应当定期对固定资产的使用寿命进行复核。如果固定资产使用寿命的预期数与原先的估计数有重大差异,则企业应当相应调整固定资产折旧年限,而固定资产的使用寿命、预计净残值一经选定,不得随意调整。

固定资产使用寿命的长短影响折旧年限和固定资产的年折旧额。按照我国企业会计准则的规定,固定资产的折旧方法分为两种,一是直线法(也称平均年限法),二是加速法。直线法的特点是在每期(或每个折旧单位)内的折旧额是相等的,如每年折旧额相等;加速法的特点是在每期内的折旧额不等,即从折旧开始到提足折旧为止,每期的折旧额逐渐减少。因此,在相同的使用年限内,采用两种折旧方法在每期计提的折旧额不等,也就是说计入每期成本、费用的折旧额不等,这样对企业每期利润的影响也不同。

(五)无形资产项目分析

无形资产是指企业拥有或控制的没有实物形态的可辨认非货币资产,包括专利权、商标权、特许经营权等。

无形资产在满足以下两个条件时,企业才能加以确认:①该资产产生的经济利益很可能流入企业;②该资产的成本能够可靠地计量。

企业应能够控制无形资产所产生的经济利益,比如企业拥有无形资产的法定所有权,或者企业与他人签订了协议,使得企业的相关权利受到法律的保护。在判断无形资产产生的经济利益是否很可能流入企业时,企业管理部门应对无形资产在预计使用年限内存在的各种因素做出稳健的估计。企业自创商誉不能确认为无形资产。

无形资产不具有实物形态,具有较大的经济价值,但其经济价值又具有高度的不确定性。无形资产的特点要求企业加强对无形资产的保护,如申请注册商标、保护商标。

二、负债项目分析

(一)负债的概念及特征

负债是指企业过去的交易或事项形成的、预期会导致经济利益流出企业的现时义务。负债具有以下两个主要特征:

(1)负债是企业过去的交易或事项形成的现时义务。现时义务是指企业在现行条件下已承担的义务。未来发生的交易或事项形成的义务不属于现时义务,不应当确认为负债。

(2)负债的清偿预期会导致经济利益流出企业。

（二）负债的性质

负债从其性质来看表现为两方面：一是从外单位借入的款项，如短期借款；二是所欠的款项，如未交利润。前者需要到期偿还，后者需要在一定时期内履行支付义务。

（三）负债的分类

负债按流动性分类，可分为流动负债和非流动负债。

流动负债是指预计在一个正常营业周期内清偿，或者主要为交易目的而持有，或者自资产负债表日起一年内（含一年）到期应予以清偿，或者企业无权自主地将清偿推迟至资产负债表日后一年以上的负债。流动负债主要包括短期借款、应付票据、应付账款、预收账款、应付职工薪酬、应交税费、应付利息、应付股利和其他应付款等。

非流动负债是指偿还期在一年以上或者超过一年的一个营业周期以上的负债。与流动负债相比，非流动负债具有偿还期较长、金额较大的特点。非流动负债主要包括长期借款、应付债券和长期应付款等。

（四）负债项目的具体分析

1. 负债性质分析

根据前述负债的性质可见，借入的款项有明确的偿还期，到期必须偿还，具有法律上的强制性；而所欠的款项大多没有明确的支付期，何时支付、支付多少并不具有强制性。因此，企业应根据负债的性质及自身的支付能力，妥善安排好负债的支付，保护企业自身的信用和形象。

2. 负债利息分析

企业所发生的借款费用，是指因借款而发生的利息、折价或溢价的摊销和辅助费用，以及因外币借款而发生的汇兑差额。

按照《企业会计准则第17号——借款费用》的规定，企业发生的借款费用，可直接归属于符合资本化条件的资产的购建或者生产的，应当予以资本化，计入相关资产成本；其他借款费用，应当在发生时根据其发生额确认为费用，计入当期损益。符合资本化条件的资产，是指需要经过相当长时间的购建或者生产活动才能达到可使用或者可销售状态的资产，包括固定资产和需要经过相当长时间的购建或者生产活动才能达到可使用或可销售状态的存货、投资性房产等。

为购建固定资产的借款所发生的借款费用，按以下规定处理：企业为购建固定资产的借款，在所购建的固定资产达到预定可使用状态前，发生的利息费用资本化，计入所购建的固定资产成本；当所购建的固定资产达到预定可使用状态时，应当停止借款费用的资本化，以后发生的借款费用应于发生当期直接计入财务费用。

三、所有者权益项目分析

（一）所有者权益的概念

所有者权益是指所有者在企业资产中享有的经济利益，其金额为资产减去负债后的余额。从定义可见：所有者权益是表明企业产权关系的会计要素；所有者权益与负债有着本质的不同，负债需要定期偿还，但所有者的投资不能随意抽回挪用。所有者权益包括实收资本(股本)、资本公积、盈余公积和未分配利润等。

(二) 所有者权益项目的具体分析

1. 实收资本

企业的实收资本是指投资者按照企业章程或合同、协议的约定,实际投入企业的资本。

(1) 一般企业实收资本规定:

投资者以现金投入的资本,应当按实际收到或者存入企业开户银行的金额作为实收资本入账。实际收到或者存入企业开户银行的金额超过投资者在该企业注册资本中所占份额的部分,计入资本公积。

投资者以非现金资产投入的资本,应按投资各方确认的价值作为实收资本入账。为首次发行股票而接受投资者投入的无形资产,应按该项无形资产在投资方的账面价值入账。

投资者投入的外币,合同没有约定汇率的,按收到出资额当日的汇率折合;合同约定汇率的,按合同约定的汇率折合,因汇率不同而产生的折合差额,作为资本公积处理。

公司的股本应当在核定的股本总额及核定的股份总额的范围内发行股票取得。公司发行的股票,应按其面值作为股本,超过面值的部分作为股本溢价,计入资本公积。

(2) 企业资本除下列情况外,不得随意变动:

符合增资条件,并经有关部门批准增资的,在实际取得投资者的出资时登记入账。

企业按法定程序报经批准减少注册资本的,在实际发还投资时登记入账。采用收购本企业股票方式减资的,在实际购入本企业股票时登记入账。

企业应当将因减资而注销股份、发还股款,以及因减资需更新股票的变动情况,在股本账户的明细账及有关备查簿中详细记录。

投资者按规定转让其出资的,企业应当于有关的转让手续办理完毕时,将出让方在资本账户的有关明细账户及各备查簿中转让的出资额登记在受让方名下。

2. 资本公积

资本公积包括资本溢价(或股本溢价)和其他资本公积等。

(1) 资本溢价,是指投资者缴付企业的出资额大于其在企业注册资本中所占份额的数额。

(2) 股本溢价,是指股份有限公司溢价发行股票时实际收到的款项超过股票面值总额的数额。

(3) 其他资本公积,是指除资本溢价(或股本溢价)、净损益、其他综合收益和利润分配以外所有者权益的其他变动。

资本公积是企业的外部积累,其应保持一定的数量。

3. 盈余公积

盈余公积按照企业性质,分别包括以下内容:

(1) 法定盈余公积,是指企业按照规定的比例从净利润中提取的盈余公积。

(2) 任意盈余公积,是指企业经股东大会或类似机构批准按照规定的比例从净利润中提取的盈余公积。

企业的盈余公积可以用于弥补亏损、转增资本。符合规定条件的企业,也可以用盈余公积分派现金股利。盈余公积是企业的内部积累,来源于净利润,应保持一定的数量。

4. 未分配利润

未分配利润是企业实现的净利润经过弥补亏损、提取盈余公积和向投资者分配利润后留存在企业的、历年结存的利润。未分配利润反映企业年末尚未分配的利润,如为负数,则是未弥补的亏损。

未分配利润可以用于转增股本、弥补以前年度亏损、以后年度利润分配和企业未来经营发展。

能力训练

一、任务内容

任务目标:掌握资产负债表项目分析方法。

(一)案例资料

江苏恒瑞医药股份有限公司(股票代码:600276,股票简称:恒瑞医药)成立于1970年,原名连云港制药厂,是一家从事创新和高品质药品研制及推广的国际化制药企业,已发展成为国内知名的抗肿瘤药、手术用药和影像介入产品的供应商。恒瑞医药的主营业务主要为化学原料药及片剂、针剂、胶囊、粉针等西药制剂的开发、制造和销售。表6-1是恒瑞医药2022年资产负债表。

表6-1 资产负债表

编制单位:江苏恒瑞医药股份有限公司　　2022年12月31日　　　　　　　　　　　　单位:元

项目	2022年12月31日	2021年12月31日
流动资产:		
货币资金	15 110 680 633.68	13 630 819 615.77
交易性金融资产	2 760 493 970.50	5 090 350 801.94
应收票据	502 790 602.73	1 081 031 081.78
应收账款	5 891 397 327.62	4 632 515 377.95
应收款项融资	1 947 283 306.23	1 170 380 436.17
预付款项	1 054 793 777.86	973 021 537.82
其他应收款	562 175 450.79	658 004 598.96
存货	2 450 574 758.45	2 402 673 360.01
其他流动资产	653 864 367.08	548 952 225.56
流动资产合计	30 934 054 194.94	30 187 749 035.96
非流动资产:		
长期股权投资	767 861 518.38	192 826 121.92
其他非流动金融资产	739 710 771.93	807 857 364.84
固定资产	5 383 158 419.88	4 462 870 398.58

(单位:元)(续表)

项目	2022年12月31日	2021年12月31日
在建工程	1 193 198 497.55	1 659 021 854.31
使用权资产	99 381 390.58	153 710 385.27
无形资产	519 895 053.15	442 454 193.33
开发支出	1 681 033 856.38	259 982 322.06
长期待摊费用	371 134 634.29	309 393 680.13
递延所得税资产	223 030 661.62	141 362 707.49
其他非流动资产	442 550 129.00	648 993 636.25
非流动资产合计	11 420 954 932.76	9 078 472 664.18
资产总计	42 355 009 127.70	39 266 221 700.14
流动负债:		
短期借款	1 260 943 473.97	—
应付票据	280 578 048.12	465 637 161.11
应付账款	1 486 970 552.11	1 787 140 113.91
合同负债	187 075 473.61	219 554 459.39
应付职工薪酬	10 920 363.98	47 352 856.57
应交税费	119 181 285.18	166 358 669.08
其他应付款	282 172 641.76	700 435 081.43
其他流动负债	11 377 763.91	15 054 112.90
流动负债合计	3 639 219 602.64	3 401 532 454.39
非流动负债:		
租赁负债	98 860 622.08	151 588 887.72
递延收益	119 440 000.00	116 520 000.00
递延所得税负债	84 332 759.81	24 772 430.71
非流动负债合计	302 633 381.89	292 881 318.43
负债合计	3 941 852 984.53	3 694 413 772.82
所有者权益(或股东权益):		
实收资本(或股本)	6 379 002 274.00	6 396 011 914.00
资本公积	3 020 238 194.01	3 356 184 541.33
减:库存股	398 027 855.55	664 935 177.00
其他综合收益	3 228 412.82	-12 159 390.38
盈余公积	3 298 912 011.55	3 054 742 777.20

(单位:元)(续表)

项目	2022年12月31日	2021年12月31日
未分配利润	25 520 455 210.66	22 873 116 638.71
归属于母公司所有者权益(或股东权益)合计	37 823 808 247.49	35 002 961 303.86
少数股东权益	589 347 895.68	568 846 623.46
所有者权益(或股东权益)合计	38 413 156 143.17	35 571 807 927.32
负债和所有者权益(或股东权益)总计	42 355 009 127.70	39 266 221 700.14

(二)要求

分析资产负债表各个项目的含义、作用和反映的财务状况。

二、任务分工

工作任务分配及完成计划如表6-2所示。

表6-2 工作任务分配及完成计划

工作任务编号		工作任务名称	
班级		组长	
组别		组员	
明确本次工作任务重点			
工作任务分配	组长: 组员1: 组员2: 组员3: 组员4: 组员5: ……		
工作任务完成计划 (行动方案)	第一步: 第二步: 第三步:		
工作任务完成时间			
组长			签名:

注:此表由组长填制,并与工作任务完成纸质材料一同装订。

任务实施

三、任务实施

任务实施步骤详见左侧二维码。

四、任务总结

工作任务完成后将分组的总结与感受分别填写到表6-3和表6-4中。

表6-3 工作任务完成总结

工作任务编号		工作任务名称	
班级		组长	
组别		组员	
完成工作任务过程中存在的问题或困惑			
完成工作任务心得			
组长			签名:

表6-4 工作任务完成的结果评价

组别	正确率	排名	完成工作任务感受	是否提升了工作能力?
1				
2				
3				
4				
5				
6				

任务二 资产负债表结构分析

相关知识

一、结构分析法

结构分析是将报表中某一关键项目的数字作为基数(100%),计算出该项目各个组成部分所占的比重,以分析各项目的具体构成。按选取基数的不同,结构分析可以分为纵向结构分析和横向结构分析。纵向结构分析是指在某一固定年份内,以某项目为基数,计算同期该项目各个组成部分的结构百分比,用以反映该项目各个组成部分的比例变动。横向结构分析则是以某项目在某一年的数值为基础,计算以后各年该项目的变动情况,主要用于反映该项目的变动趋势。通过结构分析,各项目的相对重要性明显表现出来,可以揭示报表中各项目的相对地位和总体结构关系,便于发现问题。

结构分析中将什么项目设定为基数要视分析目的而定,并没有统一的规定。通常用作基数表示的项目,在资产负债表中为资产总额,在利润表中则为主营业务收入等。比如,为了分析资产结构,可以将资产总额设定为100%,分别计算货币资金、应收账款、存货、固定资产等各个资产项目占资产总额的比重。

二、资产负债表纵向结构分析

在对资产负债表进行结构分析时,在报表左侧通常将资产总额设定为100%,分别计算各个资产项目占资产总额的比重,以反映各项资产在资产总额中的结构百分比;在报表右侧通常将负债和所有者权益总额设定为100%,分别计算各个负债项目、所有者权益项目占负债和所有者权益总额的比重,以反映各项负债和所有者权益在负债和所有者权益总额中的结构百分比。

通过资产结构分析,我们可以及时发现企业的流动资产、固定资产占用资金过多现象,并帮助企业查找有问题资产,以减少资金沉淀,保持资产足够的流动性,加速资金周转,有效防止或消除资产经营风险;帮助企业管理层判断企业财务的安全性、资本的保全程度以及资产的收益能力。

通过负债和所有者权益结构分析,我们可以及时了解企业资金的来源渠道,衡量企业财务风险,发现其中存在的某些不合理情况,并帮助企业结合自身的盈利能力、发展机遇以及外部的市场经济环境,进一步优化资本结构,降低财务成本,规避财务风险。

能力训练

一、任务内容

任务目标:掌握资产负债表结构分析方法。

(一)案例资料

同任务一案例资料。

(二)要求

1. 计算纵向结构百分比,填列表6-5并进行适当分析(必要时可以查阅年报信息);
2. 计算横向结构百分比,填列表6-6并进行适当分析(必要时可以查阅年报信息)。

表6-5 恒瑞医药资产负债表纵向结构分析表

项目	2022年12月31日		2021年12月31日	
	金额(元)	占比	金额(元)	占比
流动资产:				
货币资金	15 110 680 633.68		13 630 819 615.77	
交易性金融资产	2 760 493 970.50		5 090 350 801.94	
应收票据	502 790 602.73		1 081 031 081.78	
应收账款	5 891 397 327.62		4 632 515 377.95	
应收款项融资	1 947 283 306.23		1 170 380 436.17	
预付款项	1 054 793 777.86		973 021 537.82	
其他应收款	562 175 450.79		658 004 598.96	
存货	2 450 574 758.45		2 402 673 360.01	

(续表)

项目	2022年12月31日		2021年12月31日	
	金额(元)	占比	金额(元)	占比
其他流动资产	653 864 367.08		548 952 225.56	
流动资产合计	30 934 054 194.94		30 187 749 035.96	
非流动资产:				
长期股权投资	767 861 518.38		192 826 121.92	
其他非流动金融资产	739 710 771.93		807 857 364.84	
固定资产	5 383 158 419.88		4 462 870 398.58	
在建工程	1 193 198 497.55		1 659 021 854.31	
使用权资产	99 381 390.58		153 710 385.27	
无形资产	519 895 053.15		442 454 193.33	
开发支出	1 681 033 856.38		259 982 322.06	
长期待摊费用	371 134 634.29		309 393 680.13	
递延所得税资产	223 030 661.62		141 362 707.49	
其他非流动资产	442 550 129.00		648 993 636.25	
非流动资产合计	11 420 954 932.76		9 078 472 664.18	
资产总计	42 355 009 127.70		39 266 221 700.14	
流动负债:				
短期借款	1 260 943 473.97		—	
应付票据	280 578 048.12		465 637 161.11	
应付账款	1 486 970 552.11		1 787 140 113.91	
合同负债	187 075 473.61		219 554 459.39	
应付职工薪酬	10 920 363.98		47 352 856.57	
应交税费	119 181 285.18		166 358 669.08	
其他应付款	282 172 641.76		700 435 081.43	
其他流动负债	11 377 763.91		15 054 112.90	
流动负债合计	3 639 219 602.64		3 401 532 454.39	
非流动负债:				
租赁负债	98 860 622.08		151 588 887.72	
递延收益	119 440 000.00		116 520 000.00	
递延所得税负债	84 332 759.81		24 772 430.71	
非流动负债合计	302 633 381.89		292 881 318.43	
负债合计	3 941 852 984.53		3 694 413 772.82	

(续表)

项目	2022年12月31日		2021年12月31日	
	金额(元)	占比	金额(元)	占比
所有者权益(或股东权益):				
实收资本(或股本)	6 379 002 274.00		6 396 011 914.00	
资本公积	3 020 238 194.01		3 356 184 541.33	
减:库存股	398 027 855.55		664 935 177.00	
其他综合收益	3 228 412.82		-12 159 390.38	
盈余公积	3 298 912 011.55		3 054 742 777.20	
未分配利润	25 520 455 210.66		22 873 116 638.71	
归属于母公司所有者权益(或股东权益)合计	37 823 808 247.49		35 002 961 303.86	
少数股东权益	589 347 895.68		568 846 623.46	
所有者权益(或股东权益)合计	38 413 156 143.17		35 571 807 927.32	
负债和所有者权益(或股东权益)总计	42 355 009 127.70		39 266 221 700.14	

表6-6　恒瑞医药资产负债表横向结构分析表　　　　　　　　　　　单位:元

项目	2022年12月31日	2021年12月31日	变动额	变动百分比
流动资产:				
货币资金	15 110 680 633.68	13 630 819 615.77		
交易性金融资产	2 760 493 970.50	5 090 350 801.94		
应收票据	502 790 602.73	1 081 031 081.78		
应收账款	5 891 397 327.62	4 632 515 377.95		
应收款项融资	1 947 283 306.23	1 170 380 436.17		
预付款项	1 054 793 777.86	973 021 537.82		
其他应收款	562 175 450.79	658 004 598.96		
存货	2 450 574 758.45	2 402 673 360.01		
其他流动资产	653 864 367.08	548 952 225.56		
流动资产合计	30 934 054 194.94	30 187 749 035.96		
非流动资产:				
长期股权投资	767 861 518.38	192 826 121.92		
其他非流动金融资产	739 710 771.93	807 857 364.84		
固定资产	5 383 158 419.88	4 462 870 398.58		
在建工程	1 193 198 497.55	1 659 021 854.31		

(单位:元)(续表)

项目	2022年12月31日	2021年12月31日	变动额	变动百分比
使用权资产	99 381 390.58	153 710 385.27		
无形资产	519 895 053.15	442 454 193.33		
开发支出	1 681 033 856.38	259 982 322.06		
长期待摊费用	371 134 634.29	309 393 680.13		
递延所得税资产	223 030 661.62	141 362 707.49		
其他非流动资产	442 550 129.00	648 993 636.25		
非流动资产合计	11 420 954 932.76	9 078 472 664.18		
资产总计	42 355 009 127.70	39 266 221 700.14		
流动负债:				
短期借款	1 260 943 473.97	—		
应付票据	280 578 048.12	465 637 161.11		
应付账款	1 486 970 552.11	1 787 140 113.91		
合同负债	187 075 473.61	219 554 459.39		
应付职工薪酬	10 920 363.98	47 352 856.57		
应交税费	119 181 285.18	166 358 669.08		
其他应付款	282 172 641.76	700 435 081.43		
其他流动负债	11 377 763.91	15 054 112.90		
流动负债合计	3 639 219 602.64	3 401 532 454.39		
非流动负债:				
租赁负债	98 860 622.08	151 588 887.72		
递延收益	119 440 000.00	116 520 000.00		
递延所得税负债	84 332 759.81	24 772 430.71		
非流动负债合计	302 633 381.89	292 881 318.43		
负债合计	3 941 852 984.53	3 694 413 772.82		
所有者权益(或股东权益):				
实收资本(或股本)	6 379 002 274.00	6 396 011 914.00		
资本公积	3 020 238 194.01	3 356 184 541.33		
减:库存股	398 027 855.55	664 935 177.00		
其他综合收益	3 228 412.82	-12 159 390.38		
盈余公积	3 298 912 011.55	3 054 742 777.20		
未分配利润	25 520 455 210.66	22 873 116 638.71		

(单位:元)(续表)

项目	2022年12月31日	2021年12月31日	变动额	变动百分比
归属于母公司所有者权益(或股东权益)合计	37 823 808 247.49	35 002 961 303.86		
少数股东权益	589 347 895.68	568 846 623.46		
所有者权益(或股东权益)合计	38 413 156 143.17	35 571 807 927.32		
负债和所有者权益(或股东权益)总计	42 355 009 127.70	39 266 221 700.14		

二、任务分工

工作任务分配及完成计划如表6-7所示。

表6-7　工作任务分配及完成计划

工作任务编号		工作任务名称	
班级		组长	
组别		组员	
明确本次工作任务重点			
工作任务分配	组长： 组员1： 组员2： 组员3： 组员4： 组员5： ……		
工作任务完成计划（行动方案）	第一步： 第二步： 第三步：		
工作任务完成时间			
组长		签名：	

注：此表由组长填制，并与工作任务完成纸质材料一同装订。

任务实施

三、任务实施

任务实施步骤详见左侧二维码。

四、任务总结

工作任务完成后将分组的总结与感受分别填写到表6-8和表6-9中。

表 6-8 工作任务完成总结

工作任务编号		工作任务名称	
班级		组长	
组别		组员	
完成工作任务过程中存在的问题或困惑			
完成工作任务心得			
组长			签名：

表 6-9 工作任务完成的结果评价

组别	正确率	排名	完成工作任务感受	是否提升了工作能力？
1				
2				
3				
4				
5				
6				

任务三 资产负债表比率分析

相关知识

比率分析法在整个会计报表分析中占有十分重要的地位，对企业同一时期财务状况和获利能力的分析都较为全面。比率分析具体分解为三大类，即企业偿债能力分析、企业营运能力分析和企业盈利能力分析。偿债能力分析是对企业流动资产偿付流动负债和长期负债的能力进行分析，主要指标有流动比率、速动比率和资产负债率等；营运能力分析是对企业资产的周转状况进行分析，主要指标有总资产周转率、应收账款周转率和存货周转率等；盈利能力分析是对企业投入资本的盈利情况、营业收入的盈利情况进行分析，主要指标有净资产收益率和营业利润率等。本项目主要介绍企业偿债能力分析和企业营运能力分析。

一、企业偿债能力分析

企业偿债能力分析主要包括长期偿债能力分析和短期偿债能力分析两部分。

（一）长期偿债能力分析

长期偿债能力分析的指标包括资产负债率、所有者权益比率和产权比率等。

1. 资产负债率分析

资产负债率是企业负债总额与资产总额的比率，表明在企业的总资产中有多大比例是

通过负债形成的,也可以衡量企业在清算时对债权人利益的保障程度。其计算公式如下:

$$资产负债率 = \frac{负债总额}{资产总额} \times 100\%$$

公式中的负债总额不仅包括短期负债,还包括长期负债。

[例6-1] E公司2024年12月31日负债总额为4 000万元,资产总额为8 000万元。依上式计算资产负债率为:

$$资产负债率 = \frac{4\ 000}{8\ 000} \times 100\% = 50\%$$

资产负债率反映了企业长期偿债能力强弱,通过这个指标的分析可以衡量企业总资产中股东与债权人所投资金是否合理。资产负债率指标的高低,站在不同角度会有不同的结论。

站在债权人角度,他们最关心的是贷给企业款项的安全程度,也就是能否按期收回本金和利息。因此,他们希望资产负债率越低越好,企业偿债有保证,贷款不会有太大的风险。

站在股东角度,由于企业通过举债筹集的资金与股东提供的资金在经营中发挥同样的作用,因此股东所关心的是全部资产利润率是否超过借款利率,在企业的全部资产利润率超过借款利率时,股东所分得的利润就会增大;反之,在全部资产利润率低于借款利率时,则对股东不利,因为借入款项的部分利息要用股东的利润份额来弥补。因此,从股东的立场看,在全部资产利润率高于借款利率时,资产负债率越高越好;反之则相反。

站在经营者角度,经营者只关心企业是否有充足的资金能够调配使用。若资金缺乏,则希望多举债;反之则相反。

2. 所有者权益比率分析

所有者权益比率是企业所有者权益(或股东权益)总额与资产总额的比率。这个指标与资产负债率成反比,即所有者权益比率越高,资产负债率越低;反之,则资产负债率越高。其计算公式如下:

$$所有者权益比率 = \frac{所有者权益总额}{资产总额} \times 100\%$$

公式中的所有者权益总额包括实收资本、资本公积、盈余公积和未分配利润四部分。

[例6-2] F公司2024年12月31日所有者权益总额为6 000万元,资产总额为10 000万元。依上式计算所有者权益比率为:

$$所有者权益比率 = \frac{6\ 000}{10\ 000} \times 100\% = 60\%$$

所有者权益比率反映企业自有资金的比例,因此一般认为这个比率较高时,企业财务结构稳健,但过高则反映企业经营过于保守;反之,这个比率较低时,企业财务结构较不稳定,借款过多,经营风险加大。

所有者权益比率与资产负债率呈反方向变化,两者之和等于1,在此不过多分析,详见资产负债率分析。

3. 产权比率分析

产权比率是企业负债总额与所有者权益总额的比率。其计算公式如下:

$$产权比率 = \frac{负债总额}{所有者权益总额} \times 100\%$$

[例 6-3] G 公司 2024 年 12 月 31 日所有者权益总额为 4 000 万元,负债总额为 6 000 万元,依上式计算产权比率为:

$$产权比率 = \frac{6\ 000}{4\ 000} \times 100\% = 150\%$$

产权比率分析应注意两个问题:

(1) 该指标表明由债权人提供的资金与所有者提供的资金的相对关系,反映企业基本财务结构是否稳定。通常,所有者投入的资金大于借入资金,企业较安全。但这也与经济环境有关。产权比率反映企业财务结构,通常认为,产权比率高,是高风险、高报酬的财务结构;产权比率低,是低风险、低报酬的财务结构。从例 6-3 的计算结果看,该企业债权人提供的资金是所有者提供的资金的 1.5 倍,如果经营不是很景气,则表明该企业举债经营的程度偏高,财务结构不稳定。

(2) 该指标也表明债权人投入的资金受所有者权益(自有资金)保障的程度。如在企业破产清算时,按规定债权人的索偿权在所有者前面。从例 6-3 的情况看,如果该公司进行清算,则债权人的利益缺乏保障。

资产负债率与产权比率具有共同性,两个指标可以相互补充。因此,对产权比率的分析可以参见对资产负债率的分析。

(二) 短期偿债能力分析

企业偿债能力分析的重点是短期偿债能力,主要指标包括流动比率、速动比率和利息保障倍数。

1. 流动比率分析

流动比率是流动资产与流动负债的比值。其计算公式为:

$$流动比率 = \frac{流动资产合计}{流动负债合计} \times 100\%$$

[例 6-4] H 公司 2024 年 12 月 31 日的流动资产为 6 000 万元,流动负债为 3 000 万元,依上式计算流动比率为:

$$流动比率 = \frac{6\ 000}{3\ 000} \times 100\% = 200\% 或 2$$

流动比率主要反映企业短期偿债能力。企业能否偿还短期债务,要看持有债务的多少,以及可变现偿债的流动资产比例的高低。企业可变现的流动资产越多,短期债务越少,则偿债能力越强;反之,则偿债能力越弱。通常认为,流动比率为 2 比较理想,特别是生产型企业。这是因为流动资产中变现能力较弱的存货金额约占流动资产总额的一半,剩下的流动性较大的流动资产至少要等于流动负债,企业的短期偿债能力才会有保证。

我国与西方国家在一些项目上的会计核算是相同的,但其内涵有很多不同之处,如西方国家企业应收账款发生的损失额较小,而我国企业应收账款发生的损失额较大,因此不能单纯将绝对比率数值 2 作为衡量我国企业的标准。通常我国企业计算出来的流动比率,只有与同行业平均流动比率、本企业历史上不同时期的流动比率进行比较,才能知道该比率是高还是低。营业周期、流动资产中的应收账款数额和存货的周转速度是影响流动比率的主要因素。因此,还要结合有关因素对企业进行具体分析。

2. 速动比率分析

流动比率虽然可以用来评价流动资产总体的变现能力,但是短期债权人希望获得比流动比率更进一步的有关变现能力的比率指标。这个指标被称为速动比率,也被称为酸性测试比率。

速动比率是从流动资产中扣除存货等部分,再除以流动负债的值。其计算公式为:

$$速动比率 = \frac{速动资产合计}{流动负债合计} \times 100\%$$

其中,速动资产=流动资产-存货。

[例6-5] I公司2024年12月31日的存货为1 000万元,流动资产为4 000万元,流动负债为2 000万元,依上式计算速动比率为:

$$速动比率 = \frac{4\,000 - 1\,000}{2\,000} \times 100\% = 150\% \text{ 或 } 1.5$$

速动资产主要包括货币资金、应收账款、应收票据、其他应收款和预付账款等。这些资产是较容易变现的,因此剔除存货等变现能力较弱的流动资产所计算出的速动比率,更能准确地反映企业的短期偿债能力。

通常认为,速动比率低于1的企业短期偿债能力偏低。在对速动比率进行分析时,应注意如下方面:

(1) 行业因素的影响。通常制造业的速动比率要比服务业高,这是因为服务业的应收账款远远小于制造业,大量的现金收入决定了服务业尽管速动比率较低,也不会有太大的偿债风险;反之,制造业则要受应收账款高低的影响。

(2) 应收账款变现能力因素的影响。影响速动比率的重要因素还有应收账款的变现能力。账面上的应收账款不一定都能变成现金,实际坏账可能比计提的准备要多。外部报表使用者不易了解这些情况,而企业内部人员却有可能做出估计。

流动比率和速动比率虽然能够反映企业的偿债能力,但不是绝对的。比如,一个企业上述两个指标均偏低,但其存货的周转速度快,应收账款回收期短,经常有资金加以补充,则企业的偿债能力仍会很强。因此,必须配合反映企业营运能力的存货周转率和应收账款周转率两个指标进行分析。

3. 利息保障倍数分析

从债权人立场出发,向企业提供贷款除了要收回贷款本金,更主要的是获得利息收入,因此不仅要考察企业的资产负债率、流动比率,还要考察企业的获利能力。从所有者立场出发,就要计算每支付1元的利息能创造多少元收益。

利息保障倍数亦称已获利息倍数,是指企业息税前利润与利息支出的比值,用以衡量企业偿付借款利息的能力。其计算公式如下:

$$利息保障倍数 = \frac{息税前利润}{利息支出}$$

[例6-6] J公司2024年度税后净利润为500万元,利息支出为100万元,所得税为125万元。该公司利息保障倍数为:

$$利息保障倍数 = \frac{500 + 100 + 125}{100} = 7.25$$

利息保障倍数指标反映企业经营收益是所需支付的债务利息的多少倍。只要利息保障倍数足够大，企业就有充足的能力偿付利息，反之则相反。

由指标构成可见，当该指标小于 1 时，企业要支付利息费用，就得动用自有资金；当该指标等于 1 时，企业利用贷款创造的收益刚好能够支付利息费用；只有当该指标大于 1 时，企业利用贷款创造的收益不仅能够支付利息费用，还有剩余。

二、企业营运能力分析

企业营运能力分析的指标主要包括总资产周转率、流动资产周转率、存货周转率和应收账款周转率等。

（一）总资产周转率分析

总资产周转率是企业一定时期销售（营业）收入净额与平均资产总额的比值。总资产周转率是综合评价企业全部资产经营质量和利用效率的重要指标。其计算公式如下：

$$总资产周转率（次）= \frac{销售（营业）收入净额}{平均资产总额}$$

式中，销售（营业）收入净额是指企业当期销售商品、提供劳务等主要经营活动取得的收入减去销售折扣与折让后的数额。

（1）总资产周转率是考虑企业资产运营效率的一项重要指标，体现了企业经营期间全部资产从投入到产出周而复始的流转速度，反映了企业全部资产的经营质量和利用效率。由于该指标是一个包容性较强的综合指标，因此从因素分析的角度来看，它要受到流动资产周转率、应收账款周转率和存货周转率等指标的影响。

（2）该指标通过当年已实现的销售收入与全部资产比较，反映出企业一定时期的实际产出质量及对每单位资产实现的价值补偿。

（3）通过该指标的对比分析，不但能够反映出企业本年度和以前年度总资产的运营效率及其变化，而且能够发现企业与同类企业在资产利用上存在的差距，促进企业挖掘潜力、积极创收、提高产品市场占有率、提高资产利用效率。

（4）一般情况下，该指标数值越大，资产周转速度越快，企业销售能力越强，资产利用效率越高。

（二）流动资产周转率分析

流动资产周转率是企业一定时期销售（营业）收入净额与平均流动资产的比值。流动资产周转率是评价企业资产利用效率的另一主要指标。其计算公式如下：

$$流动资产周转率（次）= \frac{销售（营业）收入净额}{平均流动资产}$$

式中，平均流动资产是指企业流动资产总额的年初数与年末数的平均值，即平均流动资产＝（流动资产年初数＋流动资产年末数）/2。

（1）流动资产周转率反映了企业流动资产的周转速度，是从企业全部资产中流动性最强的流动资产角度对企业资产的利用效率进行分析，以进一步揭示影响企业资产经营质量的主要因素。

（2）该指标将销售（营业）收入净额与企业资产中最具活力的流动资产相比较，既能反映企业一定时期流动资产的周转速度和利用效率，又能进一步体现每单位流动资产实现价值补偿的高低以及补偿速度的快慢。

（3）要实现该指标的良性变动，应以销售（营业）收入增幅大于流动资产增幅做保证。在企业内部，通过对该指标的分析对比，一方面可以促进企业加强内部管理，充分有效地利用其流动资产，如降低成本、将暂时闲置的货币资金用于短期投资创造收益；另一方面可以促进企业采取措施扩大销售，提高流动资产的综合利用效率。

（4）一般情况下，该指标数值越大，表明企业流动资产周转速度越快，资产利用效率越高。在较快的周转速度下，流动资产会相对节约，其意义相当于流动资产投入的扩大，在某种程度上提高了企业的盈利能力；而周转速度慢，则需补充流动资产参加周转，形成资金浪费，降低企业的盈利能力。

（三）存货周转率分析

存货周转率是企业一定时期销售（营业）成本与平均存货的比值。存货周转率是对流动资产周转率的补充说明。其计算公式如下：

$$存货周转率（次）= \frac{销售（营业）成本}{平均存货}$$

式中，销售（营业）成本是指企业销售商品或提供劳务等经营业务的实际成本。存货是指企业在生产经营过程中为销售或耗用而储备的物资。平均存货是存货年初数与年末数的平均值，即平均存货=（存货年初数+存货年末数）/2。

（1）存货周转率是评价企业从取得存货、投入生产到销售收回（包括现销和赊销）等各环节管理状况的综合性指标，用于反映存货的周转速度，即存货的流动性及存货资金占用量的合理与否。存货周转率用时间表示称为存货周转天数，计算方法是：存货周转天数=（平均存货×360）/销售（营业）成本。

（2）通常企业存货在流动资产中所占比重较大，因此必须重视存货周转率的分析研究。采用该指标的目的在于针对存货管理中存在的问题，促使企业在保证生产经营连续性的同时，提高资产的利用效率，增强企业的短期偿债能力。

（3）存货周转率在反映存货周转速度、存货资金占用水平的同时，也在一定程度上反映了企业销售实现的快慢。所以，一般情况下，该指标数值越大，表示企业资产由于销售顺畅而具有较高的流动性，存货转换为现金或应收账款的速度快、存货资金占用水平低。

（4）运用该指标时，还应综合考虑进货批量、生产销售的季节性以及存货结构等因素。

（四）应收账款周转率分析

应收账款周转率是企业一定时期销售（营业）收入净额与平均应收账款的比值。应收账款周转率是对流动资产周转率的补充说明。其计算公式如下：

$$应收账款周转率（次）= \frac{销售（营业）收入净额}{平均应收账款}$$

式中，应收账款是指企业因赊销产品、材料、物资和提供劳务而应向购买方收取的各种款项。平均应收账款=（应收账款年初数+应收账款年末数）/2。

（1）应收账款周转率反映了企业应收账款的周转速度,即企业本年度内应收账款转为现金的平均次数。应收账款周转率用时间表示称为平均应收账款回收期,即应收账款周转天数,计算方法是:应收账款周转天数=（360×平均应收账款）/销售（营业）收入净额。

（2）应收账款在流动资产中占较大份额,及时收回应收账款,能够减少营运资金在应收账款上的呆滞占用,从而提高企业的资产利用效率。

（3）采用该指标的目的在于促进企业通过合理制定赊销政策、严格销货合同管理、及时结算等途径加强应收账款的前后期管理,加快应收账款回收速度,活化企业营运资金。

（4）由于季节性经营、大量采用分期收款或现金方式结算等都可能使该指标结果失实,因此应结合企业前后期间、行业平均水平对该指标进行综合评价。

能力训练

一、任务内容

任务目标:掌握资产负债表比率分析方法。

（一）案例资料

表 6-10—表 6-12 是恒瑞医药 2022 年资产负债表、利润表和主要财务比率表。

表 6-10　资产负债表

编制单位:江苏恒瑞医药股份有限公司　　2022 年 12 月 31 日　　　　　　　　　单位:元

项目	2022 年 12 月 31 日	2021 年 12 月 31 日
流动资产:		
货币资金	15 110 680 633.68	13 630 819 615.77
交易性金融资产	2 760 493 970.50	5 090 350 801.94
应收票据	502 790 602.73	1 081 031 081.78
应收账款	5 891 397 327.62	4 632 515 377.95
应收款项融资	1 947 283 306.23	1 170 380 436.17
预付款项	1 054 793 777.86	973 021 537.82
其他应收款	562 175 450.79	658 004 598.96
存货	2 450 574 758.45	2 402 673 360.01
其他流动资产	653 864 367.08	548 952 225.56
流动资产合计	30 934 054 194.94	30 187 749 035.96
非流动资产:		
长期股权投资	767 861 518.38	192 826 121.92
其他非流动金融资产	739 710 771.93	807 857 364.84
固定资产	5 383 158 419.88	4 462 870 398.58
在建工程	1 193 198 497.55	1 659 021 854.31

(单位:元)(续表)

项目	2022年12月31日	2021年12月31日
使用权资产	99 381 390.58	153 710 385.27
无形资产	519 895 053.15	442 454 193.33
开发支出	1 681 033 856.38	259 982 322.06
长期待摊费用	371 134 634.29	309 393 680.13
递延所得税资产	223 030 661.62	141 362 707.49
其他非流动资产	442 550 129.00	648 993 636.25
非流动资产合计	11 420 954 932.76	9 078 472 664.18
资产总计	42 355 009 127.70	39 266 221 700.14
流动负债:		
短期借款	1 260 943 473.97	—
应付票据	280 578 048.12	465 637 161.11
应付账款	1 486 970 552.11	1 787 140 113.91
合同负债	187 075 473.61	219 554 459.39
应付职工薪酬	10 920 363.98	47 352 856.57
应交税费	119 181 285.18	166 358 669.08
其他应付款	282 172 641.76	700 435 081.43
其他流动负债	11 377 763.91	15 054 112.90
流动负债合计	3 639 219 602.64	3 401 532 454.39
非流动负债:		
租赁负债	98 860 622.08	151 588 887.72
递延收益	119 440 000.00	116 520 000.00
递延所得税负债	84 332 759.81	24 772 430.71
非流动负债合计	302 633 381.89	292 881 318.43
负债合计	3 941 852 984.53	3 694 413 772.82
所有者权益(或股东权益):		
实收资本(或股本)	6 379 002 274.00	6 396 011 914.00
资本公积	3 020 238 194.01	3 356 184 541.33
减:库存股	398 027 855.55	664 935 177.00
其他综合收益	3 228 412.82	-12 159 390.38
盈余公积	3 298 912 011.55	3 054 742 777.20
未分配利润	25 520 455 210.66	22 873 116 638.71

（单位：元）（续表）

项目	2022年12月31日	2021年12月31日
归属于母公司所有者权益（或股东权益）合计	37 823 808 247.49	35 002 961 303.86
少数股东权益	589 347 895.68	568 846 623.46
所有者权益（或股东权益）合计	38 413 156 143.17	35 571 807 927.32
负债和所有者权益（或股东权益）总计	42 355 009 127.70	39 266 221 700.14

表6-11 利润表

编制单位：江苏恒瑞医药股份有限公司　　2022年度　　　　　　　　　　单位：元

项目	2022年度	2021年度
一、营业总收入	21 275 270 681.52	25 905 526 375.80
其中：营业收入	21 275 270 681.52	25 905 526 375.80
二、营业总成本	17 747 084 300.60	21 792 968 500.97
其中：营业成本	3 486 638 890.09	3 741 798 550.11
税金及附加	190 388 735.65	201 805 370.45
销售费用	7 347 893 145.32	9 383 708 325.27
管理费用	2 306 477 951.60	2 860 306 640.49
研发费用	4 886 552 651.32	5 943 306 005.11
财务费用	-470 867 073.38	-337 956 390.46
其中：利息费用	6 491 852.72	4 710 237.03
利息收入	385 275 275.77	367 462 517.94
资产减值损失	146 684 220.61	13 861 067.67
信用减值损失	26 284 422.21	-4 045 555.26
加：其他收益	287 401 388.30	309 036 020.34
投资收益（损失以"-"号填列）	387 364 612.91	213 433 866.66
其中：对联营企业和合营企业的投资收益	-62 995 502.99	-6 940 071.40
公允价值变动收益（损失以"-"号填列）	76 502 527.08	36 232 636.19
资产处置收益（损失以"-"号填列）	5 473 705.52	3 371 242.11
三、营业利润（亏损以"-"号填列）	4 111 959 971.91	4 664 816 127.72
加：营业外收入	2 081 701.57	2 222 921.69
减：营业外支出	145 549 554.63	200 730 259.49
四、利润总额（亏损总额以"-"号填列）	3 968 492 118.85	4 466 308 789.92
减：所得税费用	153 421 215.81	-17 718 094.01
五、净利润（净亏损以"-"号填列）	3 815 070 903.04	4 484 026 883.93

表 6-12 恒瑞医药 2022 年主要财务比率表

财务比率	参考计算公式	说明	2022 年 12 月 31 日
资产负债率	负债总额/资产总额×100%	时点指标	
所有者权益比率	所有者权益总额/资产总额×100%	时点指标	
产权比率	负债总额/所有者权益总额×100%	时点指标	
流动比率	流动资产合计/流动负债合计×100%	时点指标	
速动比率	速动资产合计/流动负债合计×100%	速动资产可以是流动资产扣除存货	
总资产周转率	营业收入/平均资产总额	平均数为（年初数据＋年末数据）/2	
流动资产周转率	营业收入/平均流动资产	平均数为（年初数据＋年末数据）/2	
存货周转率	营业成本/平均存货	平均数为（年初数据＋年末数据）/2	
应收账款周转率	营业收入/平均应收账款	平均数为（年初数据＋年末数据）/2	

（二）要求

根据上述资料填写表 6-12 涉及资产负债表的主要财务比率。

二、任务分工

工作任务分配及完成计划如表 6-13 所示。

表 6-13 工作任务分配及完成计划

工作任务编号		工作任务名称	
班级		组长	
组别		组员	
明确本次工作任务重点			
工作任务分配	组长： 组员 1： 组员 2： 组员 3： 组员 4： 组员 5： ……		

(续表)

工作任务完成计划 （行动方案）	第一步： 第二步： 第三步：
工作任务完成时间	
组长	签名：

注：此表由组长填制，并与工作任务完成纸质材料一同装订。

三、任务实施

任务实施步骤详见右侧二维码。

任务实施

四、任务总结

工作任务完成后将分组的总结与感受分别填写到表 6-14 和表 6-15 中。

表 6-14 工作任务完成总结

工作任务编号		工作任务名称	
班级		组长	
组别		组员	
完成工作任务过程中存在的问题或困惑			
完成工作任务心得			
组长			签名：

表 6-15 工作任务完成的结果评价

组别	正确率	排名	完成工作任务感受	是否提升了工作能力？
1				
2				
3				
4				
5				
6				

项目实训评价

1. 学生进行自我评价，并将结果填入学生技能自评表。学生技能自评表如表 6-16 所示。

表 6-16 学生技能自评表

项目六		资产负债表分析		
评价项目		评价标准	分值	得分
技能评价	资产负债表项目分析	能了解和使用资产负债表项目分析方法	10	
	资产负债表结构分析	能熟悉资产负债表结构分析的基本要求	10	
		能掌握资产负债表结构分析的程序	10	
	资产负债表比率分析	能熟悉资产负债表比率分析的常用比率	20	
		能掌握资产负债表比率分析方法	20	
素质评价	工作态度	态度端正,无无故缺勤、迟到、早退现象	6	
	工作质量	能按计划完成工作任务	6	
	协调能力	与小组成员、同学之间能合作交流,协调工作	6	
	职业素质	能做到认真工作	6	
	创新意识	能运用所学开展工作	6	
合计			100	

2. 学生以小组为单位,对以上学习工作任务的过程与结果进行互评,将互评结果填入学生互评表。学生互评表如表 6-17 所示。

表 6-17 学生互评表

项目六		资产负债表分析											
评价项目	分值	等级							评价对象(组别)				
									1	2	3	4	5	6
课前任务	10	优	10	良	8	中	6	差	4					
计划合理	10	优	10	良	8	中	6	差	4					
方案准确	10	优	10	良	8	中	6	差	4					
团队合作	10	优	10	良	8	中	6	差	4					
组织有序	10	优	10	良	8	中	6	差	4					
工作质量	10	优	10	良	8	中	6	差	4					
工作效率	10	优	10	良	8	中	6	差	4					
工作完成	10	优	10	良	8	中	6	差	4					
工作规范	10	优	10	良	8	中	6	差	4					
课后任务	10	优	10	良	8	中	6	差	4					

3. 教师对学生工作过程与工作结果进行评价,并将评价结果填入教师综合评价表。教师综合评价表如表 6-18 所示。

表 6-18 教师综合评价表

项目六		资产负债表分析		
评价项目		评价标准	分值	得分
考勤（10%）		无无故缺勤、迟到、早退现象	10	
工作过程（60%）	资产负债表项目分析	能了解和使用资产负债表项目分析方法	10	
	资产负债表结构分析	能熟悉资产负债表结构分析的基本要求	10	
		能掌握资产负债表结构分析的程序	10	
	资产负债表比率分析	能熟悉资产负债表比率分析的常用比率	15	
		能掌握资产负债表比率分析方法	15	
工作结果（30%）	工作进度	能按时完成工作任务	10	
	工作规范	能按照基本工作流程完成工作	10	
	成果展示	能准确、充分、恰当地展示工作成果	10	
合计			100	

自测训练

一、单项选择题

在每小题列出的四个备选项中只有一个选项是符合题目要求的，请将其代码填写在题后的括号内。

1. 编制资产负债表的理论依据是（　　）。
   A. 资产 + 费用 = 负债 + 所有者权益 + 收入
   B. 资产 = 负债 + 所有者权益
   C. 收入 - 费用 = 利润
   D. 借方发生额合计 = 贷方发生额合计

2. 资产负债表质量分析是指（　　）。
   A. 财务状况质量分析　　　　　　　　B. 财务成果质量分析
   C. 现金流量运转质量分析　　　　　　D. 产品质量分析

3. 加大应收账款坏账风险的因素是（　　）。
   A. 账龄较短　　　　　　　　　　　　B. 客户群分散
   C. 信用标准严格　　　　　　　　　　D. 信用期限较长

4. 不随销售规模变动而变动的资产项目是（　　）。
   A. 货币资金　　　　　　　　　　　　B. 应收账款
   C. 存货　　　　　　　　　　　　　　D. 固定资产

5. 下列各项中不影响应收账款周转率指标使用价值的因素是（　　）。
   A. 销售折让与折扣的波动　　　　　　B. 季节性经营引起的销售额波动
   C. 大量使用分期收款结算方式　　　　D. 大量使用现金结算方式

6. 下列各项中不属于流动负债的是（　　）。
   A. 短期借款　　　　　　　　　　　　B. 应付账款

C. 预付账款 D. 预收账款

7. ABC 公司 2022 年资产总额为 10 000 万元,流动负债为 2 000 万元,非流动负债为 3 000 万元。该公司的资产负债率是( )。

A. 50% B. 20%
C. 30% D. 23%

8. 如果企业速动比率很小,则下列结论成立的是( )。

A. 企业流动资金占用过多 B. 企业短期偿债能力很强
C. 企业短期偿债风险很大 D. 企业资产流动性很强

9. 下列各项指标中能够反映企业长期偿债能力的是( )。

A. 现金比率 B. 资产负债率
C. 流动比率 D. 速动比率

10. 一般来说,资产负债率越高,表明( )。

A. 企业利用债权人提供的资金进行经营活动的能力越强
B. 企业利用债权人提供的资金进行经营活动的能力越弱
C. 债权人发放贷款的安全程度越高
D. 企业偿还债务的能力越强

11. 某企业 2022 年主营业务收入净额为 36 000 万元,流动资产平均余额为 4 000 万元,固定资产平均余额为 8 000 万元。假定没有其他资产,则该企业 2022 年的总资产周转率为( )次。

A. 3.0 B. 3.4
C. 2.9 D. 3.2

12. 某企业期末速动比率为 0.6,下列各项中能引起该比率提高的是( )。

A. 银行提取现金 B. 赊购商品
C. 收回应收账款 D. 取得短期银行借款

13. 下列财务比率中能反映企业即时付现能力的是( )。

A. 流动比率 B. 速动比率
C. 现金比率 D. 存货周转率

14. 下列说法中正确的是( )。

A. 对于股东来说,当全部资产利润率高于借款利率时,资产负债率越高越好
B. 对于股东来说,当全部资产利润率高于借款利率时,资产负债率越低越好
C. 对于股东来说,当全部资产利润率低于借款利率时,资产负债率越高越好
D. 对于股东来说,资产负债率越高越好,与其他因素无关

15. 与产权比率比较,资产负债率评价企业长期偿债能力的侧重点是( )。

A. 揭示财务结构的稳健程度 B. 揭示债务偿付安全性的物质保障程度
C. 揭示产权资本对债务风险的承受能力 D. 揭示负债与资本的对应关系

二、多项选择题

在每小题列出的备选项中至少有两个是符合题目要求的,请将其代码填写在题后的括号内。

1. 资产负债表中"货币资金"项目应根据(　　)科目的期末余额填列。
A. 应收账款　　　　　　　　　　B. 现金
C. 银行存款　　　　　　　　　　D. 其他货币资金
2. 下列各项中影响长期偿债能力的因素包括(　　)。
A. 盈利能力　　　　　　　　　　B. 资本结构
C. 长期资产的保值程度　　　　　D. 经常性的经营租赁
3. 下列关于资产负债率的叙述中正确的有(　　)。
A. 资产负债率是负债总额与资产总额的比值
B. 资产负债率是产权比率的倒数
C. 对债权人来说，资产负债率越低越好
D. 对经营者来说，资产负债率应控制在适度的水平
4. 影响应收账款周转率的因素有(　　)。
A. 销售收入　　　　　　　　　　B. 销售成本
C. 应收账款期初余额　　　　　　D. 应收账款期末余额
5. 利用资产负债表分析长期偿债能力的指标主要有(　　)。
A. 资产负债率　　　　　　　　　B. 利息保障倍数
C. 产权比率　　　　　　　　　　D. 有形净值债务率
6. 影响速动比率的因素有(　　)。
A. 应收账款　　　　　　　　　　B. 库存商品
C. 原材料　　　　　　　　　　　D. 应付票据
7. 下列各项中属于短期偿债能力指标的有(　　)。
A. 流动比率　　　　　　　　　　B. 速动比率
C. 现金比率　　　　　　　　　　D. 资产负债率
8. 如果流动比率过高，则意味着企业存在(　　)可能。
A. 闲置现金　　　　　　　　　　B. 存货积压
C. 应收账款周转缓慢　　　　　　D. 短期偿债能力很差
9. 下列各项中反映流动资产周转速度的指标有(　　)。
A. 流动资产周转率　　　　　　　B. 固定资产周转率
C. 存货周转率　　　　　　　　　D. 存货构成
10. 下列各项中对总资产周转率指标表述正确的有(　　)。
A. 该指标是企业一定时期营业收入净额与平均资产总额的比值
B. 该指标反映举债形成的资产的利用效率
C. 该指标反映企业全部资产的利用效率
D. 该指标反映企业流动资产的利用效率

三、判断题
判断下列各题正误，正确者在括号内打"√"，错误者在括号内打"×"。
1. 如果总资产本期比上期有较大幅度增加，则表明企业本期经营卓有成效。(　　)
2. 只要本期盈余公积增加，就可以断定企业本期经营是有成效的。(　　)
3. 长期资本是企业全部借款与所有者权益的合计。(　　)

4. 负债结构变动一定会引起负债规模发生变动。（　　）
5. 如果本期期末未分配利润少于上期，则说明企业本期经营亏损。（　　）
6. 企业的应收账款增长率超过销售收入增长率是正常现象。（　　）
7. 流动资产的增长速度一般不应超过固定资产的增长速度。（　　）
8. 存货的账面价值低于可变现净值时，采用历史成本法和成本与可变现净值孰低法确定的期末存货价值是一样的。（　　）
9. 主营业务收入并不能很好地代表总资产、流动资产和固定资产的周转额，以此为依据计算出来的周转率意义不大。（　　）
10. 一般来说，企业的获利能力越强，则长期偿债能力越强。（　　）

项目七

利润表分析

学习任务描述

利润表是反映企业一定时期内利润(或亏损)实现情况的会计报表,它是分析企业盈利能力和评价企业经营管理状况的重要依据。通过对重点项目的分析,我们可以具体了解企业利润形成的主要因素、影响利润额的主要原因,从而进一步分析企业的利润结构,为经营管理和决策制定提供依据。对利润表的分析可以分别从内部经营管理者角度和外部报表使用者角度进行。利润表分析的内容包括利润表项目分析、结构分析和比率分析。

1. 知识目标

通过本项目的学习,了解利润表分析基础,掌握利润表分析方法。

2. 能力目标

通过本项目的学习,掌握利润表项目分析方法、结构分析方法和比率分析方法。

3. 素养目标

培养学生具有良好的职业道德,遵守行业规范的工作意识和工作态度,同时具有较强的自主学习能力、沟通能力、团队合作精神以及创新精神。

知识体系

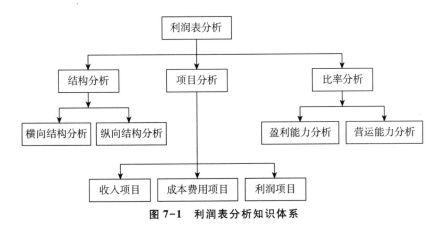

图 7-1 利润表分析知识体系

引导案例

表 7-1 是贵州茅台酒股份有限公司 2019—2022 年利润表简表。

根据贵州茅台酒股份有限公司的数据,请计算该公司 2020—2022 年利润表主要项目的变化情况,并判断其盈利能力。

表 7-1　利润表简表　　　　　　　　　　　　　　　　单位:亿元

项目	2022 年	2021 年	2020 年	2019 年
营业总收入	1 275.54	1 094.64	979.93	888.54
其中:营业收入	1241.00	1061.90	949.15	854.30
营业总成本	397.63	347.90	313.77	298.18
其中:营业成本	100.93	89.83	81.54	74.30
税金及附加	184.96	153.04	138.87	127.33
销售费用	32.98	27.37	25.48	32.79
管理费用	90.12	84.50	67.90	61.68
财务费用	-13.92	-9.35	-2.35	0.075
其中:利息收入	14.75	9.45	2.79	0.21
营业利润	878.80	747.51	666.35	590.41
利润总额	877.01	745.28	661.97	587.83
减:所得税费用	223.26	188.08	166.74	148.13
净利润	653.75	557.20	495.23	439.70
每股收益(元)	49.93	41.76	37.17	32.80

任务一　利润表项目分析

相关知识

利润表是反映企业一定时期内利润(或亏损)实现情况的会计报表,它是分析企业盈利能力和评价企业经营管理状况的重要依据。通过对重点项目的分析,我们可以具体了解企业利润形成的主要原因、影响利润额的主要因素,从而进一步分析企业的利润结构,为经营管理和决策制定提供依据。对利润表的分析可以分别从内部经营管理者角度和外部报表使用者角度进行。

一、内部经营管理者角度

内部经营管理者主要关注营业收入和成本等项目。

(一)营业收入分析

1. 主营业务计划完成率分析

营业收入是利润表中最容易理解的部分,它反映了企业在报告期内销售商品或提供服务取得的收入,其基本来源为主营业务收入。营业收入主要采用因素分析法对其变动情况进行分析。

分析主营业务计划的完成情况,在实际工作中,通常是将会计报表中反映的实际营业收入同销售计划中的计划营业收入进行比较。但应注意的是,计划营业收入是以计划价格计算的,而实际营业收入是以实际价格计算的。如果出于客观原因价格发生变动,则利用以上两个指标计算的主营业务计划完成率包括了价格变动因素的影响,这样就不能真实地反映主营业务计划完成情况。因此,在分析主营业务计划完成情况时,必须采用按计划价格计算的实际营业收入同计划营业收入进行比较,并确定计划完成率。其计算公式为:

主营业务计划完成率 = 按计划价格计算的产品实际营业收入 / 产品计划营业收入 × 100%

销售数量和销售价格对营业收入的影响可以用下列因素分解式表示:

已知:营业收入 = 销售数量 × 产品单位售价

因此,销售数量对营业收入的影响为:

(实际销售数量 - 计划销售数量) × 计划单位售价

销售价格对营业收入的影响为:

(实际单位售价 - 计划单位售价) × 实际销售数量

2. 销售合同执行情况分析

销售合同是制订和执行销售计划的基础,也是安排生产的依据。企业应及时同有关客户签订销售合同,具体规定产品的品种、规格和质量标准,产品的数量与交货日期,产品的包装要求与运输条件,产品的销售价格与货款的结算方式和条件,技术服务条件,双方的经济责任等。销售合同签订后,企业必须加强合同的管理和分析工作,严格执行合同所列明的各项条款,以保证购销双方的合法经济利益。

通过分析销售合同执行情况,可以全面说明企业报告期内销售工作的质量。销售合同执行情况分析包括日常分析和经常分析两个方面。日常分析主要是查明企业是否对每一合同按品种、规格、质量、批量、期限全面履行其合同义务,保证满足对方需求。分析所依据的资料是合同执行情况登记簿,其按产品名称、型号、规格设置账页,登记合同编号、订货单位、计划发货期和数量、工作令号、实际发货期和数量等。据此检查合同的执行情况,发货的及时性,发货的数量、质量,货款的结算等是否符合合同条款;了解企业对违反合同现象的处理,所承担的经济责任是否合理。对于尚未到期的合同,应结合生产的库存情况,研究企业能否按期发出商品,如果发现问题,则应及时采取相应措施。

经常分析销售合同的执行情况,可以计算合同数量完成率、合同任务交货率和合同任务按期交货率等指标。其计算公式如下:

合同数量完成率 = 实际完成合同份数 / 签订合同份数 × 100%

合同任务交货率 = 产品合同累计交货数 / 产品合同累计订货数 × 100%

合同任务按期交货率 = (产品合同累计交货数 - 补交累计数 - 本期预交数) / 产品合同累计订货数 × 100%

上述两个交货率指标的计算公式,应根据分析目的选定。其内容可按当期数字计算,也可按累计数字计算;可分产品计算,也可就全部产品计算;可用实物单位计算,也可用货币单位计算;等等。同时,还应注意计算交货率时要保持子项与母项在时期上的一致性。

上述指标值越大,说明企业销售合同执行状况越好。为了考察企业在履行合同方面的变化趋势和改进情况,我们可用这些指标的实际数同上期数、上年同期数进行动态对比分析。

另外,企业售后管理通常需要对售后反映的产品质量情况进行分析。企业生产的产品的总体要求是物美价廉、质量优良,但有些产品的质量问题要在售后企业通过各种渠道和形式主动收集用户对产品的意见与要求(如对产品的功能、设计、商标、包装、服务、价格的反馈及用户的购买动机等)时才能获得。在分析时,企业要查明售后服务费用发生情况,并结合销售信息反馈以及产品退换、返修情况,分析市场变化,提出建议,采取措施,改进经营管理,提高产品质量,以减少这方面的支出。

(二)成本分析

1. 产品的数量影响分析

成本与产量有着极为紧密的依存关系。一般说来,由于材料消耗的节约、设备利用效率的提高、企业经营管理的改善和工人劳动生产率的提高等,企业经营产品的产量常常会大幅增加。产量的任何变动必然引起成本的相应变动,其中变动成本总额将随着产量的增加(减少)而上升(下降),单位产品固定成本份额将随着产量的增加(减少)而下降(上升)。

一般说来,随着某产品产量的不断增加,总成本不断上升,单位产品成本不断下降。其中,总成本的上升趋势是基本稳定的,单位产品成本的下降趋势却有明显变化。这种变化的大体情况是:在产量增加的初始阶段,单位产品成本曲线下降的速度较快(幅度较大);而在产量增加到一定水平后,单位产品成本曲线下降的速度较慢(幅度较小)。也就是说,当产量处于较低水平时,因增加产量而导致单位产品成本下降的幅度较大,效果明显;而当产量处于较高水平时,增加产量虽然也可以使单位产品成本有所下降,但下降幅度很小,效果不明显。

2. 产品的质量影响分析

产品质量变动是影响产品成本变动的重要因素。一般说来,产品质量变动对产品成本变动的影响可以从产品质量等级系数角度进行说明。

在产品生产过程中,即使采用同样的材料加工,往往也会生产出不同质量等级的产品。所谓产品等级系数,就是指不同等级的产品统一换算为一等品的有效产量;产品等级系数越高,意味着统一换算为一等品的有效产量越多,因而产品成本越低。

3. 产品的经济技术指标影响分析

产品成本的变动在很大程度上取决于有关经济技术指标(如成品率、原材料配比、加工时间、设备台时产量等)的变动。在产品实际生产过程中,有关经济技术指标变动对产品成本变动的影响是同产品产量的变动联系在一起的。这是因为经济技术指标的某种变动必然引起有关产品产量的相应增减;而产品产量的一定增减又会促使产品成本发生相应的升降。为此,企业根据经营管理工作的需要,从经济技术指标同产量、成本之间的关联情况出发,有针对性地改良技术装备、改善工艺过程或采用新材料、新能源等,可以进一步增加产量、降低成本,不断提高经济效益。

除上述各点外,材料及能源消耗状况、劳动生产率等的变动,也是影响产品成本变动的重要因素。因此,在预测企业未来一定期间有关产品成本变动时,必须采用适当的方法确定它们对产品成本变动的影响程度,为正确地进行成本预测提供科学依据。

二、外部报表使用者角度

外部报表使用者主要关注营业收入和利润等项目。

（一）营业收入分析

1. 营业收入的确认及组成

通常情况下,企业在会计报表附注中说明收入确认原则,《企业会计准则第14号——收入》规定：

收入,是指企业在日常活动中形成的、会导致所有者权益增加的、与所有者投入资本无关的经济利益的总流入。企业应当在履行了合同中的履约义务,即在客户取得相关商品控制权时确认收入。取得相关商品控制权,是指能够主导该商品的使用并从中获得几乎全部的经济利益。

当企业与客户之间的合同同时满足下列条件时,企业应当在客户取得相关商品控制权时确认收入：

（1）合同各方已批准该合同并承诺将履行各自义务；

（2）该合同明确了合同各方与所转让商品或提供劳务相关的权利和义务；

（3）该合同有明确的与所转让商品相关的支付条款；

（4）该合同具有商业实质,即履行该合同将改变企业未来现金流量的风险、时间分布或金额；

（5）企业因向客户转让商品而有权取得的对价很可能收回。

营业收入包括主营业务收入和其他业务收入。主营业务收入是指企业经常性的、主要业务所产生的收入。如制造业企业的销售产品、半成品和提供工业性劳务作业的收入；商品流通企业的销售商品收入；旅游服务业企业的门票收入、客户收入、营业收入、餐饮收入等。主营业务收入在企业收入中所占的比重较大,它对企业的经济效益有着举足轻重的影响。其他业务收入是指除上述主营业务收入之外的其他业务收入,包括材料销售、外购商品销售、废旧物资销售、下脚料销售收入,提供劳务作业收入,房地产开发收入,咨询收入,担保收入等。其他业务收入在企业收入中所占的比重较小。

2. 营业收入的具体分析

在对企业的营业收入进行分析时,应从以下几个方面入手：

（1）企业营业收入的品种构成。企业大多从事多种商品或劳务的经营活动。在从事多品种经营的条件下,企业不同品种的商品或劳务的营业收入构成对信息使用者有着十分重要的意义:占总收入比重大的商品或劳务是企业过去业绩的主要增长点。此外,信息使用者还可以通过对体现企业过去主要业绩的商品或劳务的未来发展趋势进行分析,从而判断企业的未来发展前景。

（2）企业营业收入的地区构成。在企业为不同地区提供商品或劳务的情况下,企业在不同地区的商品或劳务的营业收入构成对信息使用者也具有重要价值:占总收入比重大的地区是企业过去业绩的主要增长点。从消费者的心理与行为表现来看,不同地区的消费者对不同品牌的商品具有不同的偏好。不同地区的市场潜力在很大程度上制约着企业的未来发展。

（3）与关联方交易的收入在总收入中所占的比重。在企业形成集团化经营的条件下，集团内各个子公司之间就有可能发生关联方交易。由于关联方之间的联系密切，关联方之间有可能为了"包装"某个公司的业绩而人为地制造一些业务。当然，关联方之间的交易也有企业间正常交易的成分。但是，信息使用者必须关注以关联方交易为主体形成的营业收入在交易价格、交易实现时间等方面的非市场化因素。

（二）营业利润分析

营业利润反映的是企业除营业外收支之外的日常生产经营活动形成的净损益，即：

$$\begin{aligned}营业利润 = &营业收入 - 营业成本 - 税金及附加 - 销售费用 - 管理费用 - \\ &研发费用 - 财务费用 - 资产减值损失 - 信用减值损失 + 其他收益 + \\ &投资收益(损失为"-"号) + 净敞口套期收益(损失为"-"号) + \\ &公允价值变动收益(损失为"-"号) + 资产处置收益(损失为"-"号)\end{aligned}$$

当企业营业利润较大时，通常认为该企业经营管理水平较高，经营效果良好。但在分析中，应注意如下问题：①因为营业利润也包括其他业务利润，所以企业多元化经营、多种经营业务开展得较好时，其他业务利润会弥补主营业务利润低的缺陷。如果企业其他业务利润长期高于主营业务利润，则企业应适当考虑产业结构调整问题。②其他业务利润是用来发展主营业务，还是用于非生产经营性消费（如购买小汽车、高档装修），如果是前者，那么企业的盈利能力会越来越强；如果是后者，那么企业会缺乏长远盈利能力。

当企业营业利润较小时，应着重分析主营业务利润的大小、多种经营的开展情况和期间费用的高低。如果企业主营业务利润和其他业务利润均较大，但期间费用较高，则也会使得营业利润较小。这就要重点分析销售费用、管理费用、研发费用和财务费用，分析三项费用的构成，找出三项费用居高的原因，并严格控制和管理，通过降低费用提高营业利润。

实际上营业利润反映的是当期经营过程中所产生的正常利润，企业营业利润的多少代表了企业总体经营管理水平和效果，通常营业利润越大的企业效益越好。下面对影响营业利润的因素进行具体介绍。

1. 营业成本

营业成本是指与营业收入相关的、已经确定归属期和归属对象的成本。在不同类型的企业里，营业成本有不同的表现形式。在制造业或工业企业，营业成本表现为已售产品的生产成本；在商品流通企业，营业成本表现为已售商品成本。工业企业产品销售成本是指已售产品的实际生产成本，它是根据已售产品的数量和产品实际单位成本计算出来的。

2. 税金及附加

税金及附加是指企业日常生产经营活动应负担的税金及附加，具体包括消费税、城市维护建设税、资源税、教育费附加等。其中，消费税是对在我国境内生产、委托加工和进口规定的烟、酒、化妆品等应税消费品的单位和个人征收的一种税。消费税根据不同的应税消费品以固定的比例税率或定额税率来计算。城市维护建设税是国家对缴纳增值税、消费税的单位和个人以其实际缴纳的"流转税"金额为计税依据而征收的一种税。资源税是国家对在我国境内开采矿产品或生产盐的单位和个人征收的一种税。资源税的应纳税额一一般按照应税产品的课税数量和规定的单位税额计算。教育费附加是为了加快发展地方教育事业、扩大地方教育经费的资金来源而征收的一种税。它以各纳税单位和个人实缴的增值税、消费税税额为计税依据，按规定的附加率计征。

3. 期间费用

期间费用是指不受企业产品产量或商品销量增减变动影响，不能直接或间接归属于某个特定对象的各种费用。这些费用容易确定其发生期间和归属期间，但很难判别其归属对象，因而在发生当期应从损益中扣除。通常情况下，期间费用分为销售费用、管理费用、研发费用和财务费用。

销售费用是指企业为了销售商品而发生的费用。一般包括：应由企业负担的运输费、装卸费、包装费、保险费、展览费、广告费、租赁费(不包括融资租赁费用)，以及为销售本企业商品而专设销售机构的职工工资、福利费等经常性费用。销售费用是一项期间费用，在报告期末要全部结转以计算本期损益。

管理费用是指企业行政管理部门为管理和组织企业生产经营活动而发生的各项费用支出，一般包括由企业统一负担的管理人员工资及福利费、劳动保险费、职工待业保险费、业务招待费、董事会会费、工会经费、职工教育经费、咨询费、诉讼费、商标注册费、技术转让费、排污费、矿产资源补偿费、聘请中介机构费、无形资产摊销、修理费、开办费摊销和审计费等。

研发费用反映企业进行研究与开发过程中发生的费用化支出，以及计入管理费用的自行开发无形资产的摊销。

财务费用是指企业资金筹集和运用中发生的各项费用。其内容主要包括：企业生产经营期间发生的利息支出(减利息收入)、汇兑损失(减汇兑收益)、金融机构手续费以及筹资发生的其他财务费用等。在利润表上，"财务费用"项目所反映的是利息收入、利息支出以及汇兑损失的净额，因而其数值可能为正，也可能为负。如果是正数，则表明为利息、融资净支出；如果为负数，则表明为利息、融资净收入。

4. 其他损益调整项目

(1) 其他收益，反映企业收到的与企业日常活动相关的政府补助。

(2) 投资收益，反映企业以各种方式对外投资所取得的收益。

(3) 净敞口套期收益，反映净敞口套期下被套期项目累计公允价值变动转入当期损益的金额或现金流量套期储备转入当期损益的金额。

(4) 公允价值变动收益，反映企业应当计入当期损益的资产或负债公允价值变动收益。

(5) 资产处置收益，反映企业出售划分为持有待售的非流动资产(金融工具、长期股权投资和投资性房地产除外)或处置组(子公司和业务除外)时确认的处置利得或损失，以及处置未划分为持有待售的固定资产、在建工程、生产性生物资产及无形资产而产生的处置利得或损失。债务重组中因处置非流动资产(金融工具、长期股权投资和投资性房地产除外)产生的利得或损失和非货币性资产交换中换出非流动资产(金融工具、长期股权投资和投资性房地产除外)产生的利得或损失也属于资产处置损益。

(三) 利润总额分析

利润总额是指企业在生产经营过程中各种收入扣除各种耗费后的盈余，包括上述正常经营活动形成的营业利润和非正常利润。非正常利润是与企业生产经营活动无关事项所

引起的盈亏,包括自然灾害损失、罚款支出和滞纳金支出等与生产经营活动无关的项目。利润总额的计算公式为:

$$利润总额 = 营业利润 + 营业外收入 - 营业外支出$$

营业外收入是指企业发生的与企业日常生产经营活动没有直接关系的各项利得,是企业财务成果的组成部分,主要包括企业合并损益、盘盈利得、出于债权人原因确实无法支付的应付款项、与企业日常活动无关的政府补助、教育费附加返还款、罚款收入、捐赠利得等。

营业外支出是指企业发生的与企业日常生产经营活动没有直接关系的各项支出,主要包括非货币性资产交换损失、债务重组损失、公益性捐赠支出、非常损失、盘亏损失等。

利润总额是衡量企业经营业绩的一项十分重要的经济指标。当利润总额为负时,企业一年经营下来,其收入还抵不上成本开支及应缴的相关税费,这就是通常所说的企业发生亏损。当利润总额为零时,企业一年的收入正好与支出相等,企业经营不亏不赚,这就是通常所说的盈亏平衡。当利润总额大于零时,企业一年的收入大于支出,这就是通常所说的企业盈利。

(四)净利润分析

净利润是指在利润总额中按规定减除所得税费用后企业的利润留存,一般也称税后利润或净收益。净利润的计算公式为:

$$净利润 = 利润总额 - 所得税费用$$

净利润的多寡取决于两个因素,一是利润总额,二是所得税费用。企业的所得税税率都是法定的,所得税税率越高,净利润就越少。所得税是指企业在会计期间发生的利润总额,经调整后按照国家税法规定的比率计算缴纳的税款。应交所得税的计算基础虽然是利润总额,但并非简单地根据利润总额乘以相应的所得税税率计算得出。在很多情况下,利润总额并不等于应纳税所得额,造成两者差异的根本原因在于存在许多纳税调整项目。

净利润是一项非常重要的经济指标。对于企业的投资者来说,净利润是衡量投资回报的基本因素;对于企业管理者来说,净利润是进行经营管理决策的基础。同时,净利润也是评价企业盈利能力、管理绩效以及偿债能力的一个基本工具,是一个反映和分析企业多方面情况的综合指标。净利润还是一个衡量企业经营效益的主要指标,净利润多,企业的经营效益就好;净利润少,企业的经营效益就差。

能力训练

一、任务内容

任务目标:掌握利润表项目分析方法。

(一)案例资料

依据引导案例资料。

(二)要求

根据贵州茅台酒股份有限公司的数据,计算该公司2020—2022年利润表主要项目的环比变化情况,并分析其盈利能力。利润表主要项目的环比变化情况表如表7-2所示。

表 7-2 利润表主要项目的环比变化情况表

项目	2022 年	2021 年	2020 年
营业总收入			
其中:营业收入			
营业总成本			
其中:营业成本			
税金及附加			
销售费用			
管理费用			
财务费用			
其中:利息收入			
营业利润			
利润总额			
减:所得税费用			
净利润			
每股收益			

二、任务分工

工作任务分配及完成计划如表 7-3 所示。

表 7-3 工作任务分配及完成计划

工作任务编号		工作任务名称	
班级		组长	
组别		组员	
明确本次工作任务重点			
工作任务分配	组长： 组员 1： 组员 2： 组员 3： 组员 4： 组员 5： ……		
工作任务完成计划 （行动方案）	第一步： 第二步： 第三步：		
工作任务完成时间			
组长			签名：

注：此表由组长填制，并与工作任务完成纸质材料一同装订。

三、任务实施

任务实施

任务实施步骤详见左侧二维码。

四、任务总结

工作任务完成后将分组的总结与感受分别填写到表 7-4 和表 7-5 中。

表 7-4 工作任务完成总结

工作任务编号		工作任务名称	
班级		组长	
组别		组员	
完成工作任务过程中存在的问题或困惑			
完成工作任务心得			
组长			签名：

表 7-5 工作任务完成的结果评价

组别	正确率	排名	完成工作任务感受	是否提升了工作能力？
1				
2				
3				
4				
5				
6				

任务二 利润表结构分析

相关知识

结构分析是会计报表常用的一种技术分析方法，它主要以会计报表中的某个总体指标为100%，计算出个体指标占总体指标的百分比，再比较每项个体指标百分比的增减变动情况，以此判断有关财务指标变动趋势及变化规律。利润表结构分析主要包括收入结构分析、成本费用结构分析和利润结构分析。

一、收入结构分析

收入结构分析包括销售结构分析和收入来源结构分析两部分。

（一）销售结构分析

销售结构是指每一种产品的销售额在总销售额中所占的比重，该指标可用来观察企业的经营模式、经营战略和经营风险。若企业每一种产品的销售比重很小或相差无几，则说明企业多元化经营程度较高;若企业某一产品的销售比重较大,则说明企业专业化经营程度较高。多元化经营是与专业化经营相对应的企业经营战略,而专业化经营又是多元化经营的基础。企业在开始采用多元化发展战略时,需要主营业务提供雄厚实力和稳定保障来支持,这不仅是企业多元化发展的前提,更是企业避免因多元化的风险而遭受灭顶之灾的客观要求。如果主营业务已经陷入困境,欲用多元化使企业摆脱困境,则企业不仅缺乏足够的资源在新领域内建立新的优势,甚至会使原来的经营领域受到连累而危及企业的生存。企业应通过保持和扩大自己所熟悉与擅长的主营业务,尽力提高市场占有率以求规模经济效益最大化,把增强企业的核心竞争力作为首要目标。

（二）收入来源结构分析

企业取得收入的途径有两个:一是在主业中取得的经常性收入,包括主营业务收入和其他业务收入,经常性收入具有可持续性、可再生性及稳定性;二是在非营业活动中取得的非经常性收入,包括营业外收入、投资损益、补贴收入等,非经常性收入具有偶然性、间断性。因此,通过分析经常性收入与非经常性收入在总收入中所占的比重,我们就可以评价企业的经营风险和可持续发展能力。经常性收入比重越大,说明非经常性收入比重越小,企业可持续发展能力越强,经营风险越小。但在进行收入来源结构分析时,我们不仅要重视收入的数量,更要关注收入的质量。收入的本质是经济利益流入,而经济利益流入的主要形式就是现金的回收。因此,要判断企业收入的质量与有效性,还须结合现金流量表计算销售收现率,该指标可反映企业销售商品所获取的变现收益水平。该指标值越大,说明企业货款回笼越及时,坏账发生的可能性越小,收入质量越高。营业收入是企业创造利润的核心,最具有未来的可持续性,如果企业的利润总额绝大部分来自营业收入,则企业的利润质量较高。

二、成本费用结构分析

成本费用结构分析包括总成本费用结构分析、营业成本结构分析与期间费用结构分析。

（一）总成本费用结构分析

企业日常生产经营活动所发生的总成本费用主要包括营业成本、税金及附加和期间费用等,总成本费用结构分析就是分析各项成本费用占总成本费用的比重,其计算公式如下:

营业成本(税金及附加、期间费用)占总成本费用的比重

＝营业成本(税金及附加、期间费用)／总成本费用×100%

上述指标之间的关系可反映出企业正常运营支出的结构情况,也在一定程度上反映出企业的产品生产特点。如果营业成本占总成本费用的比重较大,则说明企业的产品生产成本占用了企业运营的大部分资源,对企业生产成本(直接材料、直接人工和制造费用等成本项目)的进一步分析可以找出降低企业生产成本的途径。

（二）营业成本结构分析

营业成本在企业总成本费用中占绝大部分,它包括材料成本、人工成本和制造费用。不同的成本项目,其习性和控制方法也不同。企业主要靠改进和创新工艺技术、使用熟练工等途径来降低营业成本,企业可通过弹性预算来控制成本水平。因此,通过营业成本结

构分析,企业就能找准成本控制的方向、重点及相应的成本控制方法。营业成本结构分析指标主要有营业成本与总成本费用比、期间费用与总成本费用比、营业成本材料费用率、营业成本人工费用率、营业成本制造费用率等。

(三) 期间费用结构分析

企业正常生产经营过程中发生的期间费用包括销售费用、管理费用及研发费用和财务费用等。各项期间费用占期间费用的比重计算公式如下:

销售费用(管理费用及研发费用、财务费用)占期间费用的比重
= 销售费用(管理费用及研发费用、财务费用)/ 期间费用 × 100%

其中,在对销售费用占期间费用的比重进行分析时,可以结合销售费用占营业收入的比重分析。该指标在一定程度上可以反映企业所处行业的市场竞争情况。在市场竞争激烈的情况下,企业通常会加大对产品销售的投入,这必然导致销售费用的增加,从而使该指标值明显高于其他行业数据。

管理费用及研发费用占期间费用的比重反映的是企业行政管理部门为组织和管理生产经营活动而发生的各项费用占期间费用的比重。管理费用及研发费用属于期间费用,在发生的当期就计入当期损益。对管理费用构成的进一步分析有助于降低企业运营成本。

财务费用占期间费用的比重反映的是企业筹资活动的代价占期间费用的比重。该指标通常与产品的生产经营过程没有太大的关系,主要取决于企业的资本结构。企业资金来源中有息负债越多,则企业的利息支出越多,相应的企业的财务费用就越多。

三、利润结构分析

正常分析企业盈利不仅要看企业是否盈利,还要分析盈利结构是否合理。盈利结构通常表现为各盈利项目占总收益的比重,盈利项目的不同占比对企业盈利能力的作用和影响程度各不相同。我们可以通过计算营业利润占利润总额的比重来评价企业的盈利能力和经营风险。其计算公式如下:

营业利润占利润总额的比重 = 营业利润 / 利润总额 × 100%

非经常性损益占比越大,营业利润占比就越小,企业盈利能力就越差,经营风险就越高。

如果要对营业利润做更可靠的质量分析,就应将资产处置收益、公允价值变动收益、净敞口套期收益及投资收益等其他损益调整项目对营业利润的影响剔除。

企业利润形成过程分为主营业务利润、营业利润、利润总额和净利润。从盈利结构来看,主营业务利润反映的是企业主营业务活动的获利水平,是企业主要的利润来源,是企业盈利的关键因素。企业主营业务经营的好坏,具体表现为企业主营业务利润的高低。企业主营业务利润占利润总额的比重越大,说明在一定时期内企业主营业务经营能力越强,企业盈利水平和发展能力越稳定。营业利润是企业重要的利润来源,它不仅包括主营业务利润、其他业务利润,还减去销售费用、管理费用及研发费用和财务费用等期间费用,能够反映企业整体生产经营活动的获利水平。利润总额和净利润反映的是企业最终获利水平,体现了企业整体盈利能力。因此,对企业盈利结构的分析,要了解不同的盈利项目对企业盈利能力的影响及其各自的影响程度。企业盈利结构类型分析如表7-6所示。

表 7-6　企业盈利结构类型分析

项目	Ⅰ	Ⅱ	Ⅲ	Ⅳ	Ⅴ	Ⅵ	Ⅶ
主营业务利润	+	+	+	+	−	−	−
营业利润	+	+	−	−	+	−	−
利润总额	+	−	+	−	+	+	−
净利润	+	−	+	−	+	+	−
状态	理想状况	存在隐患	暂时现象	困境迹象	困境征兆	面临困境	陷入困境

从表 7-6 可见，企业盈利结构大体可分为七种类型。前四种类型的特点是主营业务盈利，后三种类型的特点是主营业务亏损。具体分析如下：

（1）在Ⅰ种类型下，企业的各项利润都是正数，说明企业的盈利结构是合理的；如果主营业务利润非常大，这就是一种理想状态。在这种状态下，企业主营业务突出，具有竞争优势，实现盈利的基础是稳定的，并具有持续性。

（2）在Ⅱ种类型下，企业的主营业务利润和营业利润是正数，利润总额和净利润是负数，说明企业盈利结构不合理。企业亏损的主要原因是营业外支出等非营业损失较大，营业利润不足以抵补。但是非营业损失一般具有偶然性的特点，所形成的损失不会持久。只要企业保持主营业务利润持续，当形成非营业损失的因素消除时，企业就会恢复到正常的盈利状态。

（3）在Ⅲ种类型下，尽管从总体上看企业仍然盈利，但是营业利润为负数，说明企业期间费用过高，主营业务利润和其他业务利润不足以抵补期间费用。企业依靠非营业利润维持的整体盈利是难以持久的。一旦非营业利润减少，企业就会发生亏损，甚至陷入财务困境。因此，企业需要分析期间费用增大的原因，加强对期间费用的控制。

（4）在Ⅳ种类型下，企业营业利润、利润总额和净利润均为负数，财务困境特征已经显现出来。这种状态说明企业不但期间费用失去控制，而且主营业务单一，竞争力有限，主营业务利润率偏低。这种状态一旦持续下去，企业就会陷入困境。如何扩展经营业务，控制期间费用成为企业当务之急。

（5）在Ⅴ种类型下，企业营业利润、利润总额和净利润均为正数，但作为企业利润主要来源的主营业务利润为负数，这种状态是很不正常的。一个主营业务没有竞争力的盈利企业是没有发展前途的，依靠非主营业务形成的利润也不具有持续性。因此，企业必须调整经营战略，改变现状，否则，企业就会陷入困境。

（6）在Ⅵ种类型下，企业主营业务利润和营业利润为负数，利润总额和净利润为正数，表面上企业还能保持盈利，但其正常业务受损，实质上已经面临财务困境。如果不及时调整，企业很快就会发生整体亏损。

（7）在Ⅶ种类型下，企业的各项利润均为负数，说明企业盈利能力极度削弱，陷入财务困境。单纯依靠企业自身力量很难摆脱困境状态，只有借助外部力量，才能彻底改变企业财务困境。

由上述分析可见，企业的盈利结构与是否陷入财务困境关系密切。良好且稳定的盈利结构是企业健康发展的基础，不稳定的盈利结构是企业陷入财务困境的重要表现。

能力训练

一、任务内容

任务目标:掌握利润表结构分析方法。

(一) 案例资料

江苏恒瑞医药股份有限公司 2021—2022 年利润表数据如表 7-7 所示。

表 7-7　利润表　　　　　　　　　　　　　　　　　　　　　　　　单位:元

项目	2022 年度	2021 年度	2020 年度
一、营业总收入	21 275 270 681.52	25 905 526 375.80	27 734 598 747.82
其中:营业收入	21 275 270 681.52	25 905 526 375.80	27 734 598 747.82
二、营业总成本	17 747 084 300.60	21 792 968 500.97	21 282 046 300.49
其中:营业成本	3 486 638 890.09	3 741 798 550.11	3 348 689 669.44
税金及附加	190 388 735.65	201 805 370.45	256 959 458.75
销售费用	7 347 893 145.32	9 383 708 325.27	9 802 524 140.33
管理费用	2 306 477 951.60	2 860 306 640.49	3 066 658 322.14
研发费用	4 886 552 651.32	5 943 306 005.11	4 988 958 232.35
财务费用	-470 867 073.38	-337 956 390.46	-181 743 522.52
其中:利息费用	6 491 852.72	4 710 237.03	—
利息收入	385 275 275.77	367 462 517.94	290 274 724.93
资产减值损失	146 684 220.61	13 861 067.67	7 278 314.87
信用减值损失	26 284 422.21	-4 045 555.26	6 695 834.55
加:其他收益	287 401 388.30	309 036 020.34	207 589 043.32
投资收益(损失以"-"号填列)	387 364 612.91	213 433 866.66	341 424 519.49
其中:对联营企业和合营企业的投资收益	-62 995 502.99	-6 940 071.40	—
公允价值变动收益(损失以"-"号填列)	76 502 527.08	36 232 636.19	16 496 999.80
资产处置收益(损失以"-"号填列)	5 473 705.52	3 371 242.11	2 983 443.07
三、营业利润(亏损以"-"号填列)	4 111 959 971.91	4 664 816 127.72	7 007 072 303.59
加:营业外收入	2 081 701.57	2 222 921.69	1 069 042.17
减:营业外支出	145 549 554.63	200 730 259.49	112 661 350.47
四、利润总额(亏损总额以"-"号填列)	3 968 492 118.85	4 466 308 789.92	6 895 479 995.29
减:所得税费用	153 421 215.81	-17 718 094.01	586 586 866.59
五、净利润(净亏损以"-"号填列)	3 815 070 903.04	4 484 026 883.93	6 308 893 128.70

（二）要求

1. 对该公司 2020—2022 年利润表进行纵向结构分析，填写表 7-8；
2. 对该公司 2020—2022 年利润表进行横向结构分析，填写表 7-9。

表 7-8　纵向结构分析表

项目	2022 年度		2021 年度		2020 年度	
	金额（元）	占比	金额（元）	占比	金额（元）	占比
一、营业总收入	21 275 270 681.52		25 905 526 375.80		27 734 598 747.82	
其中：营业收入	21 275 270 681.52		25 905 526 375.80		27 734 598 747.82	
二、营业总成本	17 747 084 300.60		21 792 968 500.97		21 282 046 300.49	
其中：营业成本	3 486 638 890.09		3 741 798 550.11		3 348 689 669.44	
税金及附加	190 388 735.65		201 805 370.45		256 959 458.75	
销售费用	7 347 893 145.32		9 383 708 325.27		9 802 524 140.33	
管理费用	2 306 477 951.60		2 860 306 640.49		3 066 658 322.14	
研发费用	4 886 552 651.32		5 943 306 005.11		4 988 958 232.35	
财务费用	−470 867 073.38		−337 956 390.46		−181 743 522.52	
其中：利息费用	6 491 852.72		4 710 237.03		—	
利息收入	385 275 275.77		367 462 517.94		290 274 724.93	
资产减值损失	146 684 220.61		13 861 067.67		7 278 314.87	
信用减值损失	26 284 422.21		−4 045 555.26		6 695 834.55	
加：其他收益	287 401 388.30		309 036 020.34		207 589 043.32	
投资收益（损失以"−"号填列）	387 364 612.91		213 433 866.66		341 424 519.49	
其中：对联营企业和合营企业的投资收益	−62 995 502.99		−6 940 071.40		—	
公允价值变动收益（损失以"−"号填列）	76 502 527.08		36 232 636.19		16 496 999.80	
资产处置收益（损失以"−"号填列）	5 473 705.52		3 371 242.11		2 983 443.07	
三、营业利润（亏损以"−"号填列）	4 111 959 971.91		4 664 816 127.72		7 007 072 303.59	
加：营业外收入	2 081 701.57		2 222 921.69		1 069 042.17	

（续表）

项目	2022 年度		2021 年度		2020 年度	
	金额（元）	占比	金额（元）	占比	金额（元）	占比
减：营业外支出	145 549 554.63		200 730 259.49		112 661 350.47	
四、利润总额（亏损总额以"-"号填列）	3 968 492 118.85		4 466 308 789.92		6 895 479 995.29	
减：所得税费用	153 421 215.81		-17 718 094.01		586 586 866.59	
五、净利润（净亏损以"-"号填列）	3 815 070 903.04		4 484 026 883.93		6 308 893 128.70	

表 7-9　横向结构分析表

项目	2022 年度			2021 年度			2020 年度
	金额（元）	变动额（元）	变动幅度	金额（元）	变动额（元）	变动幅度	金额（元）
一、营业总收入	21 275 270 681.52			25 905 526 375.80			27 734 598 747.82
其中：营业收入	21 275 270 681.52			25 905 526 375.80			27 734 598 747.82
二、营业总成本	17 747 084 300.60			21 792 968 500.97			21 282 046 300.49
其中：营业成本	3 486 638 890.09			3 741 798 550.11			3 348 689 669.44
税金及附加	190 388 735.65			201 805 370.45			256 959 458.75
销售费用	7 347 893 145.32			9 383 708 325.27			9 802 524 140.33
管理费用	2 306 477 951.60			2 860 306 640.49			3 066 658 322.14
研发费用	4 886 552 651.32			5 943 306 005.11			4 988 958 232.35
财务费用	-470 867 073.38			-337 956 390.46			-181 743 522.52
其中：利息费用	6 491 852.72			4 710 237.03			—
利息收入	385 275 275.77			367 462 517.94			290 274 724.93
资产减值损失	146 684 220.61			13 861 067.67			7 278 314.87
信用减值损失	26 284 422.21			-4 045 555.26			6 695 834.55
加：其他收益	287 401 388.30			309 036 020.34			207 589 043.32
投资收益（损失以"-"号填列）	387 364 612.91			213 433 866.66			341 424 519.49
其中：对联营企业和合营企业的投资收益	-62 995 502.99			-6 940 071.40			—

(续表)

项目	2022 年度			2021 年度			2020 年度 金额(元)
	金额(元)	变动额(元)	变动幅度	金额(元)	变动额(元)	变动幅度	
公允价值变动收益（损失以"-"号填列）	76 502 527.08			36 232 636.19			16 496 999.80
资产处置收益（损失以"-"号填列）	5 473 705.52			3 371 242.11			2 983 443.07
三、营业利润（亏损以"-"号填列）	4 111 959 971.91			4 664 816 127.72			7 007 072 303.59
加：营业外收入	2 081 701.57			2 222 921.69			1 069 042.17
减：营业外支出	145 549 554.63			200 730 259.49			112 661 350.47
四、利润总额（亏损总额以"-"号填列）	3 968 492 118.85			4 466 308 789.92			6 895 479 995.29
减：所得税费用	153 421 215.81			-17 718 094.01			586 586 866.59
五、净利润（净亏损以"-"号填列）	3 815 070 903.04			4 484 026 883.93			6 308 893 128.70

二、任务分工

工作任务分配及完成计划如表 7-10 所示。

表 7-10 工作任务分配及完成计划

工作任务编号		工作任务名称	
班级		组长	
组别		组员	
明确本次工作任务重点			
工作任务分配	组长： 组员 1： 组员 2： 组员 3： 组员 4： 组员 5： ……		
工作任务完成计划（行动方案）	第一步： 第二步： 第三步：		

(续表)

工作任务完成时间	
组长	签名：

注：此表由组长填制，并与工作任务完成纸质材料一同装订。

三、任务实施

任务实施

任务实施步骤详见左侧二维码。

四、任务总结

工作任务完成后将分组的总结与感受分别填写到表 7-11 和表 7-12 中。

表 7-11 工作任务完成总结

工作任务编号		工作任务名称	
班级		组长	
组别		组员	
完成工作任务过程中存在的问题或困惑			
完成工作任务心得			
组长			签名：

表 7-12 工作任务完成的结果评价

组别	正确率	排名	完成工作任务感受	是否提升了工作能力？
1				
2				
3				
4				
5				
6				

任务三 利润表比率分析

相关知识

根据利润表的相关数据，我们可以计算出反映企业盈利能力的一些指标，如营业收入利润率、成本费用利润率等指标，结合资产负债表数据还可以计算出反映企业营运能力的相关指标，结合现金流量表数据则可以计算出反映企业收入或盈利质量的相关指标。

一、利润比率分析

利润表中的利润项目包括营业利润、利润总额及净利润。利润总额是在营业利润的基础上加减营业外收支得到的,而由于营业外收支通常是由各种偶发性的、非正常的交易或事项形成的,因此我们更关注利润表中营业利润和净利润项目的分析。营业利润率和净利润率的计算公式如下:

$$营业利润率(净利润率) = 营业利润(净利润) / 营业收入 \times 100\%$$

其中,营业利润率反映的是企业正常营业活动(除营业外收支外)的净损益,包含了资产处置净损益、公允价值变动净损益、投资净损益,是企业整体经营成果的反映。它表明企业通过生产经营获得利润的能力,该指标值越大,表明企业的盈利能力越强。营业利润是企业最基本营业活动的成果,也是企业一定时期内所获利润中最主要、最稳定的来源。

净利润率反映每 1 元营业收入带来的净利润是多少,表示营业收入的收益水平。从指标关系来看,净利润与净利润率成正比关系,而营业收入与净利润率成反比关系。企业在增加营业收入的同时,必须相应地获得更多的净利润才能使净利润率保持不变或有所提高。分析净利润率的变动趋势,可以促进企业在扩大营业收入的同时,改进经营管理,提高收益水平。在分析该指标时应注意,营业收入包含主营业务收入和其他业务收入,利润的形成也并非都由营业收入产生,还受到营业外收支等因素的影响。若净利润受到大额的非常项目损益的影响,则在分析报告中应加以说明,金额不大的可以忽略不计。当然,利润主要来自营业收入才具有可持续性。净利润率是反映企业最终盈利能力的指标,该指标值越大,说明企业的盈利能力越强。但是它受行业特点影响较大,通常来说,越是资本密集程度高的企业,净利润率越高;反之,越是资本密集程度低的企业,净利润率越低。该指标分析应结合不同行业的具体情况进行。

二、成本费用利润率分析

(一) 总成本费用利润率

总成本费用利润率反映企业当期发生的所有成本费用所带来的收益是多少。其计算公式如下:

$$总成本费用利润率 = 利润总额 / 成本费用总额 \times 100\%$$

其中,成本费用总额包括营业成本、税金及附加、销售费用、管理费用、研发费用、财务费用。如果能够获得其他业务支出数据,则还应包括其他业务支出数据。

如果无法获得其他业务支出数据,计算公式也可以变为:

$$成本费用利润率 = 营业利润 / 成本费用总额 \times 100\%$$

需要指出的是,成本费用利润率中的利润应当指营业利润,而非利润总额。这是因为:

(1) 利润总额中除了包括营业利润,还包括营业外收入等非营业性收入。

(2) 成本费用利润率指标用于反映企业正常营业活动的获利能力,因此成本费用只包括与营业活动有关的成本及费用,即营业利润前发生的各类成本及费用。

基于上述原因,成本费用利润率指标中的利润应当指营业利润,而非利润总额。

除了从总成本费用角度考察利润情况,还可以计算营业成本利润率、期间费用利润率等指标。其计算公式如下：

$$营业成本利润率 = 营业利润／营业成本 \times 100\%$$

$$期间费用利润率 = 营业利润／期间费用 \times 100\%$$

（二）销售成本率

1. 销售成本率的内容

销售成本率是指销售成本与销售收入的比值，它反映每1元销售收入中收回垫支的成本是多少。其计算公式如下：

$$销售成本率 = \frac{营业成本}{营业收入} \times 100\%$$

[例7-1] C公司2024年度营业收入为1 000万元，营业成本为600万元。该公司销售成本率为：

$$销售成本率 = \frac{600}{1\,000} \times 100\%$$

$$= 60\%$$

2. 销售成本率分析

销售成本率无固定衡量标准，通常在有同类同种产品时可以相互比较；也可以将不同时期同一产品的销售成本率进行比较；考核一个企业销售成本率的高低通常是与行业平均水平（或最高水平）相比较。

三、盈利能力指标分析

结合资产负债表和现金流量表的数据，可以获得更多关于企业偿债能力、营运能力、盈利能力和收益质量方面的财务指标。本部分主要介绍盈利能力指标。

1. 利息保障倍数

利息保障倍数又称已获利息倍数（或者叫作企业利息支付能力比较容易理解），是企业生产经营所获得的息税前利润与利息费用的比值。它是衡量企业支付负债利息能力的指标（用以衡量偿付借款利息的能力）。企业利息保障倍数越大，说明企业支付利息费用的能力越强。因此，债权人要分析利息保障倍数指标，以此衡量债权的安全程度。其计算公式如下：

$$利息保障倍数 = \frac{息税前利润}{利息费用}$$

公式中：

$$息税前利润 = 净利润 + 所得税费用 + 利息费用$$

只要利息保障倍数足够大，企业就有充足的能力支付利息，反之则相反。利息保障倍数不仅反映了企业盈利能力的大小，而且反映了盈利能力对偿还到期债务的保证程度，它既是企业举债经营的前提依据，又是衡量企业长期偿债能力的重要指标。企业要维持正常偿债能力，利息保障倍数至少应大于1，且指标值越大，企业长期偿债能力越强。如果利息保障倍数过小，则企业将面临亏损、偿债的安全性与稳定性下降的风险。

[例7-2] D公司2024年度税后净利润为1 000万元，利息费用为200万元，所得税费

用为 250 万元。该公司利息保障倍数为：

$$利息保障倍数 = \frac{1\,000 + 200 + 250}{200} = 7.25$$

2. 总资产报酬率

总资产报酬率是企业一定时期内获得的利润总额与平均资产总额的比值。它反映的是企业包括净资产和负债在内的全部资产的总体获利能力，是评价企业资产运营效益的重要指标。其计算公式如下：

$$总资产报酬率 = \frac{利润总额}{平均资产总额} \times 100\%$$

[例 7-3] E 公司 2024 年度期初资产余额为 1 200 万元，期末资产余额为 1 800 万元；利润总额为 600 万元。该公司总资产报酬率为：

$$总资产报酬率 = \frac{600}{(1\,200 + 1\,800) \div 2} \times 100\%$$
$$= 40\%$$

企业的资产是由投资人投入或举债形成的。利润规模与企业的资产规模、资产结构、经营管理水平有着密切的关系。总资产报酬率表示企业全部资产获取收益的水平，全面反映了企业的获利能力和投入产出状况。对该指标的深入分析可以增强各方面对企业资产运营的关注，促进企业提高单位资产的收益水平。一般情况下，企业可将此指标与市场利率进行比较，如果该指标大于市场利率，则表明企业可以充分利用财务杠杆进行负债经营，获取尽可能多的收益。该指标值越大，表明企业投入产出水平越高，企业的资产运营越有效。

3. 净资产收益率

净资产收益率又称股东权益收益率，是净利润与平均股东权益的比值，该指标反映股东权益的收益水平，用以衡量企业运用自有资本的效率。该指标值越大，表明投资带来的收益越高。其计算公式如下：

$$净资产收益率 = \frac{净利润}{平均股东权益} \times 100\%$$

由于：

$$股东权益 = 总资产 - 负债 = 净资产$$

因此：

$$净资产收益率 = \frac{净利润}{平均净资产} \times 100\%$$

公式中的股东权益是指股份制公司股东对净资产的所有权。股份制公司的全部资产减去负债后的净资产属于股东权益，包括股本、资本公积、盈余公积和未分配利润。平均股东权益则指年初股东权益与年末股东权益的平均数。

[例 7-4] F 公司 2024 年度净利润为 800 万元，年初股东权益合计数为 3 600 万元，年末股东权益合计数为 4 400 万元。该公司净资产收益率为：

$$净资产收益率 = \frac{800}{(3\,600 + 4\,400) \div 2} \times 100\%$$
$$= 20\%$$

净资产收益率反映的是投资者投资的回报,因此要将该指标与银行存款利率相比较;净资产收益率还要与利润分配率相比较;净资产收益率分析要结合净利润的构成进行。

净资产收益率指标充分考虑了筹资方式对企业盈利能力的影响,因此它所反映的盈利能力是企业经营能力、财务决策和筹资方式等多种因素综合作用的结果。

能力训练

一、任务内容

任务目标:掌握利润表比率分析方法。

(一)案例资料

江苏恒瑞医药股份有限公司 2021—2022 年利润表、资产负债表数据如表 7-7、表 7-13 所示。

表 7-13 资产负债表　　　　　　　　　　　　　　　　　　单位:元

项目	2022 年 12 月 31 日	2021 年 12 月 31 日	2020 年 12 月 31 日
流动资产:			
货币资金	15 110 680 633.68	13 630 819 615.77	10 804 668 034.15
交易性金融资产	2 760 493 970.50	5 090 350 801.94	5 628 004 081.30
应收票据	502 790 602.73	1 081 031 081.78	—
应收账款	5 891 397 327.62	4 632 515 377.95	5 073 694 217.16
应收款项融资	1 947 283 306.23	1 170 380 436.17	3 102 029 708.53
预付款项	1 054 793 777.86	973 021 537.82	562 113 726.61
其他应收款	562 175 450.79	658 004 598.96	651 152 636.58
存货	2 450 574 758.45	2 402 673 360.01	1 778 057 205.65
其他流动资产	653 864 367.08	548 952 225.56	450 316 393.41
流动资产合计	30 934 054 194.94	30 187 749 035.96	28 050 036 003.39
非流动资产:			
长期股权投资	767 861 518.38	192 826 121.92	60 000 000.00
其他非流动金融资产	739 710 771.93	807 857 364.84	1 442 463 384.25
固定资产	5 383 158 419.88	4 462 870 398.58	3 280 173 663.32
在建工程	1 193 198 497.55	1 659 021 854.31	1 305 065 234.04
使用权资产	99 381 390.58	153 710 385.27	—
无形资产	519 895 053.15	442 454 193.33	341 252 853.55
开发支出	1 681 033 856.38	259 982 322.06	—
长期待摊费用	371 134 634.29	309 393 680.13	197 632 234.59

(单位:元)(续表)

项目	2022年12月31日	2021年12月31日	2020年12月31日
递延所得税资产	223 030 661.62	141 362 707.49	52 966 542.29
其他非流动资产	442 550 129.00	648 993 636.25	—
非流动资产合计	11 420 954 932.76	9 078 472 664.18	6 679 553 912.04
资产总计	42 355 009 127.70	39 266 221 700.14	34 729 589 915.43
流动负债:			
短期借款	1 260 943 473.97	—	—
应付票据	280 578 048.12	465 637 161.11	106 488 075.51
应付账款	1 486 970 552.11	1 787 140 113.91	1 326 246 399.44
合同负债	187 075 473.61	219 554 459.39	358 059 364.26
应付职工薪酬	10 920 363.98	47 352 856.57	370 616.76
应交税费	119 181 285.18	166 358 669.08	175 761 153.98
其他应付款	282 172 641.76	700 435 081.43	1 796 475 040.89
其他流动负债	11 377 763.91	15 054 112.90	8 192 415.86
流动负债合计	3 639 219 602.64	3 401 532 454.39	3 771 593 066.70
非流动负债:			
租赁负债	98 860 622.08	151 588 887.72	—
递延收益	119 440 000.00	116 520 000.00	141 238 264.13
递延所得税负债	84 332 759.81	24 772 430.71	29 756 646.05
非流动负债合计	302 633 381.89	292 881 318.43	170 994 910.18
负债合计	3 941 852 984.53	3 694 413 772.82	3 942 587 976.88
所有者权益(或股东权益):			
实收资本(或股本)	6 379 002 274.00	6 396 011 914.00	5 331 717 041.00
资本公积	3 020 238 194.01	3 356 184 541.33	3 142 826 431.22
减:库存股	398 027 855.55	664 935 177.00	1 495 092 677.35
其他综合收益	3 228 412.82	-12 159 390.38	-4 793 280.47
盈余公积	3 298 912 011.55	3 054 742 777.20	2 685 413 103.61
未分配利润	25 520 455 210.66	22 873 116 638.71	20 844 232 733.43
归属于母公司所有者权益(或股东权益)合计	37 823 808 247.49	35 002 961 303.86	30 504 303 351.44
少数股东权益	589 347 895.68	568 846 623.46	282 698 587.11
所有者权益(或股东权益)合计	38 413 156 143.17	35 571 807 927.32	30 787 001 938.55
负债和所有者权益(或股东权益)总计	42 355 009 127.70	39 266 221 700.14	34 729 589 915.43

(二) 要求

根据参考计算公式计算财务比率,填写表 7-14 并进行适当分析。

表 7-14 财务比率计算表

财务比率	参考计算公式	2022 年	2021 年	2020 年
销售毛利率	(营业收入-营业成本)/营业收入×100%			
销售成本率	营业成本/营业收入×100%			
营业利润率	营业利润/营业收入×100%			
销售利润率	利润总额/营业收入×100%			
销售净利率	净利润/营业收入×100%			
成本费用利润率	营业利润/成本费用总额(含营业成本、税金及附加、销售费用、管理费用、研发费用、财务费用)×100%			
利息保障倍数	(利润总额+利息费用)/利息费用			
资产息税前利润率	(利润总额+利息费用)/平均资产总额×100%			—
总资产报酬率	利润总额/平均资产总额×100%			—
总资产净利率	净利润/平均资产总额×100%			—
净资产收益率	净利润/平均净资产×100%			—

二、任务分工

工作任务分配及完成计划如表 7-15 所示。

表 7-15 工作任务分配及完成计划

工作任务编号		工作任务名称	
班级		组长	
组别		组员	
明确本次工作任务重点			
工作任务分配	组长: 组员 1: 组员 2: 组员 3: 组员 4: 组员 5: ……		

(续表)

工作任务完成计划 （行动方案）	第一步： 第二步： 第三步：
工作任务完成时间	
组长	签名：

注：此表由组长填制，并与工作任务完成纸质材料一同装订。

三、任务实施

任务实施步骤详见右侧二维码。

四、任务总结

工作任务完成后将分组的总结与感受分别填写到表 7-16 和表 7-17 中。

任务实施

表 7-16　工作任务完成总结

工作任务编号		工作任务名称	
班级		组长	
组别		组员	
完成工作任务过程中存在的问题或困惑			
完成工作任务心得			
组长			签名：

表 7-17　工作任务完成的结果评价

组别	正确率	排名	完成工作任务感受	是否提升了工作能力？
1				
2				
3				
4				
5				
6				

项目实训评价

1. 学生进行自我评价，并将结果填入学生技能自评表。学生技能自评表如表 7-18 所示。

表 7-18　学生技能自评表

项目七		利润表分析		
评价项目		评价标准	分值	得分
技能评价	利润表项目分析	能掌握利润表具体项目及其含义	10	
	利润表结构分析	能熟悉利润表结构分析的基本要求	10	
		能掌握利润表结构分析程序	10	
	利润表比率分析	能熟悉利润表比率分析的常用比率	20	
		能熟悉并运用利润表比率分析方法	20	
素质评价	工作态度	态度端正,无无故缺勤、迟到、早退现象	6	
	工作质量	能按计划完成工作任务	6	
	协调能力	与小组成员、同学之间能合作交流,协调工作	6	
	职业素质	能做到认真工作	6	
	创新意识	能运用所学开展工作	6	
合计			100	

2. 学生以小组为单位,对以上学习工作任务的过程与结果进行互评,将互评结果填入学生互评表。学生互评表如表 7-19 所示。

表 7-19　学生互评表

项目七		利润表分析													
评价项目	分值	等级							评价对象(组别)						
									1	2	3	4	5	6	
课前任务	10	优	10	良	8	中	6	差	4						
计划合理	10	优	10	良	8	中	6	差	4						
方案准确	10	优	10	良	8	中	6	差	4						
团队合作	10	优	10	良	8	中	6	差	4						
组织有序	10	优	10	良	8	中	6	差	4						
工作质量	10	优	10	良	8	中	6	差	4						
工作效率	10	优	10	良	8	中	6	差	4						
工作完成	10	优	10	良	8	中	6	差	4						
工作规范	10	优	10	良	8	中	6	差	4						
课后任务	10	优	10	良	8	中	6	差	4						

3. 教师对学生工作过程与工作结果进行评价,并将评价结果填入教师综合评价表。教师综合评价表如表 7-20 所示。

表 7-20 教师综合评价表

项目七		利润表分析		
评价项目		评价标准	分值	得分
考勤(10%)		无无故缺勤、迟到、早退现象	10	
工作过程(60%)	利润表项目分析	能掌握利润表具体项目及其含义	10	
	利润表结构分析	能熟悉利润表结构分析的基本要求	10	
		能掌握利润表结构分析程序	10	
	利润表比率分析	能熟悉利润表比率分析的常用比率	15	
		能熟悉并运用利润表比率分析方法	15	
工作结果(30%)	工作进度	能按时完成工作任务	10	
	工作规范	能按照基本工作流程完成工作	10	
	成果展示	能准确、充分、恰当地展示工作成果	10	
合计			100	

自测训练

一、单项选择题

在每小题列出的四个备选项中只有一个选项是符合题目要求的,请将其代码填写在题后的括号内。

1. 与盈利能力分析有关的会计报表分析中,最为重要的是( )。
   A. 资产负债表分析　　　　　　　　B. 利润表分析
   C. 现金流量表分析　　　　　　　　D. 报表附注分析

2. 股东进行财务报表分析时将更为关注企业的( )。
   A. 偿债能力　　B. 营运能力　　C. 盈利能力　　D. 投资能力

3. ( )是构成企业最终财务成果的最主要因素。
   A. 利润总额　　B. 营业利润　　C. 净利润　　D. 投资收益

4. 将企业的损益划分为经常性损益和非经常性损益的根本目的在于( )。
   A. 判断各项业务对企业收益的影响程度
   B. 判断企业收益的稳定性和可持续性
   C. 区分经常性业务和非经常性业务
   D. 反映企业的经营管理水平

5. 软件开发企业为客户开发软件的收入属于( )。
   A. 提供劳务收入　　　　　　　　B. 建造合同收入
   C. 销售商品收入　　　　　　　　D. 让渡资产使用权收入

6. 企业将营业收入分为主营业务收入和其他业务收入的依据是( )。
   A. 经济利益流入的多少　　　　　　B. 收入的可持续性

C. 对利润的贡献程度 D. 日常活动在企业中的重要性

7. 假设某企业的存货计价方法由加权平均法改为先进先出法,则这项会计政策的变更对利润的影响是( )。

A. 利润增加 B. 利润减少 C. 利润不变 D. 不一定

8. 管理费用与销售费用、生产费用等区分的主要依据是( )。

A. 费用在生产流程中所归属的环节
B. 费用发生的地点和时间
C. 费用发生归属的部门
D. 企业根据实际情况自定

9. 下列各项中资产减值损失一经确认,在以后会计期间不得转回的是( )。

A. 存货跌价准备 B. 无形资产
C. 持有至到期投资 D. 采用成本法核算的长期股权投资

10. 企业根据会计准则规定未在损益中确认的各项利得和损失扣除所得税影响后的净额被称为( )。

A. 其他综合收益 B. 综合收益总额
C. 净利润 D. 税后利润

11. 报表使用者通过利润表趋势分析能够( )。

A. 评价企业收益的不同来源构成
B. 评价不同业务的盈利水平和获利能力
C. 评价不同业务对企业总盈利水平的影响方向和影响程度
D. 对多个会计期间企业的盈利水平及变动趋势进行评价

12. 从营业利润率的计算公式可以得知,当营业收入一定时,影响该指标值大小的关键因素是( )。

A. 主营业务利润 B. 营业利润
C. 利润总额 D. 净利润

13. 下列各项中对于计算利息保障倍数时使用息税前利润的原因理解不正确的是( )。

A. 如果使用税后利润,不包括利息支出,将会低估企业偿付利息的能力
B. 如果使用税后利润,不包括所得税,将会低估企业偿付利息的能力
C. 因为利息支出是剔除了资本化利息后计算的,因此对评价企业偿付利息能力不产生影响
D. 因为所得税在支付利息后才计算,故应将所得税加回到税后利润中

14. 某企业当年实现销售收入3 800万元,净利润480万元,总资产周转率为2,则总资产净利率为( )%。

A. 12.6 B. 6.3
C. 25 D. 10

15. 下列关于销售毛利率的计算公式中正确的是( )。

A. 销售毛利率=1-变动成本率 B. 销售毛利率=1-销售成本率
C. 销售毛利率=1-成本费用率 D. 销售毛利率=1-销售利润率

二、多项选择题

在每小题列出的备选项中至少有两个是符合题目要求的,请将其代码填写在题后的括号内。

1. 对利润项目的阅读与分析主要包括(　　)。
   A. 营业收入　　　　　　　　　　B. 投资收益
   C. 营业利润　　　　　　　　　　D. 利润总额

2. 下列各项中属于利润表主要反映的项目有(　　)。
   A. 营业收入　　　　　　　　　　B. 营业利润
   C. 平均资产　　　　　　　　　　D. 每股收益

3. 企业收入的增加会引起(　　)。
   A. 资产的增加　　　　　　　　　B. 负债的减少
   C. 费用的增加　　　　　　　　　D. 资产的减少

4. 下列有关营业收入理解正确的有(　　)。
   A. 在日常活动中形成的
   B. 会导致所有者权益增加
   C. 与所有者投入资本相关
   D. 是影响企业财务成果的最重要因素

5. 营业外收入和营业外支出属于非常项目,必须同时具备(　　)特征。
   A. 引起业务发生的主要原因与日常活动无关
   B. 业务的发生极其偶然
   C. 业务的发生具有重大性
   D. 业务涉及的金额较大

6. 下列关于利润表全面引入综合收益理念的好处的描述中正确的有(　　)。
   A. 有助于全面反映企业的综合收益情况
   B. 进一步提高企业会计信息披露的质量
   C. 有助于及时、准确地预测企业未来的现金流量
   D. 限制企业管理层进行利润操纵的空间

7. 下列各项中属于利润表内容的有(　　)。
   A. 递延所得税资产　　　　　　　B. 资产减值损失
   C. 投资收益　　　　　　　　　　D. 每股收益

8. 利润表的作用表现在(　　)方面。
   A. 发现管理中的问题　　　　　　B. 评价经营业绩
   C. 揭示利润变动趋势　　　　　　D. 帮助投资人决策

9. 财务费用是指企业为筹集生产经营所需资金而发生的各项费用,具体包括(　　)。
   A. 利息支出　　　　　　　　　　B. 汇兑损失
   C. 手续费　　　　　　　　　　　D. 所得税

10. 下列各项中应列入利润表"营业收入"项目的有(　　)。
    A. 营业外收入　　　　　　　　　B. 投资收益
    C. 其他业务收入　　　　　　　　D. 主营业务收入

11. 依据综合毛利率的计算公式,影响综合毛利率水平的直接因素有(　　)。
A. 各产品销售比重　　　　　　　　B. 各产品毛利率
C. 企业销售总额　　　　　　　　　D. 产品销售数量

12. 下列各项中属于影响毛利变动的外部不可控因素的有(　　)。
A. 市场售价　　　　　　　　　　　B. 产品结构
C. 产品质量　　　　　　　　　　　D. 通货膨胀

13. 列入利润表"税金及附加"项目的税金有(　　)。
A. 增值税　　　　　　　　　　　　B. 耕地占用税
C. 消费税　　　　　　　　　　　　D. 城市维护建设税

14. 下列各项中影响毛利率变动的内部因素的有(　　)。
A. 市场竞争状态　　　　　　　　　B. 成本管理水平
C. 产品构成决策　　　　　　　　　D. 客户需求

15. 企业需要利用利润表研究收益、分析长期偿债能力,对此判断正确的有(　　)
A. 资产负债表反映了企业某一时点的财务状况,利用该表分析是一种静态分析
B. 利用资产负债表进行的分析,未能揭示企业经营业绩与偿还债务支出的关系
C. 企业是否有充足的现金流入偿还长期负债,在很大程度上取决于企业的获利能力
D. 企业是否有足够的能力偿还债务,获利能力分析能够完全说明

三、判断题

判断下列各题正误,正确者在括号内打"√",错误者在括号内打"×"。

1. 如果企业的销售毛利率非常低,那么销售净利率也不会很理想;如果企业的销售毛利率非常高,那么销售净利率也会很高。(　　)

2. 因营业收入减少而导致的成本减少并非成本节约,只有营业收入上升而成本下降才是真正的成本节约。(　　)

3. 从会计等式"资产=负债+所有者权益"和配比原则看,费用发生的根本目的在于取得收入,两者配比以核算具体经营活动的绩效。(　　)

4. 利润表中体现的企业盈利能力的大小、实现净利润的高低,是企业能否在资本市场上融资以及影响融资规模的重要依据。(　　)

5. 在正常情况下,经常性损益在企业全部收益中所占的比重越大,企业的利润来源越不稳定,经营风险越大,获利能力越小。(　　)

6. 营业外收入是一种纯收入,不需要与有关费用进行配比。(　　)

7. 利润表是反映企业在一定会计期间经营成果的静态时点报表。(　　)

8. 对利润总额构成情况的分析,应重点突出对营业外支出项目的分析。(　　)

9. 净资产收益率是最具综合性的评价指标,它既不受行业的限制,又不受企业规模的限制。(　　)

10. 利润表趋势分析就是对多个会计期间企业的盈利水平及其变动趋势进行分析,从绝对值角度判断影响企业净利润和综合收益变动的具体原因。(　　)

项目八

现金流量表分析

学习任务描述

现金流量表是指反映企业一定会计期间现金及现金等价物流入和流出的报表。现金流量表根据现金的用途划分为经营、投资及融资三个活动类别。现金流量表可以概括反映经营活动、投资活动和筹资活动对企业现金流入、流出的影响,对于评价企业的实现利润、财务状况及财务管理能够比传统的利润表提供更好的基础。本项目包括现金流量表项目分析、结构分析和比率分析。

1. 知识目标

通过本项目的学习,熟悉现金流量表的结构和内容,掌握与现金流量表相关的分析方法及指标。

2. 能力目标

通过本项目的学习,全面掌握现金流量表的分析方法,能够运用指标对现金流量表进行有效的分析。

3. 素养目标

培养学生具有良好的职业道德,遵守行业规范的工作意识和工作态度,同时具有较强的自主学习能力、沟通能力、团队合作精神以及创新精神。

知识体系

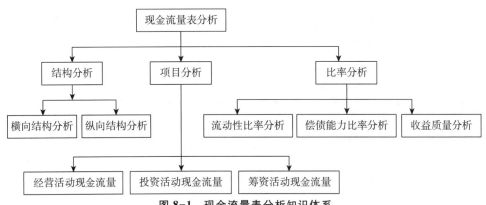

图 8-1 现金流量表分析知识体系

引导案例

表 8-1 是江苏恒瑞医药股份有限公司 2022 年度现金流量表。请对该公司现金流量项目进行分析。

表 8-1 现金流量表

编制单位:江苏恒瑞医药股份有限公司　　　　2022 年　　　　　　　　　　　　　　　单位:元

项目	2022 年度
一、经营活动产生的现金流量:	
销售商品、提供劳务收到的现金	18 567 439 285.94
收到的税费返还	260 229 594.35
收到其他与经营活动有关的现金	727 342 112.40
经营活动现金流入小计	19 555 010 992.69
购买商品、接受劳务支付的现金	1 073 321 878.61
支付给职工以及为职工支付的现金	6 234 169 734.58
支付的各项税费	1 891 336 552.16
支付其他与经营活动有关的现金	9 090 918 195.41
经营活动现金流出小计	18 289 746 360.76
经营活动产生的现金流量净额	1 265 264 631.93
二、投资活动产生的现金流量:	
收回投资收到的现金	9 602 363 872.85
取得投资收益收到的现金	166 492 049.03
处置固定资产、无形资产和其他长期资产收回的现金净额	20 212 976.52
处置子公司及其他营业单位收到的现金净额	36 045 413.27
投资活动现金流入小计	9 825 114 311.67
购建固定资产、无形资产和其他长期资产支付的现金	1 992 177 711.16
投资支付的现金	7 442 647 233.57
投资活动现金流出小计	9 434 824 944.73
投资活动产生的现金流量净额	390 289 366.94
三、筹资活动产生的现金流量:	
吸收投资收到的现金	378 863 693.27
其中:子公司吸收少数股东投资收到的现金	378 863 693.27
取得借款收到的现金	1 260 000 000.00
收到其他与筹资活动有关的现金	159 991 787.52
筹资活动现金流入小计	1 798 855 480.79
分配股利、利润或偿付利息支付的现金	1 015 542 764.53

(单位:元)(续表)

项目	2022 年度
支付其他与筹资活动有关的现金	1 102 082 925.71
筹资活动现金流出小计	2 117 625 690.24
筹资活动产生的现金流量净额	−318 770 209.45
四、汇率变动对现金及现金等价物的影响	80 497 370.18
五、现金及现金等价物净增加额	1 417 281 159.60
加:期初现金及现金等价物余额	13 120 156 088.48
六、期末现金及现金等价物余额	14 537 437 248.08

任务一　现金流量表项目分析

相关知识

一、经营活动产生的现金流量项目分析

企业的现金流量产生于多种多样的业务与经济行为。这些行为的性质不同,对现金流量的可持续性影响也有所不同。经营活动产生的现金流量是企业在正常的营业活动中从事正常的经济业务所产生的现金流量,包括采购物资、销售商品、提供或接受劳务、缴纳税款、支付工资、发生相关销售费用等行为所涉及的现金流量。在持续经营的会计基本前提下,经营活动现金流量反映的是企业经常性的、持续的现金流入和流出情况。

(一) 经营活动产生的现金流入量分析

在现金流量表中,一般按照经营活动现金流入的来源设置不同的项目来具体反映经营活动产生的现金流入量。

1. 销售商品、提供劳务收到的现金

这是企业经营活动产生的现金流入量,也是整个企业全部现金流入量中最主要的组成部分。依据引导案例资料(下同),该公司 2022 年现金流量表中该项目金额为 18 567 439 285.94 元,表明该公司 2022 年通过销售商品、提供劳务共收到的现金为 18 567 439 285.94 元,包括以前实现销售但在 2022 年收回的货款。

2. 收到的税费返还

这是因企业对外销售商品而按照规定的税率向购买方实际收取的增值税税额和因出口商品而由税务机关退回的增值税税额。本例中,该公司 2022 年共收到的增值税税额及出口退税款为 260 229 594.35 元。

3. 收到其他与经营活动有关的现金

本项目反映企业除上述各项外,收到的其他与经营活动有关的现金,如罚款收入、流动资产损失中由个人赔偿的现金收入等。本例中,该公司 2022 年共收到 727 342 112.40 元其他与经营活动有关的现金。

4. 经营活动现金流入小计

本项目反映企业本期经营活动所收取的全部现金数额,在数量上应等于上述三个项目金额的合计数。本例中,该公司2022年经营活动共收到现金19 555 010 992.69元。

(二)经营活动产生的现金流出量分析

在现金流量表中,一般按照经营活动的具体情况设置各个现金支出项目,以分别反映企业在经营活动的不同方面实际支付的现金数额。

1. 购买商品、接受劳务支付的现金

本项目反映企业购买商品、接受劳务实际支付的现金,包括支付的货款以及与货款一并支付的增值税进项税额,具体包括:本期购买商品、接受劳务支付的现金,以及本期支付前期购买商品、接受劳务的未付款项和本期预付款项,减去本期发生的购货退回收到的现金。本例中,该公司2022年因购买商品、接受劳务等共支出现金1 073 321 878.61元。

2. 支付给职工以及为职工支付的现金

本项目反映企业实际支付给职工的现金以及为职工支付的现金,包括企业为获得职工提供的服务,本期实际给予的各种形式报酬以及其他相关支出,如支付给职工的工资、奖金、各种津贴和补贴等,以及为职工支付的其他费用,不包括支付给在建工程人员的工资。在建工程人员的工资及奖金应在"购建固定资产、无形资产和其他长期资产支付的现金"项目中反映。本例中,该公司2022年支付给职工以及为职工支付的现金为6 234 169 734.58元。

3. 支付的各项税费

本项目反映企业按规定支付的各项税费,包括本期发生并支付的税费,以及本期支付以前各期发生的税费和本期预交的税费,如支付的增值税、消费税、所得税、教育费附加、印花税、房产税、土地增值税、车船使用税等,不包括本期退回的增值税、所得税。本期退回的增值税、所得税等,在"收到的税费返还"项目中反映。本例中,该公司2022年共支付各项税费1 891 336 552.16元。

4. 支付其他与经营活动有关的现金

本项目反映企业除上述各项目外,支付的其他与经营活动有关的现金,如罚款支出,支付的差旅费、业务招待费、保险费,经营租赁支付的现金等。其他与经营活动有关的现金金额较大的,应单列项目反映。本例中,该公司2022年实际用现金支付其他经营费用共计9 090 918 195.41元。

5. 经营活动现金流出小计

本项目反映企业当期经营活动实际支付的现金总额,在数量上应等于经营活动各项现金支出之和。本例中,该公司2022年经营活动共支出现金18 289 746 360.76元。

(三)经营活动产生的现金流量净额分析

这是企业当期经营活动现金流入小计与现金流出小计之差,即经营活动现金净流量。本例中,该公司2022年经营活动共取得现金净流量1 265 264 631.93元。

二、投资活动产生的现金流量项目分析

现金流量表中的投资活动是指企业对外进行股权或债权投资,以及对内进行非货币性长期资产(如固定资产、无形资产及其他长期资产等)投资的活动。而"投资活动产生的现

金流量"项目反映企业在股权与债权投资中,以及与非货币性长期资产的增减变动相关的活动中所产生的现金收付金额。

企业对外进行股权或债权投资,并不直接影响企业当期的经营活动,但是其日后的转让与收回是企业未来一笔不小的资金流入;此外,股权投资可能带来对被投资方的控股或重大影响,也有可能对企业未来获得经营物资或打开销售渠道提供潜在的和良好的帮助。

至于企业购建或处置固定资产、无形资产及其他长期资产等非货币性资产,则会在很大程度上影响企业未来的经营规模与生产能力,甚至在一定程度上会改变企业的资产结构与经营方向。购建这类非货币性长期资产的现时资金的大量流出,可能意味着企业未来经营规模的扩大、生产技能的提高与经营策略的调整;而处置这类非货币性长期资产的现时资金的过多流入,也可能预示着企业压缩经营规模,或出于转变经营方向的需要而大量处置原有设备等长期资产。

(一)投资活动产生的现金流入量分析

1. 收回投资收到的现金

本项目反映企业出售、转让或到期收回除现金等价物以外的交易性金融资产、债权投资、其他债权投资、其他权益工具投资、长期股权投资等而收到的现金,不包括债权性投资收回的利息、收回的非现金资产,以及处置子公司及其他营业单位收到的现金净额。债权性投资收回的本金在本项目中反映,债权性投资收回的利息不在本项目中反映,而在"取得投资收益收到的现金"项目中反映。处置子公司及其他营业单位收到的现金净额单设项目反映。本例中,该公司 2022 年收回对外投资 9 602 363 872.85 元。

2. 取得投资收益收到的现金

本项目反映企业因股权性投资而分得的现金股利以及因债权性投资而取得的现金利息收入。股票股利由于不产生现金流量,故不在本项目中反映。包括在现金等价物范围内的债权性投资,其利息收入在本项目中反映。本例中,该公司 2022 年取得投资收益收到的现金为 166 492 049.03 元。

3. 处置固定资产、无形资产和其他长期资产收回的现金净额

本项目反映企业出售固定资产、无形资产和其他长期资产(如投资性房地产)所取得的现金,减去为处置这些资产而支付的有关税费后的净额。处置固定资产、无形资产和其他长期资产取得的现金与处置活动支付的现金,两者在时间上比较接近,以净额反映更能准确反映处置活动对现金流量的影响。由于自然灾害等所造成的固定资产等长期资产报废、毁损而收到的保险赔偿收入,在本项目中反映。如处置固定资产、无形资产和其他长期资产收回的现金净额为负数,则应作为投资活动产生的现金流量,在"支付其他与投资活动有关的现金"项目中反映。本例中,该公司 2022 年处置固定资产、无形资产和其他长期资产收回的现金净额为 20 212 976.52 元。

4. 处置子公司及其他营业单位收到的现金净额

本项目反映企业处置子公司及其他营业单位所取得的现金,减去子公司或其他营业单位持有的现金及现金等价物以及相关处置费用后的净额。本例中,该公司 2022 年处置子公司及其他营业单位收到的现金净额为 36 045 413.27 元。

5. 收到其他与投资活动有关的现金

本项目反映企业除上述各项目外,收到的其他与投资活动有关的现金。其他与投资活

动有关的现金如果价值较大,则应单列项目反映。本例中,该公司2022年该项目为0元。

6. 投资活动现金流入小计

本项目反映企业本期投资活动收到的全部现金数额。本例中,该公司2022年上述现金收入小计为9 825 114 311.67元。

(二) 投资活动产生的现金流出量分析

1. 购建固定资产、无形资产和其他长期资产支付的现金

本项目反映企业购买、建造固定资产,取得无形资产和其他长期资产(如投资性房地产)支付的现金,包括购买机器设备支付的现金、建造工程支付的现金、支付在建工程人员的工资等现金支出,不包括为购建固定资产、无形资产和其他长期资产而发生的借款利息资本化部分,以及融资租入固定资产支付的租赁费。为购建固定资产、无形资产和其他长期资产而发生的借款利息资本化部分,在"分配股利、利润或偿付利息支付的现金"项目中反映;融资租入固定资产支付的租赁费,在"支付其他与筹资活动有关的现金"项目中反映,不在本项目中反映。本例中,该公司2022年为购建固定资产、无形资产和其他长期资产共支出1 992 177 711.16元。

2. 投资支付的现金

本项目反映企业进行股权性投资和债权性投资支付的现金,包括企业为取得除现金等价物以外的交易性金融资产、债权投资、其他债权投资、其他权益工具投资而支付的现金,以及支付的佣金、手续费等交易费用。企业购买股票和债券时,实际支付的价款中包含的已宣告但尚未领取的现金股利或已到付息期但尚未领取的债券利息,应在"支付其他与投资活动有关的现金"项目中反映;收回购买股票和债券时支付的已宣告但尚未领取的现金股利或已到付息期但尚未领取的债券利息,应在"收到其他与投资活动有关的现金"项目中反映。本例中,该公司购买股票和债券共支付现金7 442 647 233.57元。

3. 取得子公司及其他营业单位支付的现金净额

本项目反映企业取得子公司及其他营业单位购买出价中以现金支付的部分,减去子公司或其他营业单位持有的现金及现金等价物后的净额。本例中,该公司2022年取得子公司及其他营业单位支付的现金净额为0元。

4. 支付其他与投资活动有关的现金

本项目反映企业除上述各项目外,支付的其他与投资活动有关的现金。其他与投资活动有关的现金如果价值较大,则应单列项目反映。本例中,该公司其他与投资活动有关的现金支出为0元。

5. 投资活动现金流出小计

本项目反映企业当期对内投资和对外投资支付的现金总额。本例中,该公司2022年投资活动共支出现金9 434 824 944.73元。

(三) 投资活动产生的现金流量净额分析

这是企业当期投资活动现金流入小计与现金流出小计之差。若为负数,则表明企业当期投资活动现金净流出。本例中,该公司2022年投资活动共取得现金净流量390 289 366.94元。

三、筹资活动产生的现金流量项目分析

正常情况下,企业经营活动的资金需求主要由其经营活动现金流量来满足,即所谓的

"以收抵支"甚至略有剩余。然而,由于经营活动中也存在各有关环节衔接不当的情况,可能造成企业短期内资金周转不畅,出现现金短缺现象;或者企业出于战略调整、规模扩大等需要而对现金提出更高的需求;等等。对此,企业便不可避免地需要从外部筹措所需资金,从而产生了企业的筹资活动。

筹资活动现金流量反映了企业出于各种需求而进行资金筹措活动所产生的现金流入或流出金额。对这类现金流量的阅读,关键在于理解企业所筹资金的来源渠道及其规模大小、推测企业所筹资金的用途或动机,以及可能对未来产生的资金压力等。

(一) 筹资活动产生的现金流入量分析

1. 吸收投资收到的现金

本项目反映企业以发行股票等方式筹集资金实际收到的款项净额(发行收入减去支付的佣金等发行费用后的净额)。以发行股票等方式筹集资金而由企业直接支付的审计、咨询等费用,在"支付其他与筹资活动有关的现金"项目中反映。本例中,该公司2022年吸收投资收到的现金为378 863 693.27元。

2. 取得借款收到的现金

本项目反映企业举借各种短期、长期款项而收到的现金,以及发行债券实际收到的款项净额(发行收入减去直接支付的佣金等发行费用后的净额)。本例中,该公司2022年向银行等金融机构举借长短期款项共计1 260 000 000.00元。

3. 收到其他与筹资活动有关的现金

本项目反映企业除上述各项目外,收到的其他与筹资活动有关的现金。其他与筹资活动有关的现金如果价值较大,则应单列项目反映。本例中,该公司2022年收到的其他与筹资活动有关的现金为159 991 787.52元。

4. 筹资活动现金流入小计

本项目反映企业当期通过各种筹资活动实际收到的现金总额,如借款、发行股票、发行债券、融资租赁等。本例中,该公司2022年筹资活动现金流入为1 798 855 480.79元。

(二) 筹资活动产生的现金流出量分析

1. 偿还债务支付的现金

本项目反映企业以现金偿还债务的本金,包括归还金融机构的借款本金、偿付企业到期的债券本金等。企业偿还的借款利息、债券利息,在"分配股利、利润或偿付利息支付的现金"项目中反映。本例中,该公司2022年偿还债务支付的现金为0元。

2. 分配股利、利润或偿付利息支付的现金

本项目反映企业实际支付的现金股利、支付给其他投资单位的利润或用现金支付的借款利息、债券利息。不同用途的借款,其利息的开支渠道不一样,如在建工程、财务费用等,均在本项目中反映。本例中,该公司2022年分配股利、利润或偿付利息实际支付现金1 015 542 764.53元。

3. 支付其他与筹资活动有关的现金

本项目反映企业除上述各项目外,支付的其他与筹资活动有关的现金,如以发行股票、债券等方式筹集资金而由企业直接支付的审计、咨询等费用,融资租赁各期支付的现金,以分期付款方式构建固定资产、无形资产等各期支付的现金。其他与筹资活动有关的现金如

果价值较大,则应单列项目反映。本例中,该公司2022年共支付其他与筹资活动有关的现金1 102 082 925.71元。

4. 筹资活动现金流出小计

本项目反映企业当期筹资活动的全部现金流出量。本例中,该公司2022年全部筹资活动实际支出现金2 117 625 690.24元。

(三) 筹资活动产生的现金净流量分析

这是企业当期筹资活动现金流入小计与现金流出小计之差,即筹资活动现金净流量。本例中,该公司2022年筹资活动产生的现金流量净额为-318 770 209.45元,表明企业筹资活动流入的现金比流出的现金少318 770 209.45元。

四、汇率变动对现金及现金等价物的影响分析

《企业会计准则第31号——现金流量表》规定,外币现金流量以及境外子公司的现金流量,应当采用现金流量发生日的即期汇率或即期汇率的近似汇率折算。汇率变动对现金的影响额应当作为调节项目,在现金流量表中单独列报。

企业外币现金流量以及境外子公司的现金流量折算成记账本位币时所采用的是现金流量发生日的汇率或即期汇率的近似汇率,而现金流量表"现金及现金等价物净增加额"项目中外币现金及现金等价物净增加额是按资产负债表日的即期汇率折算的。这两者的差额即为汇率变动对现金及现金等价物的影响。本例中,该公司2022年汇率变动对现金及现金等价物的影响为80 497 370.18元。

现金流量表中"现金及现金等价物净增加额"项目数额与现金流量表补充资料中"现金及现金等价物净增加额"数额应当核对相符。在分析现金流量表时,对当期发生的外币业务,也可不必逐笔计算汇率变动对现金及现金等价物的影响,可以通过现金流量表补充资料中"现金及现金等价物净增加额"数额与现金流量表中"经营活动产生的现金流量净额""投资活动产生的现金流量净额""筹资活动产生的现金流量净额"三项之和比较,其差额即为"汇率变动对现金及现金等价物的影响"。

能力训练

一、任务内容

任务目标:掌握现金流量表项目分析方法。

(一) 案例资料

江苏恒瑞医药股份有限公司2021—2022年现金流量表如表8-2所示。

表8-2 2021—2022年现金流量表

编制单位:江苏恒瑞医药股份有限公司　　　　　　　　　　　　　　　　　　　　单位:元

项目	2022年度	2021年度
一、经营活动产生的现金流量:		
销售商品、提供劳务收到的现金	18 567 439 285.94	25 023 905 343.85

(单位:元)(续表)

项目	2022 年度	2021 年度
收到的税费返还	260 229 594.35	167 495 926.19
收到其他与经营活动有关的现金	727 342 112.40	485 226 979.03
经营活动现金流入小计	19 555 010 992.69	25 676 628 249.07
购买商品、接受劳务支付的现金	1 073 321 878.61	1 026 371 079.05
支付给职工以及为职工支付的现金	6 234 169 734.58	7 144 921 316.73
支付的各项税费	1 891 336 552.16	1 774 875 347.42
支付其他与经营活动有关的现金	9 090 918 195.41	11 511 644 452.60
经营活动现金流出小计	18 289 746 360.76	21 457 812 195.80
经营活动产生的现金流量净额	1 265 264 631.93	4 218 816 053.27
二、投资活动产生的现金流量:		
收回投资收到的现金	9 602 363 872.85	14 044 580 779.05
取得投资收益收到的现金	166 492 049.03	259 766 921.07
处置固定资产、无形资产和其他长期资产收回的现金净额	20 212 976.52	16 113 347.30
处置子公司及其他营业单位收到的现金净额	36 045 413.27	—
投资活动现金流入小计	9 825 114 311.67	14 320 461 047.42
购建固定资产、无形资产和其他长期资产支付的现金	1 992 177 711.16	1 664 635 232.23
投资支付的现金	7 442 647 233.57	13 202 088 844.09
投资活动现金流出小计	9 434 824 944.73	14 866 724 076.32
投资活动产生的现金流量净额	390 289 366.94	-546 263 028.90
三、筹资活动产生的现金流量:		
吸收投资收到的现金	378 863 693.27	342 000 000.00
其中:子公司吸收少数股东投资收到的现金	378 863 693.27	342 000 000.00
取得借款收到的现金	1 260 000 000.00	
收到其他与筹资活动有关的现金	159 991 787.52	
筹资活动现金流入小计	1 798 855 480.79	342 000 000.00
分配股利、利润或偿付利息支付的现金	1 015 542 764.53	1 066 246 265.60
支付其他与筹资活动有关的现金	1 102 082 925.71	274 075 550.90
筹资活动现金流出小计	2 117 625 690.24	1 340 321 816.50
筹资活动产生的现金流量净额	-318 770 209.45	-998 321 816.50
四、汇率变动对现金及现金等价物的影响	80 497 370.18	-16 866 440.83
五、现金及现金等价物净增加额	1 417 281 159.60	2 657 364 767.04
加:期初现金及现金等价物余额	13 120 156 088.48	10 462 791 321.44
六、期末现金及现金等价物余额	14 537 437 248.08	13 120 156 088.48

（二）要求

运用趋势分析法对该公司 2022 年现金流量表中的主要项目进行分析,并填写表 8-3(必要时可查阅年报信息)。

表 8-3 趋势分析表　　　　　　　　　　　　　　　　　　　　金额单位:元

项目	2022 年度	2021 年度	增减变化额	增减变化率
一、经营活动产生的现金流量:				
销售商品、提供劳务收到的现金	18 567 439 285.94	25 023 905 343.85		
收到的税费返还	260 229 594.35	167 495 926.19		
收到其他与经营活动有关的现金	727 342 112.40	485 226 979.03		
经营活动现金流入小计	19 555 010 992.69	25 676 628 249.07		
购买商品、接受劳务支付的现金	1 073 321 878.61	1 026 371 079.05		
支付给职工以及为职工支付的现金	6 234 169 734.58	7 144 921 316.73		
支付的各项税费	1 891 336 552.16	1 774 875 347.42		
支付其他与经营活动有关的现金	9 090 918 195.41	11 511 644 452.60		
经营活动现金流出小计	18 289 746 360.76	21 457 812 195.80		
经营活动产生的现金流量净额	1 265 264 631.93	4 218 816 053.27		
二、投资活动产生的现金流量:				
收回投资收到的现金	9 602 363 872.85	14 044 580 779.05		
取得投资收益收到的现金	166 492 049.03	259 766 921.07		
处置固定资产、无形资产和其他长期资产收回的现金净额	20 212 976.52	16 113 347.30		
处置子公司及其他营业单位收到的现金净额	36 045 413.27	—		
投资活动现金流入小计	9 825 114 311.67	14 320 461 047.42		
购建固定资产、无形资产和其他长期资产支付的现金	1 992 177 711.16	1 664 635 232.23		
投资支付的现金	7 442 647 233.57	13 202 088 844.09		
投资活动现金流出小计	9 434 824 944.73	14 866 724 076.32		
投资活动产生的现金流量净额	390 289 366.94	-546 263 028.90		
三、筹资活动产生的现金流量:				
吸收投资收到的现金	378 863 693.27	342 000 000.00		

(金额单位:元)(续表)

项目	2022 年度	2021 年度	增减变化额	增减变化率
其中:子公司吸收少数股东投资收到的现金	378 863 693.27	342 000 000.00		
取得借款收到的现金	1 260 000 000.00	—		
收到其他与筹资活动有关的现金	159 991 787.52	—		
筹资活动现金流入小计	1 798 855 480.79	342 000 000.00		
分配股利、利润或偿付利息支付的现金	1 015 542 764.53	1 066 246 265.60		
支付其他与筹资活动有关的现金	1 102 082 925.71	274 075 550.90		
筹资活动现金流出小计	2 117 625 690.24	1 340 321 816.50		
筹资活动产生的现金流量净额	-318 770 209.45	-998 321 816.50		
四、汇率变动对现金及现金等价物的影响	80 497 370.18	-16 866 440.83		
五、现金及现金等价物净增加额	1 417 281 159.60	2 657 364 767.04		
加:期初现金及现金等价物余额	13 120 156 088.48	10 462 791 321.44		
六、期末现金及现金等价物余额	14 537 437 248.08	13 120 156 088.48		

二、任务分工

工作任务分配及完成计划如表 8-4 所示。

表 8-4 工作任务分配及完成计划

工作任务编号		工作任务名称	
班级		组长	
组别		组员	
明确本次工作任务重点			
工作任务分配	组长: 组员 1: 组员 2: 组员 3: 组员 4: 组员 5: ……		

（续表）

工作任务完成计划 （行动方案）	第一步： 第二步： 第三步：	
工作任务完成时间		
组长		签名：

注：此表由组长填制，并与工作任务完成纸质材料一同装订。

任务实施

三、任务实施

任务实施步骤详见左侧二维码。

四、任务总结

工作任务完成后将分组的总结与感受分别填写到表8-5和表8-6中。

表8-5 工作任务完成总结

工作任务编号		工作任务名称	
班级		组长	
组别		组员	
完成工作任务过程中存在的问题或困惑			
完成工作任务心得			
组长			签名：

表8-6 工作任务完成的结果评价

组别	正确率	排名	完成工作任务感受	是否提升了工作能力？
1				
2				
3				
4				
5				
6				

任务二 现金流量表结构分析

相关知识

现金流量表结构分析的基本方法和其他报表结构分析的基本方法一样，也包括纵向结构分析和横向结构分析。纵向结构分析是对现金流入、流出的结构进行分析比较,找出主要的现金来源和现金去向;横向结构分析是对比不同时期的现金流入、流出,找到本期变化较大的方面进行分析;具体分析时可采用报表项目和各类指标对企业的各个方面进行分析。

一、纵向结构分析

现金流量表的纵向结构分析是指同一时期现金流量表中不同项目间的比较与分析,即表内对比,以揭示各项数据在企业现金流量中的相对意义。

通过观察现金流量表,对现金流入、流出原因进行比较,对企业整体情况进行初步的把握。之后,对企业各个方面的现金流量进行具体分析,计算各现金流入项目、流出项目及其占总现金流入额和总现金流出额的比重,按比重大小或比重变动大小,找出重要项目进行重点分析,了解现金流量的形成、变动过程及其变动原因。

现金净流量纵向结构反映企业经营活动、投资活动及筹资活动的现金净流量占企业总现金净流量的比重,以及企业本年度创造的现金及现金等价物净增加额中以上三类活动的贡献程度。通过分析,可以明确本期的现金净流量主要由哪类活动产生,以此说明现金净流量形成的原因是否合理。

当企业的现金及现金等价物净增加额为正数时,如果主要是由经营活动引起的,则可以反映出企业收现能力强、坏账风险小,其营销能力一般不错;如果主要是由投资活动或处置非流动资产引起的,则可以反映出企业生产能力正在衰退,从而处置资产以缓解资金压力,但也可能是企业在调整资产结构,应结合上市公告的其他资料进行判断;如果主要是由筹资活动引起的,则意味着企业在未来将负担更多的股息或利息,除非该企业在未来产生更大的现金流量,否则将承受较大的财务风险。

当企业的现金及现金等价物净增加额为负数时,如果企业经营活动产生的现金流量净额为正数且数额较大,则这一般是企业扩大投资规模或购置生产设备等所致,反映出企业并非经营状况不佳,反而是未来可能有更大的现金流入。

对现金流量表结构的分析,可以根据项目做进一步的流入结构分析、流出结构分析。

流入结构分析是依据各项目现金流入量的比重,分析判断企业现金的主要来源。具体可分为两个层次:第一层次是总流入结构分析。计算三大项目现金流入量占企业总现金流入量的比重,分析现金的来源主要是经营所得、投资所得还是筹资所得,从而判断企业的经营水平和理财水平。经营活动现金流入比重越大,说明企业自我创造现金的能力越强,经营水平越高,财务基础越稳定。相反,筹资活动现金流入比重越大,则说明企业财务风险越大,将来需偿还的债务越多。第二层次是三项流入的内部结构分析。计算三大项目内各子项目现金流入量占其总流入量的比重,分析企业主营业务是否突出,企业的投资质量和筹资渠道选择,对企业的未来做出合理的判断。

流出结构分析是依据各项目现金流出量的比重,分析判断企业现金流出的主要去向。分析方法与流入结构分析相同,具体也分为两个层次:总流出结构分析和三项流出的内部结构分析。根据计算的经营活动现金流出比重,筹资、投资活动现金流出比重,以及主营业务、税费、利息、股利等现金流出比重,分析企业现金流出的结构是否合理,帮助企业加强管理、改善结构,实现现金的最佳配置和使用。

二、横向结构分析

现金流量表横向结构分析主要是通过观察连续报告期(至少为2年,比较期越长,越能客观反映情况及趋势)的现金流量表,对报表中的全部或部分重要项目进行对比,编制出横向结构百分比现金流量表,从而揭示差距,观察和分析企业现金流量的变化趋势,并对未来做出预测。趋势分析注重可比性,应具体问题具体分析。例如,正常经营的同一企业在不同时期如果采用不同的财务政策,其现金流量表的变化并不能完全说明其财务状况的变化趋势;处于筹建期或投产期的企业,其经营活动现金流量较少,筹资活动现金流量较多,成熟期一般则相反。因此,正确计算并运用趋势百分比,可使报表使用者了解有关项目变动的基本趋势及其变动原因,在此基础上预测企业未来的财务状况,为其决策提供可靠的依据。

能力训练

一、任务内容

任务目标:掌握现金流量表结构分析方法。

（一）案例资料

依据表8-2。

（二）要求

运用结构分析法对该公司2021—2022年现金流量表中的主要项目进行分析,并填写表8-7(必要时可查阅年报信息)。

表8-7 结构分析表

项目	2022年度				2021年度			
	金额(元)	流入占比	流出占比	分类占比	金额(元)	流入占比	流出占比	分类占比
一、经营活动产生的现金流量:								
销售商品、提供劳务收到的现金	18 567 439 285.94				25 023 905 343.85			
收到的税费返还	260 229 594.35				167 495 926.19			
收到其他与经营活动有关的现金	727 342 112.40				485 226 979.03			
经营活动现金流入小计	19 555 010 992.69				25 676 628 249.07			
购买商品、接受劳务支付的现金	1 073 321 878.61				1 026 371 079.05			

(续表)

项目	2022 年度				2021 年度			
	金额(元)	流入占比	流出占比	分类占比	金额(元)	流入占比	流出占比	分类占比
支付给职工以及为职工支付的现金	6 234 169 734.58				7 144 921 316.73			
支付的各项税费	1 891 336 552.16				1 774 875 347.42			
支付其他与经营活动有关的现金	9 090 918 195.41				11 511 644 452.60			
经营活动现金流出小计	18 289 746 360.76				21 457 812 195.80			
经营活动产生的现金流量净额	1 265 264 631.93				4 218 816 053.27			
二、投资活动产生的现金流量:								
收回投资收到的现金	9 602 363 872.85				14 044 580 779.05			
取得投资收益收到的现金	166 492 049.03				259 766 921.07			
处置固定资产、无形资产和其他长期资产收回的现金净额	20 212 976.52				16 113 347.30			
处置子公司及其他营业单位收到的现金净额	36 045 413.27				—			
投资活动现金流入小计	9 825 114 311.67				14 320 461 047.42			
购建固定资产、无形资产和其他长期资产支付的现金	1 992 177 711.16				1 664 635 232.23			
投资支付的现金	7 442 647 233.57				13 202 088 844.09			
投资活动现金流出小计	9 434 824 944.73				14 866 724 076.32			

(续表)

项目	2022 年度				2021 年度			
	金额(元)	流入占比	流出占比	分类占比	金额(元)	流入占比	流出占比	分类占比
投资活动产生的现金流量净额	390 289 366.94				-546 263 028.90			
三、筹资活动产生的现金流量:								
吸收投资收到的现金	378 863 693.27				342 000 000.00			
其中:子公司吸收少数股东投资收到的现金	378 863 693.27				342 000 000.00			
取得借款收到的现金	1 260 000 000.00				—			
收到其他与筹资活动有关的现金	159 991 787.52				—			
筹资活动现金流入小计	1 798 855 480.79				342 000 000.00			
分配股利、利润或偿付利息支付的现金	1 015 542 764.53				1 066 246 265.60			
支付其他与筹资活动有关的现金	1 102 082 925.71				274 075 550.90			
筹资活动现金流出小计	2 117 625 690.24				1 340 321 816.50			
筹资活动产生的现金流量净额	-318 770 209.45				-998 321 816.50			
四、汇率变动对现金及现金等价物的影响	80 497 370.18				-16 866 440.83			
五、现金及现金等价物净增加额	1 417 281 159.60				2 657 364 767.04			

二、任务分工

工作任务分配及完成计划如表 8-8 所示。

表 8-8 工作任务分配及完成计划

工作任务编号		工作任务名称	
班级		组长	
组别		组员	
明确本次工作任务重点			
工作任务分配	组长： 组员 1： 组员 2： 组员 3： 组员 4： 组员 5： ……		
工作任务完成计划（行动方案）	第一步： 第二步： 第三步：		
工作任务完成时间			
组长			签名：

注：此表由组长填制，并与工作任务完成纸质材料一同装订。

三、任务实施

任务实施步骤详见右侧二维码。

任务实施

四、任务总结

工作任务完成后将分组的总结与感受分别填写到表 8-9 和表 8-10 中。

表 8-9 工作任务完成总结

工作任务编号		工作任务名称	
班级		组长	
组别		组员	
完成工作任务过程中存在的问题或困惑			
完成工作任务心得			
组长			签名：

表 8-10 工作任务完成的结果评价

组别	正确率	排名	完成工作任务感受	是否提升了工作能力?
1				
2				
3				
4				
5				
6				

任务三 现金流量表比率分析

相关知识

现金流量表比率分析是指对现金流量表上的有关数据进行比较、分析和研究,计算出相关比率从而了解企业的财务状况、偿债能力和经营成果,以便发现企业财务方面存在的问题,预测企业未来的现金流量状况,为企业的科学决策提供依据。

现金流量表比率分析主要从流动性比率、偿债能力比率、收益质量三个方面进行。

一、流动性比率分析

流动性比率分析是现金流量表比率分析的主要内容之一,主要是衡量企业资产变现能力的高低。主要指标有现金流动资产比率、现金速动资产比率、现金流动负债比率和现金债务总额比率。

(一)现金流动资产比率分析

现金流动资产比率是指现金及现金等价物期末余额与流动资产的比值,用公式表示为:

现金流动资产比率 = 现金及现金等价物期末余额 / 流动资产

其中,现金及现金等价物(或短期投资、应收票据)期末余额 = 现金期末余额 + 银行存款期末余额 + 其他货币资金期末余额 + 短期投资期末余额 + 应收票据期末余额。

[例 8-1] C股份有限公司 2024 年现金及现金等价物余额为 4 000 万元,流动资产余额为 5 000 万元,其现金流动资产比率为:

现金流动资产比率 = 4 000/5 000
            = 0.8

现金流动资产比率主要衡量企业流动资产的质量。现金流动资产比率越高,表明企业流动资产变现损失越少,对短期债权来说越安全。但现金流动资产比率过高,则说明企业现金存在闲置,这必然影响企业的获利能力。

(二)现金速动资产比率分析

由于企业的存货变现能力很弱,单纯按照现金流动资产比率不能真实地反映企业的实

际支付能力和资产的变现能力。现金速动资产比率则能弥补现金流动资产比率的不足,用公式表示为:

$$现金速动资产比率 = 现金及现金等价物期末余额 /(流动资产 - 存货)$$

其中,现金及现金等价物期末余额可以通过现金流量表中"现金及现金等价物期末余额"项目来确定,而流动资产、存货的数额则来自资产负债表中"流动资产合计"项目和"存货"项目的期末数。

[例 8-2] D 股份有限公司 2024 年现金及现金等价物余额为 1 000 万元,流动资产余额为 5 000 万元,存货余额为 3 000 万元,其现金速动资产比率为:

$$现金速动资产比率 = 1\ 000/(5\ 000 - 3\ 000)$$
$$= 0.5$$

(三) 现金流动负债比率分析

现金流动负债比率是指现金及现金等价物期末余额与流动负债的比值,用公式表示为:

$$现金流动负债比率 = 现金及现金等价物期末余额 / 流动负债$$

[例 8-3] E 股份有限公司 2024 年现金及现金等价物余额为 4 000 万元,流动负债余额为 2 000 万元,其流动负债现金比率为:

$$现金流动负债比率 = 4\ 000/2\ 000$$
$$= 2$$

现金流动负债比率是现金速动资产比率的进一步分析,该比率越高,表明企业资产的流动性越强,短期偿债能力越有保障。

(四) 现金债务总额比率分析

现金债务总额比率是指现金及现金等价物期末余额与债务总额的比值,用公式表示为:

$$现金债务总额比率 = 现金及现金等价物期末余额 / 债务总额$$

[例 8-4] F 股份有限公司 2024 年现金及现金等价物余额为 5 000 万元,流动负债余额为 2 000 万元,长期负债余额为 3 000 万元,其现金债务总额比率为:

$$现金债务总额比率 = 5\ 000/(2\ 000 + 3\ 000)$$
$$= 1$$

现金债务总额比率越高,表明企业承担债务的能力越强。该比率本身也可作为企业能按时付息的最高利息率。

二、偿债能力比率分析

现金流量表的偿债能力比率分析,有利于债权人按期取得利息,到期收回本金;投资者把握有利的投资机会,创造更多的利润;经营者降低企业的财务风险,增强债权人、投资者对企业的信心。主要指标有现金比率、经营净现金比率、每股现金流量和经营活动现金净流量对现金股利比率。

(一) 现金比率分析

现金比率是指企业的现金余额与流动负债的比值,用公式表示为:

$$现金比率 = \frac{现金余额}{流动负债} \times 100\%$$

其中,现金余额是指会计期末企业拥有的现金数额,它可以通过现金流量表中"现金及现金等价物期末余额"项目查到;流动负债是指会计期末企业拥有的各项流动负债的总额,它可以通过资产负债表中"流动负债合计"项目的期末数查到。

[例 8-5] G 企业 2024 年流动负债余额为 4 000 万元,现金余额为 1 200 万元,其现金比率为 30%。

现金比率是衡量企业短期偿债能力的一个重要指标。流动负债期限短,很快就需要用现金来偿还,若企业没有一定量的现金储备,等到债务到期时就可能措手不及。

对于债权人来说,现金比率总是越高越好。现金比率越高,说明企业的短期偿债能力越强;反之则越弱。如果现金比率达到或超过 1,即现金余额等于或大于流动负债总额,亦即企业即使不动用其他存货、应收账款等,靠现金就足以偿还流动负债。对于债权人来说,这是最安全的。

但是对于企业的所有者和经营者而言,现金比率并不是越高越好。因为资产的流动性与其盈利能力成反比,流动性好的资产,往往盈利能力差,而现金的流动性最好,同时其盈利能力最差。保持过高的现金比率会使资产的获利能力降低,因此企业不应长时间保持过高的现金比率。现金比率还可以结合现金流动资产比率和现金速动资产比率一并进行分析。

(二) 经营净现金比率分析

经营净现金比率分为经营净现金比率(短期债务)和经营净现金比率(全部债务)。经营净现金比率(短期债务)是指经营活动现金净流量与流动负债的比值,反映企业用年度经营活动现金净流量偿还短期债务的能力。其计算公式为:

$$\frac{经营净现金比率}{(短期债务)} = \frac{经营活动现金净流量}{流动负债}$$

企业为了偿还即将到期的流动负债,固然可以通过出售投资、长期资产等投资活动现金流入以及筹借现金等筹资活动现金流入来进行,但最安全而规范的办法仍然是利用企业经营活动产生的现金流量净额。该比率越高,表明企业的短期偿债能力越强。

经营净现金比率(全部债务)是指经营活动现金净流量与负债总额的比值,反映企业用年度经营活动现金净流量偿还全部债务的能力,因此也是一个综合反映企业偿债能力的指标。其计算公式为:

$$\frac{经营净现金比率}{(全部债务)} = \frac{经营活动现金净流量}{负债总额}$$

[例 8-6] H 企业 2024 年经营活动现金净流量为 1 500 万元,年末流动负债为 1 000 万元,长期负债为 500 万元,其经营净现金比率为:

$$\frac{经营净现金比率}{(短期债务)} = \frac{1\ 500}{1\ 000} = 1.5$$

$$\frac{经营净现金比率}{(全部债务)} = \frac{1\ 500}{1\ 000 + 500} = 1$$

运用现金流量分析企业的偿债能力，主要是将本期取得的收入与本期偿付的债务进行比较，以确定企业的偿债能力。企业本期偿付的债务包括以前各期借入而在本期到期偿付的债务和本期借入在本期偿付的各项债务。

在正常的生产经营情况下，企业当期取得的现金收入首先应当满足经营活动的一些基本现金支出，如购买货物、缴纳各种税费、支付工人工资及支付其他与经营活动有关的支出等，因为这些支出是取得经营活动现金流入的前提。然后才能满足偿还债务的现金支出，包括偿还债务的本息，这样企业正常的生产经营活动才能顺利进行。所以，分析企业的偿债能力，应看企业当期取得的现金收入在满足经营活动的基本现金支出后，是否有足够的现金用于偿还到期债务的本息。

另外，经营活动现金净流量与负债比较，不包括企业本期借入的资金数额。这是因为只有在企业偿债能力较强时才能借到资金，如果企业的偿债能力很弱，那么债权人一般是不会再借给企业新的资金的。

（三）每股现金流量分析

每股现金流量反映企业流通在外的普通股每股所获得的现金流量。其计算公式为：

$$每股现金流量 = \frac{经营活动现金净流量}{流通在外的普通股股数}$$

每股现金流量越高，表示企业每股普通股所获得的现金流量越多；反之，每股普通股所获得的现金流量越少。

（四）经营活动现金净流量对现金股利比率分析

经营活动现金净流量对现金股利比率反映企业用年度正常的经营活动现金净流量来支付现金股利的能力。其计算公式为：

$$\frac{经营活动现金净流量}{对现金股利比率} = \frac{经营活动现金净流量}{现金股利}$$

该比率越高，表明企业支付现金股利的能力越强。但应注意的是，股利支付能力强，并不意味着企业一定大量地支付现金股利。事实上，股利支付的多少受多种因素制约，这与企业既定的股利政策有关，当企业处于成长期，投资机会较好时，可能倾向于少发放现金股利，而将大量现金用于投资活动，以期获得长期收益，从而提高企业价值。

深入分析企业支付能力对于企业投资者和经营者都具有重要意义。如果企业当期取得的经营活动现金流量及投资活动现金流量在偿付本期债务后不足以支付经营活动的各项支出，那么企业必须通过举借短期债务等方式筹集短期资金以满足经营活动的需要；而如果偿付本期债务后尚能满足经营活动的各项支出并有一定的盈余，那么企业可以考虑进行投资。如果企业本期及以后各期的现金流入不足以满足投资活动的需要，但投资完成后将会有足够的现金偿还投资本金，那么企业可以考虑通过举借长期债务、发放债券等方式筹集长期资金以进行投资。如果企业本期取得的现金收入在偿付本期债务并满足经营活动支出、投资活动支出后仍有较大盈余，或以前年度现金余额很大，那么企业可以做出分派股利的决策，以回报投资者。

对于投资者来说，如果企业支付能力很强，每年均会派发可观的现金股利，投资者就能尽早收回投资成本，对企业的信心就会增强；反之，如果企业支付能力很弱，即使企业账面上获利可观、前景良好,对于那些急于收回投资成本的投资者来说就会对企业失去信心,或者要求企业放弃扩大生产规模而多发放股利,这样则会打击企业的成长势头。

[例8-7] J企业2024年经营活动现金流入为20 000万元,投资活动现金流入为120万元,而同期经营活动现金流出为16 000万元,偿还债务支付3 760万元,支付融资租赁费80万元,则:

$$\text{可用于投资、分派股利的现金支出} = 20\ 000 + 120 - 16\ 000 - 3\ 760 - 80 = 280(万元)$$

这说明该企业当期经营活动、投资活动的现金流入足以偿付债务、支付经营活动的日常开支,并有280万元的盈余,可用于投资活动或发放现金股利。

三、收益质量分析

收益质量分析指标主要包括销售收现比率、销售现金比率、盈利现金比率和现金营运指数。

(一)销售收现比率分析

销售收现比率反映企业销售收入中有多少收入收回了现金。其计算公式为:

$$\text{销售收现比率} = \text{销售商品、提供劳务收到的现金}/\text{营业收入}$$

该指标反映企业销售质量的高低,与企业的赊销政策有关。如果企业有虚假收入,那么也会使该指标过低。该指标值越大,表明企业销售过程中收回的现金越多。如果企业大量的销售形成了应收账款,则该指标值较小。

(二)销售现金比率分析

销售现金比率是指企业经营活动现金净流量与投入资源的比值。其计算公式为:

$$\text{销售现金比率} = \text{经营活动现金净流量}/\text{营业收入}$$

该指标反映企业每1元销售收入得到的现金流量净额,其数值越大越好,表明企业的收入质量越高,资金利用效果越好。

(三)盈利现金比率分析

盈利现金比率是指企业本期经营活动现金净流量与净利润的比值。其计算公式为:

$$\text{盈利现金比率} = \text{经营活动现金净流量}/\text{净利润}$$

在一般情况下,该指标值越大,表明企业盈利质量越高。如果该指标值小于1,则说明本期净利润中存在尚未收回现金的收入。如果某企业盈利现金比率一直小于1甚至为负数,则表明该企业盈利质量相当低下,严重时会导致企业破产。

(四)现金营运指数分析

现金营运指数是指企业经营活动现金净流量与经营所得现金(经营现金毛流量)的比值。其计算公式为:

$$\text{现金营运指数} = \text{经营活动现金净流量}/\text{经营现金毛流量}$$

其中,经营现金毛流量 = 经营净收益 + 非经营活动税后净损失(减净收益) + 折旧、摊销 + 营运资本净减少(减净增加)。

该指标反映企业现金回收质量。理想的现金营运指数为1。

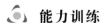

一、任务内容

任务目标:掌握现金流量表比率分析方法。

（一）案例资料

表 8-2、表 8-11 和表 8-12 是江苏恒瑞医药股份有限公司 2021—2022 年现金流量表、资产负债表和利润表。

表 8-11　2021—2022 年资产负债表　　　　　　　　　　　　　单位:元

项目	2022 年 12 月 31 日	2021 年 12 月 31 日
流动资产:		
货币资金	15 110 680 633.68	13 630 819 615.77
交易性金融资产	2 760 493 970.50	5 090 350 801.94
应收票据	502 790 602.73	1 081 031 081.78
应收账款	5 891 397 327.62	4 632 515 377.95
应收款项融资	1 947 283 306.23	1 170 380 436.17
预付款项	1 054 793 777.86	973 021 537.82
其他应收款	562 175 450.79	658 004 598.96
存货	2 450 574 758.45	2 402 673 360.01
其他流动资产	653 864 367.08	548 952 225.56
流动资产合计	30 934 054 194.94	30 187 749 035.96
非流动资产:		
长期股权投资	767 861 518.38	192 826 121.92
其他非流动金融资产	739 710 771.93	807 857 364.84
固定资产	5 383 158 419.88	4 462 870 398.58
在建工程	1 193 198 497.55	1 659 021 854.31
使用权资产	99 381 390.58	153 710 385.27
无形资产	519 895 053.15	442 454 193.33
开发支出	1 681 033 856.38	259 982 322.06
长期待摊费用	371 134 634.29	309 393 680.13
递延所得税资产	223 030 661.62	141 362 707.49
其他非流动资产	442 550 129.00	648 993 636.25
非流动资产合计	11 420 954 932.76	9 078 472 664.18
资产总计	42 355 009 127.70	39 266 221 700.14
流动负债:		

（单位：元）（续表）

项目	2022年12月31日	2021年12月31日
短期借款	1 260 943 473.97	—
应付票据	280 578 048.12	465 637 161.11
应付账款	1 486 970 552.11	1 787 140 113.91
合同负债	187 075 473.61	219 554 459.39
应付职工薪酬	10 920 363.98	47 352 856.57
应交税费	119 181 285.18	166 358 669.08
其他应付款	282 172 641.76	700 435 081.43
其他流动负债	11 377 763.91	15 054 112.90
流动负债合计	3 639 219 602.64	3 401 532 454.39
非流动负债：		
租赁负债	98 860 622.08	151 588 887.72
递延收益	119 440 000.00	116 520 000.00
递延所得税负债	84 332 759.81	24 772 430.71
非流动负债合计	302 633 381.89	292 881 318.43
负债合计	3 941 852 984.53	3 694 413 772.82
所有者权益（或股东权益）：		
实收资本（或股本）	6 379 002 274.00	6 396 011 914.00
资本公积	3 020 238 194.01	3 356 184 541.33
减：库存股	398 027 855.55	664 935 177.00
其他综合收益	3 228 412.82	-12 159 390.38
盈余公积	3 298 912 011.55	3 054 742 777.20
未分配利润	25 520 455 210.66	22 873 116 638.71
归属于母公司所有者权益（或股东权益）合计	37 823 808 247.49	35 002 961 303.86
少数股东权益	589 347 895.68	568 846 623.46
所有者权益（或股东权益）合计	38 413 156 143.17	35 571 807 927.32
负债和所有者权益（或股东权益）总计	42 355 009 127.70	39 266 221 700.14

表8-12 2021—2022年利润表

单位：元

项目	2022年度	2021年度
一、营业总收入	21 275 270 681.52	25 905 526 375.80
其中：营业收入	21 275 270 681.52	25 905 526 375.80

(单位:元)(续表)

项目	2022 年度	2021 年度
二、营业总成本	17 747 084 300.60	21 792 968 500.97
其中:营业成本	3 486 638 890.09	3 741 798 550.11
税金及附加	190 388 735.65	201 805 370.45
销售费用	7 347 893 145.32	9 383 708 325.27
管理费用	2 306 477 951.60	2 860 306 640.49
研发费用	4 886 552 651.32	5 943 306 005.11
财务费用	−470 867 073.38	−337 956 390.46
其中:利息费用	6 491 852.72	4 710 237.03
利息收入	385 275 275.77	367 462 517.94
资产减值损失	146 684 220.61	13 861 067.67
信用减值损失	26 284 422.21	−4 045 555.26
加:其他收益	287 401 388.30	309 036 020.34
投资收益(损失以"−"号填列)	387 364 612.91	213 433 866.66
其中:对联营企业和合营企业的投资收益	−62 995 502.99	−6 940 071.40
公允价值变动收益(损失以"−"号填列)	76 502 527.08	36 232 636.19
资产处置收益(损失以"−"号填列)	5 473 705.52	3 371 242.11
三、营业利润(亏损以"−"号填列)	4 111 959 971.91	4 664 816 127.72
加:营业外收入	2 081 701.57	2 222 921.69
减:营业外支出	145 549 554.63	200 730 259.49
四、利润总额(亏损总额以"−"号填列)	3 968 492 118.85	4 466 308 789.92
减:所得税费用	153 421 215.81	−17 718 094.01
五、净利润(净亏损以"−"号填列)	3 815 070 903.04	4 484 026 883.93

(二)要求

根据上述资料计算以下财务比率并填表 8-13。

表 8-13 财务比率计算表

项目	2022 年度	2021 年度
现金流动资产比率=现金及现金等价物期末余额/流动资产		
现金资产速动比率=现金及现金等价物期末余额/速动资产		
现金流动负债比率=现金及现金等价物期末余额/流动负债		
现金债务总额比率=现金及现金等价物期末余额/负债总额		

（续表）

项目	2022年度	2021年度
经营净现金比率（短期债务）＝经营活动现金净流量/流动负债		
经营净现金比率（全部债务）＝经营活动现金净流量/负债总额		
销售收现比率＝销售商品、提供劳务收到的现金/营业收入		
销售现金比率＝经营活动现金净流量/营业收入		
盈利现金比率＝经营活动现金净流量/净利润		

二、任务分工

工作任务分配及完成计划如表8-14所示。

表 8-14　工作任务分配及完成计划

工作任务编号		工作任务名称	
班级		组长	
组别		组员	
明确本次工作任务重点			
工作任务分配	组长： 组员1： 组员2： 组员3： 组员4： 组员5： ……		
工作任务完成计划（行动方案）	第一步： 第二步： 第三步：		
工作任务完成时间			
组长		签名：	

注：此表由组长填制，并与工作任务完成纸质材料一同装订。

任务实施

三、任务实施

任务实施步骤详见左侧二维码。

四、任务总结

工作任务完成后将分组的总结与感受分别填写到表8-15和表8-16中。

表 8-15　工作任务完成总结

工作任务编号		工作任务名称	
班级		组长	
组别		组员	
完成工作任务过程中存在的问题或困惑			
完成工作任务心得			
组长			签名：

表 8-16　工作任务完成的结果评价

组别	正确率	排名	完成工作任务感受	是否提升了工作能力？
1				
2				
3				
4				
5				
6				

项目实训评价

1. 学生进行自我评价，并将结果填入学生技能自评表。学生技能自评表如表 8-17 所示。

表 8-17　学生技能自评表

项目八		现金流量表分析		
评价项目		评价标准	分值	得分
技能评价	现金流量表项目分析	能熟悉现金流量表基本项目	10	
	现金流量表结构分析	能熟悉现金流量表结构分析的基本要求	10	
		能掌握现金流量表结构分析程序	10	
	现金流量表比率分析	能熟悉现金流量表比率分析的常用比率	20	
		能掌握现金流量表比率分析方法	20	
素质评价	工作态度	态度端正，无无故缺勤、迟到、早退现象	6	
	工作质量	能按计划完成工作任务	6	
	协调能力	与小组成员、同学之间能合作交流，协调工作	6	
	职业素质	能做到认真工作	6	
	创新意识	能运用所学开展工作	6	
合计			100	

2. 学生以小组为单位,对以上学习工作任务的过程与结果进行互评,将互评结果填入学生互评表。学生互评表如表8-18所示。

表8-18 学生互评表

项目八		现金流量表分析											
评价项目	分值	等级							评价对象(组别)				
									1	2	3	4	5	6
课前任务	10	优	10	良	8	中	6	差	4					
计划合理	10	优	10	良	8	中	6	差	4					
方案准确	10	优	10	良	8	中	6	差	4					
团队合作	10	优	10	良	8	中	6	差	4					
组织有序	10	优	10	良	8	中	6	差	4					
工作质量	10	优	10	良	8	中	6	差	4					
工作效率	10	优	10	良	8	中	6	差	4					
工作完成	10	优	10	良	8	中	6	差	4					
工作规范	10	优	10	良	8	中	6	差	4					
课后任务	10	优	10	良	8	中	6	差	4					

3. 教师对学生工作过程与工作结果进行评价,并将评价结果填入教师综合评价表。教师综合评价表如表8-19所示。

表8-19 教师综合评价表

项目八		现金流量表分析		
评价项目		评价标准	分值	得分
考勤(10%)		无无故缺勤、迟到、早退现象	10	
工作过程(60%)	现金流量表项目分析	能熟悉现金流量表基本项目	10	
	现金流量表结构分析	能熟悉现金流量表结构分析的基本要求	10	
		能掌握现金流量表结构分析程序	10	
	现金流量表比率分析	能熟悉现金流量表比率分析的常用比率	15	
		能掌握现金流量表比率分析方法	15	
工作结果(30%)	工作进度	能按时完成工作任务	10	
	工作规范	能按照基本工作流程完成工作	10	
	成果展示	能准确、充分、恰当地展示工作成果	10	
合计			100	

自测训练

一、单项选择题

在每小题列出的四个备选项中只有一个选项是符合题目要求的,请将其代码填写在题后的括号内。

1. 现金等价物的特点不包括( )。
   A. 流动性强　　　　　　　　　　B. 价值变动风险大
   C. 持有期限短　　　　　　　　　D. 易于转换为已知金额现金
2. 现金流量表中对现金流量的分类不包括( )。
   A. 投资活动现金流量　　　　　　B. 筹资活动现金流量
   C. 日常活动现金流量　　　　　　D. 经营活动现金流量
3. 现金流量表中现金流入与现金流出的差额是( )。
   A. 现金流量总额　　　　　　　　B. 现金流量余额
   C. 现金净流量　　　　　　　　　D. 现金总流量
4. 下列各项中属于投资活动产生的现金流量的是( )。
   A. 购买商品、接受劳务支付的现金
   B. 取得子公司及其他营业单位支付的现金
   C. 吸收投资收到的现金
   D. 收到的利息、手续费及佣金
5. 下列各项中与资产负债表的非经营性资产(长期资产等)有内在联系,但无直接核对关系的是( )。
   A. 经营活动现金流入　　　　　　B. 投资活动现金流出
   C. 筹资活动现金流出　　　　　　D. 筹资活动现金流入
6. 下列各项中不属于投资活动产生的现金流量的是( )。
   A. 购置设备支付的现金　　　　　B. 取得投资收益收到的现金
   C. 处置无形资产收到的现金　　　D. 发行债券收到的现金
7. 现金流量表中导致企业资本及债务规模和构成发生变化的活动是( )。
   A. 经营活动　　　　　　　　　　B. 投资活动
   C. 筹资活动　　　　　　　　　　D. 长期股权投资
8. 关于筹资活动产生的现金流量净额的变化规律,下列表述中错误的是( )。
   A. 处于初创期的企业,筹资活动产生的现金流量净额通常是正数
   B. 处于成长期的企业,筹资活动产生的现金流量净额通常是负数
   C. 处于成熟期的企业,筹资活动产生的现金流量净额通常是正负相间的
   D. 处于衰退期的企业,筹资活动产生的现金流量净额通常是负数
9. 下列各项中能使经营活动现金流量减少的项目是( )。
   A. 无形资产摊销　　　　　　　　B. 出售长期资产利得
   C. 存货增加　　　　　　　　　　D. 应收账款减少
10. 根据《企业会计准则第 31 号——现金流量表》的规定,支付的现金股利归属于( )。
    A. 经营活动　　　　　　　　　　B. 筹资活动
    C. 投资活动　　　　　　　　　　D. 销售活动
11. 企业采用间接法确定经营活动现金流量时,应在净利润的基础上( )。
    A. 加上投资收益　　　　　　　　B. 减去预提费用的增加

C. 减去固定资产折旧 D. 加上投资损失

12. 能够反映企业一定期间现金流量状况的报表是( )。

A. 资产负债表 B. 利润表

C. 现金流量表 D. 所有者权益变动表

13. 下列经济业务中能够引起现金流量净额变动的项目是( )。

A. 用银行存款购买2个月到期的债券

B. 从银行提取现金备用

C. 用自产产品抵偿债务

D. 开出支票偿还债务

14. 下列财务活动中不属于企业筹资活动的是( )。

A. 发行债券 B. 分配股利

C. 吸收权益性投资 D. 购建固定资产

15. 下列各项中属于经营活动产生的现金流量的有( )。

A. 用原材料对外投资 B. 用银行存款购买固定资产

C. 用银行存款支付材料采购款 D. 用银行存款支付在建工程人员工资

二、多项选择题

在每小题列出的备选项中至少有两个是符合题目要求的,请将其代码填写在题后的括号内。

1. 下列关于现金流量的各种表述中正确的有( )。

A. 现金流量总额是指流入和流出没有互相抵消的金额

B. 现金流量表各项目一般按报告年度现金流入或流出的总额反映

C. 现金流量总额全面揭示企业现金流量的方向、规模和结构

D. 现金净流量可能是正数也可能是负数

2. 现金流量表中现金及现金等价物所包括的具体内容有( )。

A. 库存现金 B. 银行存款

C. 短期国债 D. 长期公司债券

3. 下列各项中属于筹资活动现金流量项目的有( )。

A. 短期借款增加 B. 资本净增加

C. 长期投资增加 D. 偿还长期债券

4. 现金流量表的内容包括( )。

A. 本期现金从何而来 B. 本期现金用向何方

C. 现金余额发生什么变化 D. 不涉及现金的投资活动

5. 下列各项中属于经营活动产生的现金流量的有( )。

A. 销售商品、提供劳务收到的现金

B. 向其他金融机构拆入资金净增加额

C. 偿还债务支付的现金

D. 客户贷款及垫款净增加额

6. 将净利润调节为经营活动现金流量,应调增的项目有(　　)。
   A. 流动负债减少　　　　　　　　　B. 财务费用
   C. 非付现费用　　　　　　　　　　D. 非流动资产增加

7. 下列各项中属于经营活动产生的现金流量的有(　　)。
   A. 销售商品收到的现金　　　　　　B. 分配股利支付的现金
   C. 提供劳务收到的现金　　　　　　D. 出售设备收到的现金

8. 经营活动现金流量 =(　　)。
   A. 净利润 – 非经营活动损益 + 非付现费用 –(经营性资产增加 – 经营性负债增加)
   B. 经营利润 + 非付现费用 – 营运资金净增加
   C. 经营活动现金流入 + 非付现费用 – 营运资金净增加
   D. 经营活动现金净流量

9. 将净利润调节为经营活动现金流量,应调减的项目有(　　)。
   A. 流动负债减少　　　　　　　　　B. 投资收益
   C. 非付现费用　　　　　　　　　　D. 非现金流动资产减少

10. 下列各项中属于筹资活动现金流量项目的有(　　)。
    A. 短期借款增加　　　　　　　　　B. 支付给职工的现金
    C. 或有收益　　　　　　　　　　　D. 分配股利支付的现金

11. 下列关于列报经营活动现金流量方法的各种表述中正确的有(　　)。
    A. 列报经营活动现金流量的方法有直接法和间接法
    B. 我国现金流量表正表部分的经营活动现金流量是按照直接法列示的
    C. 我国现金流量表正表部分的经营活动现金流量是按照间接法列示的
    D. 我国现金流量表附注部分的经营活动现金流量采用直接法披露

12. 现金流量表中的"支付给职工以及为职工支付的现金"项目包括(　　)。
    A. 支付的在建工程人员的职工薪酬
    B. 支付的生产工人的职工薪酬
    C. 支付给退休人员的退休金
    D. 支付的行政管理人员的职工薪酬

13. 下列各项中属于投资活动产生的现金流量的有(　　)。
    A. 购建固定资产支付的现金
    B. 确认被投资单位宣告分配的现金股利
    C. 购买3个月内到期的国库券支付的现金
    D. 收到对方以银行存款支付的债券利息

14. 现金流量分析的作用有(　　)。
    A. 对获取现金的能力做出评价
    B. 对偿债能力做出评价
    C. 对收益质量做出评价
    D. 对投资活动和筹资活动做出评价

15. 下列各项中属于现金流量表中现金及现金等价物的有(　　)。
    A. 银行汇票存款

B. 银行存款

C. 3个月内到期的债券投资

D. 企业持有的可以随时出售的上市公司股票

三、判断题

判断下列各题正误,正确者在括号内打"√",错误者在括号内打"×"。

1. 企业管理者将其持有的现金投资于现金等价物项目,目的在于谋求高于利息收入的风险报酬。( )

2. 固定资产折旧的变动不影响当期现金流量的变动。( )

3. 现金各种形式之间的转换不会形成现金的流入和流出,现金和现金等价物之间的转换才会形成。( )

4. 经营活动产生的现金流量大于0说明企业盈利。( )

5. 筹资活动现金流入与资产负债表的短期借款、长期借款、所有者权益有内在联系,但无直接核对关系。( )

6. 计提坏账准备将引起经营活动现金流量的增加。( )

7. 现金流量表中的"经营活动"是指直接进行产品生产、商品销售或劳务提供的活动。( )

8. 利息支出将对筹资活动现金流量和投资活动现金流量产生影响。( )

9. 销售商品、提供劳务收到的现金既包括本期销售本期收回的现金,又包括前期销售本期收到的现金,但要扣除因销售退回本期支出的现金。( )

10. 发行债券收到的现金属于筹资活动产生的现金流量。( )

项目九

会计报表综合分析

📁 学习任务描述

编制会计报表的主要目的,是提供企业财务状况和经营成果信息,以供企业的经营管理者和投资者决策之用。但是会计报表提供的数据和有关指标,只能概括地反映企业的财务状况和经营成果,并不能充分、有效地提供企业偿债能力指标、盈利能力指标、资产周转状况指标以及其他有关计划或财务计划指标。这就必须对各项有关会计数据进行加工、联系和对比,并对此进行分析、评价、总结,为制定下一阶段或下一年度的财务、会计指标和经济管理目标提供依据。本项目是在资产负债表、利润表和现金流量表分析的基础上,进行企业的会计报表综合分析和训练。

1. 知识目标

通过本项目的学习,全面掌握主要会计报表综合分析方法。

2. 能力目标

通过本项目的学习,能够运用杜邦分析、结构分析、趋势分析和比率分析等方法对会计报表进行综合分析。

3. 素养目标

培养学生遵循会计准则的基本素质,建立看待事物的大局观,能够从整体上把握企业财务状况和经营成果,培养学生业财融合意识和前瞻性思维。

📖 知识体系

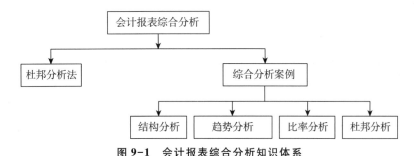

图 9-1 会计报表综合分析知识体系

引导案例

对于"盲人摸象"这个成语我们耳熟能详。如果仅仅从企业单一会计报表分析企业整体财务状况和经营成果,那么分析结论无疑会出现"盲人摸象"的效果。这是因为企业的各种会计报表分别从不同的方面反映企业的财务状况和经营成果,孤立地分析某个会计报表,只能了解企业局部,所以需要进行会计报表综合分析。

任务一 杜邦分析法

相关知识

会计报表是建立在会计核算基础上的,是对企业经营活动的综合反映。要对一个企业的会计报表做出比较深刻、透彻的分析,找出有用的信息,发现隐含的问题,必须具备一定的专业知识,这对于一般的报表使用者来说是有困难的。为此,报表使用者应该了解会计报表分析的基本方法。会计报表分析的方法主要有比较分析法、比率分析法、因素分析法、趋势分析法和杜邦分析法等。比较分析法、比率分析法、因素分析法和趋势分析法前已述及,本任务主要介绍杜邦分析法。

杜邦分析法(DuPont Analysis)是利用几种主要财务比率之间的关系来综合地分析企业的财务状况。具体来说,它是一种用来评价企业盈利能力和股东权益回报水平,从财务角度评价企业绩效的一种经典方法。其基本思想是将企业净资产收益率逐级分解为多项财务比率的乘积,这样有助于深入分析比较企业经营业绩。由于这种分析方法最早由美国杜邦公司使用,故命名为杜邦分析法。

一、杜邦分析法的特点和作用

杜邦分析法最显著的特点是将若干用以评价企业财务状况和经营成果的财务比率按其内在联系有机地结合起来,形成一个完整的指标体系,并最终通过净资产收益率来综合反映。采用这一方法,可使财务比率分析的层次更清晰、条理更突出,为报表分析者全面、仔细地了解企业的财务状况和经营成果提供方便。

杜邦分析法有助于企业管理层更加清晰地看到净资产收益率的决定因素,以及销售净利率与总资产周转率、权益乘数之间的关联关系,给管理层提供一张明晰的考察企业资产管理效率和是否最大化股东投资回报的路线图。杜邦分析指标体系如图 9-2 所示。

二、杜邦分析法的框架

（一）杜邦分析法的财务指标关系

如图 9-2 所示,杜邦分析法中几种主要财务指标之间的关系为:

净资产收益率 = 总资产净利率(净利润／总资产) × 权益乘数(总资产／总权益资本)

而:

总资产净利率(净利润／总资产) = 销售净利率(净利润／总收入) × 总资产周转率(总收入／总资产)

即：

净资产收益率 = 销售净利率 × 总资产周转率 × 权益乘数

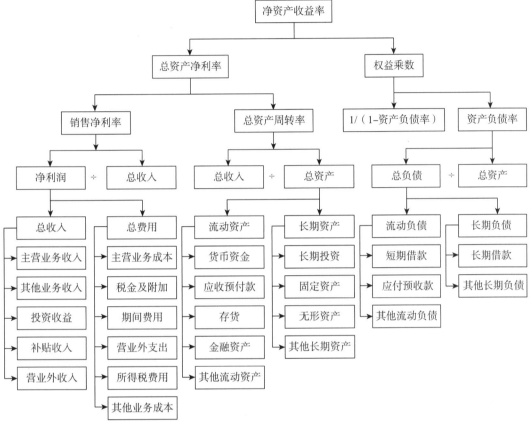

图9-2　杜邦分析指标体系

由上面的三个基本关系式我们可以看出，杜邦分析法是从净资产收益率这个综合性指标出发，将其逐层分解为若干财务指标，以此揭示企业获取收益的内在因素及其相互关系。通过逐层分解我们发现，最终企业净资产收益率的决定因素有收入、成本、费用、资产状况及资本结构等。

净资产收益率是杜邦分析中的核心指标，它反映了净资产的获利能力，并且是企业经营成果的重要衡量指标。权益乘数是一个反映资本结构的指标，负债比例越大，权益乘数也越大，财务杠杆系数也就越大，会给企业带来较大的杠杆利益，但同时也会加大企业的财务风险。通过逐层分解我们可以看出，提高净资产收益率有两个基本途径：提高总资产净利率和提高权益乘数。

销售净利率反映企业所获取的净利润与销售收入的关系，它直接影响着总资产净利率，是最为基础的财务指标之一。在买方市场条件下，企业销售业绩好坏更大程度地取决于净利润，而销售净利率正是对销售业绩最有效的衡量指标。总资产周转率是反映总资产营运状况的指标，资产周转率越大，表明企业资产在某一期间的周转次数越多，周转天数越少，资产利用率越高。

通过以上分析,将各因素加以综合考虑,我们可以看到,提高净资产收益率的途径有以下三个:

(1) 提高销售净利率,提升业务获利水平。这就要求企业一方面提高产能,扩大销量,增加销售收入;另一方面降低成本费用,合理安排成本结构。

(2) 提高总资产周转率,增强企业经营性资产的流动性,降低资金占用。这就要求企业合理安排资产结构,降低资产存量,特别是降低存货存量,加快应收账款的收现。

(3) 提高权益乘数。较高的权益乘数固然可以较好地发挥财务杠杆作用,但会导致较大的财务风险,这就要求企业合理安排负债比例,不能太高也不能太低。

(二) 杜邦分析体系的分解

杜邦分析体系是一个多层次的财务比率分解体系。各项财务比率可在每个层次上与本企业历史或同行业财务比率相比较,比较之后向下一级分解。逐级向下分解,逐步覆盖企业经营活动的每个环节,以实现系统、全面评价企业财务状况和经营成果的目的。

第一层次的分解是把净资产收益率分解为销售净利率、总资产周转率和权益乘数。这三个比率在各企业之间可能存在显著差异。通过对差异的比较,我们可以观察本企业与其他企业的经营战略和财务政策有什么不同。

分解出来的销售净利率和总资产周转率可以反映企业的经营战略。一些企业销售净利率较高,而总资产周转率较低;另一些企业则与之相反,总资产周转率较高,而销售净利率较低。销售净利率与总资产周转率经常呈反方向变化。这种现象不是偶然的。为了提高销售净利率,就要增加产品附加值,这往往需要增加投资,从而引起总资产周转率下降。与此相反,为了加快资产周转,就要降低价格,从而引起销售净利率下降。通常,销售净利率较高的制造业,其总资产周转率都较低;总资产周转率很高的零售业,其销售净利率很低。是采取"高盈利、低周转"还是"低盈利、高周转"的方针,是企业根据外部环境和自身资源做出的战略选择。正因如此,仅从销售净利率的高低并不能看出企业销售业绩的好坏,应把它与总资产周转率联系起来考察企业的经营战略。真正重要的是两者共同作用得到的总资产净利率。总资产净利率可以反映管理者运用受托资产赚取盈利的能力,是最重要的盈利能力指标。

分解出来的权益乘数(财务杠杆)可以反映企业的财务政策。在总资产净利率不变的情况下,提高财务杠杆可以提高净资产收益率,但同时也会增加财务风险。如何配置财务杠杆是企业最重要的财务政策。一般说来,总资产净利率较高的企业,财务杠杆较低,反之亦然。这种现象也不是偶然的。可以设想,为了提高净资产收益率,企业倾向于尽可能提高财务杠杆。但是,贷款提供者不一定会同意这种做法。贷款提供者不分享超过利息的收益,更倾向于为预期未来经营活动现金净流量比较稳定的企业提供贷款。为了稳定现金流量,企业的一种选择是降低价格以减少竞争,另一种选择是增加净营运资本以防止现金流中断,这都会导致总资产净利率下降。这就是说,为了提高流动性,只能降低盈利性。因此,我们实际看到的是,经营风险低的企业可以得到较多的贷款,其财务杠杆较高;经营风险高的企业只能得到较少的贷款,其财务杠杆较低。总资产净利率与财务杠杆负相关,共同决定了企业的净资产收益率。因此,企业必须使其经营战略和财务政策相匹配。

三、杜邦分析法的不足

1. 没有充分利用现金流量表信息

杜邦分析体系所需的数据主要取自资产负债表、利润表,无法揭示企业的现金流量状况。在实际工作中,现金流量对于一个企业经营活动是否顺畅至关重要,企业经营活动的正常进行经常需要支付大量的现金,若现金不足,企业经营就可能存在较大的风险。现金流量信息是财务分析人员对企业的财务状况做出准确判断的重要依据,财务分析人员通过对现金流量的分析,可以了解企业现金流量的来源、结构、数量等重要信息,从而可以对企业经营资产的真实性和创造现金的能力、收益的质量等做出判断。由于现行的杜邦分析体系缺少对现金流量的分析,因而不能对企业做出更为准确、全面的财务分析。

2. 忽视了对留存收益的分析

企业一定时期实现的净利润在弥补以前年度亏损和提取法定公积金以后,应向投资者分配利润或向股东分配股利。虽然利润与股利的分配形式和分配比例比较灵活,不像负债利息具有较大的强制性,但若企业长期不分配利润或不发放现金股利,就会影响投资者的信心,影响股价或企业的价值。所以,企业一般每年都会或多或少地向投资者或股东分配利润或发放现金股利,这就使得企业实际留存的收益减少,而杜邦分析体系没有涉及企业利润分配及留用状况的分析。

3. 忽视了对收益质量的分析

净利润和收入的计算是以权责发生制为基础的,收入、利润或留存收益高,并不意味着企业有充足的经营活动现金净流量或剩余现金净流量,或者企业有充足的现金支付能力和偿债能力,企业的现金支付能力和偿债能力不仅取决于其盈利能力,还受其收益质量的影响,而现行杜邦分析体系缺乏对企业收益质量的分析。

另外,杜邦分析法对短期财务结果过分重视,有可能助长企业管理层的短视行为,忽略企业长期的价值创造。

能力训练

一、任务内容

任务目标:掌握杜邦分析法。

(一) 案例资料

表9-1、表9-2是北京同仁堂股份有限公司2020—2022年资产负债表、利润表。

表 9-1 资产负债表　　　　　　　　　　　　　　　　　　　　　　　单位:元

项目	2022年12月31日	2021年12月31日	2020年12月31日
流动资产:			
货币资金	11 623 986 433.44	9 926 307 096.61	8 349 450 524.45
交易性金融资产	428 584.04		1 500 000.00
应收票据	464 210 229.92	492 587 968.60	249 350 633.89

（单位：元）（续表）

项目	2022年12月31日	2021年12月31日	2020年12月31日
应收账款	1 301 148 434.72	1 004 296 481.57	1 141 207 526.69
应收款项融资	115 827 605.64	188 189 546.33	215 872 234.04
预付款项	160 632 481.81	185 356 428.69	264 886 100.93
其他应收款	95 872 161.91	90 182 006.54	89 891 550.77
存货	6 694 368 428.37	6 169 091 993.17	6 060 568 229.46
持有待售资产			11 460 634.14
一年内到期的非流动资产	917 431.19	933 927.56	
其他流动资产	102 024 434.98	116 670 163.49	142 702 824.15
流动资产合计	20 559 416 226.02	18 173 615 612.56	16 526 890 258.52
非流动资产：			
长期股权投资	19 449 670.53	14 142 142.32	15 029 824.20
其他权益工具投资	8 591 358.31	4 466 181.70	5 140 114.92
其他非流动金融资产	90 000.00	90 000.00	90 000.00
固定资产	3 808 597 332.93	3 938 357 707.08	4 081 321 964.92
在建工程	136 023 490.68	84 193 526.00	127 941 952.46
生产性生物资产	4 115 075.81	4 115 779.97	3 762 282.45
使用权资产	1 344 339 134.79	1 673 090 735.94	
无形资产	746 467 671.90	736 311 766.91	642 784 777.62
商誉	45 144 244.15	41 403 222.69	43 489 279.70
长期待摊费用	108 579 268.74	145 079 278.27	183 394 927.65
递延所得税资产	206 349 617.52	210 588 699.26	160 652 877.74
其他非流动资产	56 200 590.98	45 426 814.41	47 014 102.06
非流动资产合计	6 485 075 663.48	6 899 219 749.75	5 310 622 103.72
资产总计	27 044 491 889.50	25 072 835 362.31	21 837 512 362.24
流动负债：			
短期借款	309 532 000.00	830 786 900.00	423 750 000.00
应付票据	43 867 187.90	37 831 812.28	100 000 000.00
应付账款	3 447 286 031.01	3 192 764 425.76	2 764 623 799.69
预收款项			
合同负债	624 572 649.26	559 193 783.58	350 876 003.75
应付职工薪酬	407 908 573.95	367 127 529.83	361 633 713.17
应交税费	418 361 947.31	214 573 725.09	167 913 544.54

(单位:元)(续表)

项目	2022年12月31日	2021年12月31日	2020年12月31日
其他应付款	517 572 820.01	504 987 472.55	554 621 930.41
应付股利	18 751 970.87	17 370 786.02	15 344 072.85
持有待售负债			3 631 966.54
一年内到期的非流动负债	485 890 342.56	523 940 973.50	828 298 884.88
其他流动负债	80 615 027.88	71 156 338.09	42 997 462.27
流动负债合计	6 335 606 579.88	6 302 362 960.68	5 598 347 305.25
非流动负债:			
长期借款	1 221 797 346.84	744 633 135.41	483 226 777.22
应付债券			
租赁负债	860 771 285.23	1 136 752 273.58	
长期应付款	9 135 740.00	9 135 740.00	12 935 900.00
长期应付职工薪酬	339 579.73	820 028.19	1 207 742.47
预计负债		262 500.00	262 500.00
递延收益	153 956 130.42	198 240 855.47	188 216 086.91
递延所得税负债	8 816 914.37	8 126 570.73	6 912 560.95
非流动负债合计	2 254 816 996.59	2 097 971 103.38	692 761 567.55
负债合计	8 590 423 576.47	8 400 334 064.06	6 291 108 872.80
所有者权益(或股东权益):			
实收资本(或股本)	1 371 470 262.00	1 371 470 262.00	1 371 470 262.00
资本公积	2 005 619 067.30	1 992 916 011.21	2 006 500 148.44
其他综合收益	89 039 247.14	-43 482 544.06	-2 386 775.71
盈余公积	1 078 713 423.89	969 637 849.60	883 982 024.14
未分配利润	7 262 433 548.28	6 343 423 793.24	5 572 003 769.22
归属于母公司所有者权益(或股东权益)合计	11 807 275 548.61	10 633 965 371.99	9 831 569 428.09
少数股东权益	6 646 792 764.42	6 038 535 926.26	5 714 834 061.35
所有者权益(或股东权益)合计	18 454 068 313.03	16 672 501 298.25	15 546 403 489.44
负债和所有者权益(或股东权益)总计	27 044 491 889.50	25 072 835 362.31	21 837 512 362.24

表9-2 利润表

单位:元

项目	2022年度	2021年度	2020年度
一、营业总收入	15 372 423 363.17	14 603 100 739.78	12 825 879 050.96
其中:营业收入	15 372 423 363.17	14 603 100 739.78	12 825 879 050.96
二、营业总成本	12 663 908 342.37	12 093 055 194.33	10 740 027 174.38

(单位:元)(续表)

项目	2022 年度	2021 年度	2020 年度
其中:营业成本	7 870 132 037.30	7 648 481 567.87	6 792 069 655.66
税金及附加	167 335 400.27	154 866 527.14	136 844 632.07
销售费用	3 071 452 218.52	2 748 393 778.82	2 473 223 340.57
管理费用	1 342 173 015.28	1 335 467 120.92	1 235 707 484.30
研发费用	217 446 263.51	175 947 130.93	138 124 050.67
财务费用	-4 630 592.51	29 899 068.65	-35 941 988.89
其中:利息费用	111 397 583.16	127 351 544.77	53 239 639.80
利息收入	123 666 333.51	112 953 558.48	104 793 569.46
资产减值损失	87 336 530.80	222 218 325.57	112 679 017.32
信用减值损失	-5 576 377.80	11 124 593.79	38 239 094.13
加:其他收益	91 548 041.42	41 953 700.48	56 399 101.04
投资收益(损失以"-"号填列)	3 119 397.63	9 343 298.96	599 427.93
其中:对联营企业和合营企业的投资收益	-779 701.05	102 656.42	-756 416.52
公允价值变动收益(损失以"-"号填列)	-114 713.28		
资产处置收益(损失以"-"号填列)	130 490.60	427 295.11	12 588 202.94
三、营业利润(亏损以"-"号填列)	2 721 438 084.17	2 328 426 920.64	2 004 520 497.04
加:营业外收入	4 567 403.64	4 442 403.32	3 361 263.13
减:营业外支出	9 067 600.98	5 594 455.64	24 964 780.05
四、利润总额(亏损总额以"-"号填列)	2 716 937 886.83	2 327 274 868.32	1 982 916 980.12
减:所得税费用	517 547 075.11	436 514 409.25	366 553 674.93
五、净利润(净亏损以"-"号填列)	2 199 390 811.72	1 890 760 459.07	1 616 363 305.19

(二) 要求

根据上述资料计算相关财务指标填列表 9-3,并填制北京同仁堂股份有限公司杜邦分析示意图 9-3。

表 9-3 财务指标汇总表

项目	参考计算公式	2022 年 12 月 31 日	2021 年 12 月 31 日
平均资产	(期初资产 + 期末资产)/2		
平均负债	(期初负债 + 期末负债)/2		
平均所有者权益	(期初所有者权益 + 期末所有者权益)/2		
平均资产负债率	平均负债/平均资产		

(续表)

项目	参考计算公式	2022年12月31日	2021年12月31日
平均权益乘数	平均资产/平均所有者权益 或:1/(1-平均资产负债率)		
总资产净利率	净利润/平均资产		
销售净利率	净利润/营业收入		
总资产周转率	营业收入/平均资产		
净资产收益率	净利润/平均所有者权益		

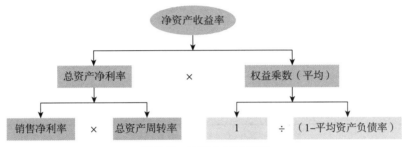

图 9-3 杜邦分析示意图

二、任务分工

工作任务分配及完成计划如表 9-4 所示。

表 9-4 工作任务分配及完成计划

工作任务编号		工作任务名称	
班级		组长	
组别		组员	
明确本次工作任务重点			
工作任务分配	组长: 组员1: 组员2: 组员3: 组员4: 组员5: ……		
工作任务完成计划 (行动方案)	第一步: 第二步: 第三步:		
工作任务完成时间			
组长			签名:

注:此表由组长填制,并与工作任务完成纸质材料一同装订。

三、任务实施

任务实施

任务实施步骤详见左侧二维码。

四、任务总结

工作任务完成后将分组的总结与感受分别填写到表 9-5 和表 9-6 中。

表 9-5　工作任务完成总结

工作任务编号		工作任务名称	
班级		组长	
组别		组员	
完成工作任务过程中存在的问题或困惑			
完成工作任务心得			
组长			签名：

表 9-6　工作任务完成的结果评价

组别	正确率	排名	完成工作任务感受	是否提升了工作能力？
1				
2				
3				
4				
5				
6				

任务二　会计报表综合分析案例

相关知识

会计报表分析的一般步骤包括确定分析目的、收集分析信息、选择分析方法、得出分析结论。

一、确定分析目的

在进行会计报表分析时，首先是明确分析目的。不同人员基于不同的经济利益，会对会计报表得出不同的分析结论。管理当局通过报表分析，可以有效地调整对业务活动的预算与控制；债权人则希望从会计报表分析中得到企业偿债能力信息，以便做出评价和决策。

二、收集分析信息

会计报表只反映经济活动在某一时期的结果,并不反映经济活动的发生、发展变化过程。会计报表只能部分地反映造成当前结果的原因,并不能全面揭示形成原因。因此,分析人员需要收集相关信息。

三、选择分析方法

分析方法服从于分析目的,分析人员应根据不同的分析目的,采用不同的分析方法。常用的分析方法包括比较分析法、比率分析法、结构分析法、因素分析法、趋势分析法和杜邦分析法等。

四、得出分析结论

首先核对和明确会计报表是否反映了真实情况,并依据分析目的进行相关指标的计算,根据计算结果进行比较分析,得出分析结论。

能力训练

案例资料

北京同仁堂股份有限公司是中药行业著名的老字号,成立于1997年,目前公司在A股和H股两地上市。公司以生产和销售传统中成药为主业,目前已形成由大兴、亦庄、刘家窑、通州、昌平五个生产基地组成的生产制剂群,年产中成药20余个剂型、超400个品规,主要产品有牛黄清心丸、安宫牛黄丸、大活络丸、国公酒等中成药。

依据任务一资料(表9-1、表9-2)和表9-7,我们对北京同仁堂股份有限公司进行综合分析。

表9-7是北京同仁堂股份有限公司2020—2022年现金流量表数据。

表9-7 现金流量表　　　　　　　　　　　　　　　　　　　　　　单位:元

项目	2022年度	2021年度	2020年度
一、经营活动产生的现金流量:			
销售商品、提供劳务收到的现金	17 157 478 063.91	16 155 806 677.52	14 384 558 856.98
收到的税费返还	79 611 134.29	16 161 687.22	5 813 716.99
收到其他与经营活动有关的现金	164 432 417.96	368 078 514.91	332 626 211.28
经营活动现金流入小计	17 401 521 616.16	16 540 046 879.65	14 722 998 785.25
购买商品、接受劳务支付的现金	7 866 826 724.86	7 012 680 385.95	6 486 984 297.35
支付给职工以及为职工支付的现金	3 119 066 056.66	2 932 859 399.73	2 495 654 460.71
支付的各项税费	1 436 191 633.38	1 421 941 022.32	1 347 502 541.00
支付其他与经营活动有关的现金	1 885 140 916.99	1 746 151 507.99	2 218 225 822.26

(单位:元)(续表)

项目	2022 年度	2021 年度	2020 年度
经营活动现金流出小计	14 307 225 331.89	13 113 632 315.99	12 548 367 121.32
经营活动产生的现金流量净额	3 094 296 284.27	3 426 414 563.66	2 174 631 663.93
二、投资活动产生的现金流量:			
收回投资收到的现金			
取得投资收益收到的现金	223 359.05	166 888.03	151 000.10
处置固定资产、无形资产和其他长期资产收回的现金净额	1 291 595.42	2 567 281.56	15 135 591.41
处置子公司及其他营业单位收到的现金净额	2 771 585.49		8 032 092.00
收到其他与投资活动有关的现金	116 467 034.17	176 759 947.05	261 442 696.83
投资活动现金流入小计	120 753 574.13	179 494 116.64	284 761 380.34
购建固定资产、无形资产和其他长期资产支付的现金	330 028 680.33	471 207 370.17	1 150 958 582.66
投资支付的现金			
取得子公司及其他营业单位支付的现金净额	2 118 473.45		
支付其他与投资活动有关的现金		50 200 979.36	94 661 000.00
投资活动现金流出小计	332 147 153.78	521 408 349.53	1 245 619 582.66
投资活动产生的现金流量净额	-211 393 579.65	-341 914 232.89	-960 858 202.32
三、筹资活动产生的现金流量:			
吸收投资收到的现金	70 207 494.00	20 412 278.82	54 390 000.00
其中:子公司吸收少数股东投资收到的现金	70 207 494.00	20 412 278.82	54 390 000.00
取得借款收到的现金	1 726 400 000.00	1 501 951 040.11	507 238 695.39
收到其他与筹资活动有关的现金			
筹资活动现金流入小计	1 796 607 494.00	1 522 363 318.93	561 628 695.39
偿还债务支付的现金	1 782 351 969.88	1 625 013 031.45	305 442 918.18
分配股利、利润或偿付利息支付的现金	795 631 391.54	731 237 939.09	694 901 123.18
其中:子公司支付给少数股东的股利、利润	353 211 405.54	273 828 114.34	268 115 953.34
支付其他与筹资活动有关的现金	528 853 361.01	550 483 990.58	216 650.00

(单位:元)(续表)

项目	2022 年度	2021 年度	2020 年度
筹资活动现金流出小计	3 106 836 722.43	2 906 734 961.12	1 000 560 691.36
筹资活动产生的现金流量净额	−1 310 229 228.43	−1 384 371 642.19	−438 931 995.97
四、汇率变动对现金及现金等价物的影响	162 729 333.52	−49 856 196.41	−95 924 316.94
五、现金及现金等价物净增加额	1 735 402 809.71	1 650 272 492.17	678 917 148.70
加:期初现金及现金等价物余额	9 886 240 264.33	8 235 967 772.16	7 557 050 623.46
六、期末现金及现金等价物余额	11 621 643 074.04	9 886 240 264.33	8 235 967 772.16

子任务 1:结构分析

一、任务内容

任务目标:掌握会计报表结构分析方法。

要求:依据案例资料,编制资产结构表、负债和所有者权益结构表、利润结构表和现金流量结构表,并对上述结构表进行分析。各类结构表如表 9-8—表 9-11 所示。

表 9-8 资产结构表

项目	2022 年 12 月 31 日		2021 年 12 月 31 日		2020 年 12 月 31 日	
	金额(元)	占比	金额(元)	占比	金额(元)	占比
流动资产:						
货币资金	11 623 986 433.44		9 926 307 096.61		8 349 450 524.45	
交易性金融资产	428 584.04				1 500 000.00	
应收票据	464 210 229.92		492 587 968.60		249 350 633.89	
应收账款	1 301 148 434.72		1 004 296 481.57		1 141 207 526.69	
应收款项融资	115 827 605.64		188 189 546.33		215 872 234.04	
预付款项	160 632 481.81		185 356 428.69		264 886 100.93	
其他应收款	95 872 161.91		90 182 006.54		89 891 550.77	
存货	6 694 368 428.37		6 169 091 993.17		6 060 568 229.46	
持有待售资产					11 460 634.14	
一年内到期的非流动资产	917 431.19		933 927.56			
其他流动资产	102 024 434.98		116 670 163.49		142 702 824.15	
流动资产合计	20 559 416 226.02		18 173 615 612.56		16 526 890 258.52	
非流动资产:						

(续表)

项目	2022年12月31日		2021年12月31日		2020年12月31日	
	金额(元)	占比	金额(元)	占比	金额(元)	占比
长期股权投资	19 449 670.53		14 142 142.32		15 029 824.20	
其他权益工具投资	8 591 358.31		4 466 181.70		5 140 114.92	
其他非流动金融资产	90 000.00		90 000.00		90 000.00	
固定资产	3 808 597 332.93		3 938 357 707.08		4 081 321 964.92	
在建工程	136 023 490.68		84 193 526.00		127 941 952.46	
生产性生物资产	4 115 075.81		4 115 779.97		3 762 282.45	
使用权资产	1 344 339 134.79		1 673 090 735.94			
无形资产	746 467 671.90		736 311 766.91		642 784 777.62	
商誉	45 144 244.15		41 403 222.69		43 489 279.70	
长期待摊费用	108 579 268.74		145 079 278.27		183 394 927.65	
递延所得税资产	206 349 617.52		210 588 699.26		160 652 877.74	
其他非流动资产	56 200 590.98		45 426 814.41		47 014 102.06	
非流动资产合计	6 485 075 663.48		6 899 219 749.75		5 310 622 103.72	
资产总计	27 044 491 889.50		25 072 835 362.31		21 837 512 362.24	

表 9-9 负债和所有者权益结构表

项目	2022年12月31日		2021年12月31日		2020年12月31日	
	金额(元)	占比	金额(元)	占比	金额(元)	占比
流动负债：						
短期借款	309 532 000.00		830 786 900.00		423 750 000.00	
应付票据	43 867 187.90		37 831 812.28		100 000 000.00	
应付账款	3 447 286 031.01		3 192 764 425.76		2 764 623 799.69	
预收款项						
合同负债	624 572 649.26		559 193 783.58		350 876 003.75	
应付职工薪酬	407 908 573.95		367 127 529.83		361 633 713.17	
应交税费	418 361 947.31		214 573 725.09		167 913 544.54	
其他应付款	517 572 820.01		504 987 472.55		554 621 930.41	
应付股利	18 751 970.87		17 370 786.02		15 344 072.85	

（续表）

项目	2022年12月31日 金额(元)	占比	2021年12月31日 金额(元)	占比	2020年12月31日 金额(元)	占比
持有待售负债					3 631 966.54	
一年内到期的非流动负债	485 890 342.56		523 940 973.50		828 298 884.88	
其他流动负债	80 615 027.88		71 156 338.09		42 997 462.27	
流动负债合计	6 335 606 579.88		6 302 362 960.68		5 598 347 305.25	
非流动负债：						
长期借款	1 221 797 346.84		744 633 135.41		483 226 777.22	
应付债券						
租赁负债	860 771 285.23		1 136 752 273.58			
长期应付款	9 135 740.00		9 135 740.00		12 935 900.00	
长期应付职工薪酬	339 579.73		820 028.19		1 207 742.47	
预计负债			262 500.00		262 500.00	
递延收益	153 956 130.42		198 240 855.47		188 216 086.91	
递延所得税负债	8 816 914.37		8 126 570.73		6 912 560.95	
非流动负债合计	2 254 816 996.59		2 097 971 103.38		692 761 567.55	
负债合计	8 590 423 576.47		8 400 334 064.06		6 291 108 872.80	
所有者权益(或股东权益)：						
实收资本(或股本)	1 371 470 262.00		1 371 470 262.00		1 371 470 262.00	
资本公积	2 005 619 067.30		1 992 916 011.21		2 006 500 148.44	
其他综合收益	89 039 247.14		-43 482 544.06		-2 386 775.71	
盈余公积	1 078 713 423.89		969 637 849.60		883 982 024.14	
未分配利润	7 262 433 548.28		6 343 423 793.24		5 572 003 769.22	
归属于母公司所有者权益(或股东权益)合计	11 807 275 548.61		10 633 965 371.99		9 831 569 428.09	
少数股东权益	6 646 792 764.42		6 038 535 926.26		5 714 834 061.35	
所有者权益(或股东权益)合计	18 454 068 313.03		16 672 501 298.25		15 546 403 489.44	
负债和所有者权益(或股东权益)总计	27 044 491 889.50		25 072 835 362.31		21 837 512 362.24	

表 9-10　利润结构表

项目	2022 年度		2021 年度		2020 年度	
	金额(元)	占比	金额(元)	占比	金额(元)	占比
一、营业总收入	15 372 423 363.17		14 603 100 739.78		12 825 879 050.96	
其中:营业收入	15 372 423 363.17		14 603 100 739.78		12 825 879 050.96	
二、营业总成本	12 663 908 342.37		12 093 055 194.33		10 740 027 174.38	
其中:营业成本	7 870 132 037.30		7 648 481 567.87		6 792 069 655.66	
税金及附加	167 335 400.27		154 866 527.14		136 844 632.07	
销售费用	3 071 452 218.52		2 748 393 778.82		2 473 223 340.57	
管理费用	1 342 173 015.28		1 335 467 120.92		1 235 707 484.30	
研发费用	217 446 263.51		175 947 130.93		138 124 050.67	
财务费用	-4 630 592.51		29 899 068.65		-35 941 988.89	
其中:利息费用	111 397 583.16		127 351 544.77		53 239 639.80	
利息收入	123 666 333.51		112 953 558.48		104 793 569.46	
资产减值损失	87 336 530.80		222 218 325.57		112 679 017.32	
信用减值损失	-5 576 377.80		11 124 593.79		38 239 094.13	
加:其他收益	91 548 041.42		41 953 700.48		56 399 101.04	
投资收益(损失以"-"号填列)	3 119 397.63		9 343 298.96		599 427.93	
其中:对联营企业和合营企业的投资收益	-779 701.05		102 656.42		-756 416.52	
公允价值变动收益(损失以"-"号填列)	-114 713.28					
资产处置收益(损失以"-"号填列)	130 490.60		427 295.11		12 588 202.94	
三、营业利润(亏损以"-"号填列)	2 721 438 084.17		2 328 426 920.64		2 004 520 497.04	
加:营业外收入	4 567 403.64		4 442 403.32		3 361 263.13	
减:营业外支出	9 067 600.98		5 594 455.64		24 964 780.05	
四、利润总额(亏损总额以"-"号填列)	2 716 937 886.83		2 327 274 868.32		1 982 916 980.12	
减:所得税费用	517 547 075.11		436 514 409.25		366 553 674.93	
五、净利润(净亏损以"-"号填列)	2 199 390 811.72		1 890 760 459.07		1 616 363 305.19	

表 9-11 现金流量结构表

项目	2022 年度				2021 年度				2020 年度			
	金额(元)	流入占比	流出占比	分类占比	金额(元)	流入占比	流出占比	分类占比	金额(元)	流入占比	流出占比	分类占比
一、经营活动产生的现金流量:												
销售商品、提供劳务收到的现金	17 157 478 063.91				16 155 806 677.52				14 384 558 856.98			
收到的税费返还	79 611 134.29				16 161 687.22				5 813 716.99			
收到其他与经营活动有关的现金	164 432 417.96				368 078 514.91				332 626 211.28			
经营活动现金流入小计	17 401 521 616.16				16 540 046 879.65				14 722 998 785.25			
购买商品、接受劳务支付的现金	7 866 826 724.86				7 012 680 385.95				6 486 984 297.35			
支付给职工以及为职工支付的现金	3 119 066 056.66				2 932 859 399.73				2 495 654 460.71			
支付的各项税费	1 436 191 633.38				1 421 941 022.32				1 347 502 541.00			
支付其他与经营活动有关的现金	1 885 140 916.99				1 746 151 507.99				2 218 225 822.26			
经营活动现金流出小计	14 307 225 331.89				13 113 632 315.99				12 548 367 121.32			
经营活动产生的现金流量净额	3 094 296 284.27				3 426 414 563.66				2 174 631 663.93			

(续表)

项目	2022 年度				2021 年度				2020 年度			
	金额(元)	流入占比	流出占比	分类占比	金额(元)	流入占比	流出占比	分类占比	金额(元)	流入占比	流出占比	分类占比
二、投资活动产生的现金流量:												
收回投资收到的现金												
取得投资收益收到的现金	223 359.05				166 888.03				151 000.10			
处置固定资产、无形资产和其他长期资产收回的现金净额	1 291 595.42				2 567 281.56				15 135 591.41			
处置子公司及其他营业单位收到的现金净额	2 771 585.49								8 032 092.00			
收到其他与投资活动有关的现金	116 467 034.17				176 759 947.05				261 442 696.83			
投资活动现金流入小计	120 753 574.13				179 494 116.64				284 761 380.34			
购建固定资产、无形资产和其他长期资产支付的现金	330 028 680.33				471 207 370.17				1 150 958 582.66			
投资支付的现金												

(续表)

项目	2022 年度				2021 年度				2020 年度			
	金额（元）	流入占比	流出占比	分类占比	金额（元）	流入占比	流出占比	分类占比	金额（元）	流入占比	流出占比	分类占比
取得子公司及其他营业单位支付的现金净额	2 118 473.45											
支付其他与投资活动有关的现金	332 147 153.78				50 200 979.36				94 661 000.00			
投资活动现金流出小计	-211 393 579.65				521 408 349.53				1 245 619 582.66			
投资活动产生的现金流量净额					-341 914 232.89				-960 858 202.32			
三、筹资活动产生的现金流量：												
吸收投资收到的现金	70 207 494.00				20 412 278.82				54 390 000.00			
其中：子公司吸收少数股东投资收到的现金	70 207 494.00				20 412 278.82				54 390 000.00			
取得借款收到的现金	1 726 400 000.00				1 501 951 040.11				507 238 695.39			
收到其他与筹资活动有关的现金												
筹资活动现金流入小计	1 796 607 494.00				1 522 363 318.93				561 628 695.39			

(续表)

项目	2022 年度				2021 年度				2020 年度			
	金额(元)	流入占比	流出占比	分类占比	金额(元)	流入占比	流出占比	分类占比	金额(元)	流入占比	流出占比	分类占比
偿还债务支付的现金	1 782 351 969.88				1 625 013 031.45				305 442 918.18			
分配股利、利润或偿付利息支付的现金	795 631 391.54				731 237 939.09				694 901 123.18			
其中:子公司支付给少数股东的股利、利润	353 211 405.54				273 828 114.34				268 115 953.34			
支付其他与筹资活动有关的现金	528 853 361.01				550 483 990.58				216 650.00			
筹资活动现金流出小计	3 106 836 722.43				2 906 734 961.12				1 000 560 691.36			
筹资活动产生的现金流量净额	−1 310 229 228.43				−1 384 371 642.19				−438 931 995.97			
四、汇率变动对现金及现金等价物的影响	162 729 333.52				−49 856 196.41				−95 924 316.94			
五、现金及现金等价物净增加额	1 735 402 809.71				1 650 272 492.17				678 917 148.70			
加:期初现金及现金等价物余额	9 886 240 264.33				8 235 967 772.16				7 557 050 623.46			
六、期末现金及现金等价物余额	11 621 643 074.04				9 886 240 264.33				8 235 967 772.16			

二、任务分工

工作任务分配及完成计划如表 9-12 所示。

表 9-12 工作任务分配及完成计划

工作任务编号		工作任务名称	
班级		组长	
组别		组员	
明确本次工作任务重点			
工作任务分配	组长： 组员 1： 组员 2： 组员 3： 组员 4： 组员 5： ……		
工作任务完成计划（行动方案）	第一步： 第二步： 第三步：		
工作任务完成时间			
组长			签名：

注：此表由组长填制，并与工作任务完成纸质材料一同装订。

三、任务实施

任务实施步骤详见右侧二维码。

任务实施

四、任务总结

工作任务完成后将分组的总结与感受分别填写到表 9-13 和表 9-14 中。

表 9-13 工作任务完成总结

工作任务编号		工作任务名称	
班级		组长	
组别		组员	
完成工作任务过程中存在的问题或困惑			
完成工作任务心得			
组长			签名：

表 9-14 工作任务完成的结果评价

组别	正确率	排名	完成工作任务感受	是否提升了工作能力?
1				
2				
3				
4				
5				
6				

子任务 2:趋势分析

一、任务内容

任务目标:掌握会计报表趋势分析方法。

要求:依据案例资料,编制资产变动表、负债和所有者权益变动表、利润变动表和现金流量变动表,并对上述变动表进行分析。各类变动表如表 9-15—表 9-18 所示。

表 9-15 资产变动表

| 项目 | 2022 年 12 月 31 日 | | | 2021 年 12 月 31 日 | | | 2020 年 12 月 31 日 |
	金额(元)	变动金额(元)	变动百分比	金额(元)	变动金额(元)	变动百分比	金额(元)
流动资产:							
货币资金	11 623 986 433.44			9 926 307 096.61			8 349 450 524.45
交易性金融资产	428 584.04						1 500 000.00
应收票据	464 210 229.92			492 587 968.60			249 350 633.89
应收账款	1 301 148 434.72			1 004 296 481.57			1 141 207 526.69
应收款项融资	115 827 605.64			188 189 546.33			215 872 234.04
预付款项	160 632 481.81			185 356 428.69			264 886 100.93
其他应收款	95 872 161.91			90 182 006.54			89 891 550.77
存货	6 694 368 428.37			6 169 091 993.17			6 060 568 229.46
持有待售资产							11 460 634.14
一年内到期的非流动资产	917 431.19			933 927.56			
其他流动资产	102 024 434.98			116 670 163.49			142 702 824.15
流动资产合计	20 559 416 226.02			18 173 615 612.56			16 526 890 258.52
非流动资产:							

(续表)

项目	2022年12月31日			2021年12月31日			2020年12月31日
	金额(元)	变动金额(元)	变动百分比	金额(元)	变动金额(元)	变动百分比	金额(元)
长期股权投资	19 449 670.53			14 142 142.32			15 029 824.20
其他权益工具投资	8 591 358.31			4 466 181.70			5 140 114.92
其他非流动金融资产	90 000.00			90 000.00			90 000.00
固定资产	3 808 597 332.93			3 938 357 707.08			4 081 321 964.92
在建工程	136 023 490.68			84 193 526.00			127 941 952.46
生产性生物资产	4 115 075.81			4 115 779.97			3 762 282.45
使用权资产	1 344 339 134.79			1 673 090 735.94			
无形资产	746 467 671.90			736 311 766.91			642 784 777.62
商誉	45 144 244.15			41 403 222.69			43 489 279.70
长期待摊费用	108 579 268.74			145 079 278.27			183 394 927.65
递延所得税资产	206 349 617.52			210 588 699.26			160 652 877.74
其他非流动资产	56 200 590.98			45 426 814.41			47 014 102.06
非流动资产合计	6 485 075 663.48			6 899 219 749.75			5 310 622 103.72
资产总计	27 044 491 889.50			25 072 835 362.31			21 837 512 362.24

表9-16 负债和所有者权益变动表

项目	2022年12月31日			2021年12月31日			2020年12月31日
	金额(元)	变动金额(元)	变动百分比	金额(元)	变动金额(元)	变动百分比	金额(元)
流动负债:							
短期借款	309 532 000.00			830 786 900.00			423 750 000.00
应付票据	43 867 187.90			37 831 812.28			100 000 000.00
应付账款	3 447 286 031.01			3 192 764 425.76			2 764 623 799.69
预收款项							
合同负债	624 572 649.26			559 193 783.58			350 876 003.75
应付职工薪酬	407 908 573.95			367 127 529.83			361 633 713.17

（续表）

项目	2022年12月31日			2021年12月31日			2020年12月31日
	金额（元）	变动金额（元）	变动百分比	金额（元）	变动金额（元）	变动百分比	金额（元）
应交税费	418 361 947.31			214 573 725.09			167 913 544.54
其他应付款	517 572 820.01			504 987 472.55			554 621 930.41
应付股利	18 751 970.87			17 370 786.02			15 344 072.85
持有待售负债							3 631 966.54
一年内到期的非流动负债	485 890 342.56			523 940 973.50			828 298 884.88
其他流动负债	80 615 027.88			71 156 338.09			42 997 462.27
流动负债合计	6 335 606 579.88			6 302 362 960.68			5 598 347 305.25
非流动负债：							
长期借款	1 221 797 346.84			744 633 135.41			483 226 777.22
应付债券							
租赁负债	860 771 285.23			1 136 752 273.58			
长期应付款	9 135 740.00			9 135 740.00			12 935 900.00
长期应付职工薪酬	339 579.73			820 028.19			1 207 742.47
预计负债				262 500.00			262 500.00
递延收益	153 956 130.42			198 240 855.47			188 216 086.91
递延所得税负债	8 816 914.37			8 126 570.73			6 912 560.95
非流动负债合计	2 254 816 996.59			2 097 971 103.38			692 761 567.55
负债合计	8 590 423 576.47			8 400 334 064.06			6 291 108 872.80
所有者权益（或股东权益）：							
实收资本（或股本）	1 371 470 262.00			1 371 470 262.00			1 371 470 262.00
资本公积	2 005 619 067.30			1 992 916 011.21			2 006 500 148.44
其他综合收益	89 039 247.14			-43 482 544.06			-2 386 775.71
盈余公积	1 078 713 423.89			969 637 849.60			883 982 024.14
未分配利润	7 262 433 548.28			6 343 423 793.24			5 572 003 769.22

（续表）

项目	2022年12月31日			2021年12月31日			2020年12月31日
	金额（元）	变动金额（元）	变动百分比	金额（元）	变动金额（元）	变动百分比	金额（元）
归属于母公司所有者权益（或股东权益）合计	11 807 275 548.61			10 633 965 371.99			9 831 569 428.09
少数股东权益	6 646 792 764.42			6 038 535 926.26			5 714 834 061.35
所有者权益（或股东权益）合计	18 454 068 313.03			16 672 501 298.25			15 546 403 489.44
负债和所有者权益（或股东权益）总计	27 044 491 889.50			25 072 835 362.31			21 837 512 362.24

表 9-17 利润变动表

项目	2022年度			2021年度			2020年度
	金额（元）	变动金额（元）	变动百分比	金额（元）	变动金额（元）	变动百分比	金额（元）
一、营业总收入	15 372 423 363.17			14 603 100 739.78			12 825 879 050.96
其中：营业收入	15 372 423 363.17			14 603 100 739.78			12 825 879 050.96
二、营业总成本	12 663 908 342.37			12 093 055 194.33			10 740 027 174.38
其中：营业成本	7 870 132 037.30			7 648 481 567.87			6 792 069 655.66
税金及附加	167 335 400.27			154 866 527.14			136 844 632.07
销售费用	3 071 452 218.52			2 748 393 778.82			2 473 223 340.57
管理费用	1 342 173 015.28			1 335 467 120.92			1 235 707 484.30
研发费用	217 446 263.51			175 947 130.93			138 124 050.67
财务费用	-4 630 592.51			29 899 068.65			-35 941 988.89
其中：利息费用	111 397 583.16			127 351 544.77			53 239 639.80
利息收入	123 666 333.51			112 953 558.48			104 793 569.46
资产减值损失	87 336 530.80			222 218 325.57			112 679 017.32
信用减值损失	-5 576 377.80			11 124 593.79			38 239 094.13
加：其他收益	91 548 041.42			41 953 700.48			56 399 101.04
投资收益（损失以"-"号填列）	3 119 397.63			9 343 298.96			599 427.93

（续表）

项目	2022 年度			2021 年度			2020 年度
	金额（元）	变动金额（元）	变动百分比	金额（元）	变动金额（元）	变动百分比	金额（元）
其中：对联营企业和合营企业的投资收益	-779 701.05			102 656.42			-756 416.52
公允价值变动收益（损失以"-"号填列）	-114 713.28						
资产处置收益（损失以"-"号填列）	130 490.60			427 295.11			12 588 202.94
三、营业利润（亏损以"-"号填列）	2 721 438 084.17			2 328 426 920.64			2 004 520 497.04
加：营业外收入	4 567 403.64			4 442 403.32			3 361 263.13
减：营业外支出	9 067 600.98			5 594 455.64			24 964 780.05
四、利润总额（亏损总额以"-"号填列）	2 716 937 886.83			2 327 274 868.32			1 982 916 980.12
减：所得税费用	517 547 075.11			436 514 409.25			366 553 674.93
五、净利润（净亏损以"-"号填列）	2 199 390 811.72			1 890 760 459.07			1 616 363 305.19

表 9-18　现金流量变动表

项目	2022 年度			2021 年度			2020 年度
	金额（元）	变动金额（元）	变动百分比	金额（元）	变动金额（元）	变动百分比	金额（元）
一、经营活动产生的现金流量：							
销售商品、提供劳务收到的现金	17 157 478 063.91			16 155 806 677.52			14 384 558 856.98
收到的税费返还	79 611 134.29			16 161 687.22			5 813 716.99
收到其他与经营活动有关的现金	164 432 417.96			368 078 514.91			332 626 211.28
经营活动现金流入小计	17 401 521 616.16			16 540 046 879.65			14 722 998 785.25
购买商品、接受劳务支付的现金	7 866 826 724.86			7 012 680 385.95			6 486 984 297.35

（续表）

项目	2022 年度			2021 年度			2020 年度
	金额（元）	变动金额（元）	变动百分比	金额（元）	变动金额（元）	变动百分比	金额（元）
支付给职工以及为职工支付的现金	3 119 066 056.66			2 932 859 399.73			2 495 654 460.71
支付的各项税费	1 436 191 633.38			1 421 941 022.32			1 347 502 541.00
支付其他与经营活动有关的现金	1 885 140 916.99			1 746 151 507.99			2 218 225 822.26
经营活动现金流出小计	14 307 225 331.89			13 113 632 315.99			12 548 367 121.32
经营活动产生的现金流量净额	3 094 296 284.27			3 426 414 563.66			2 174 631 663.93
二、投资活动产生的现金流量：							
收回投资收到的现金							
取得投资收益收到的现金	223 359.05			166 888.03			151 000.10
处置固定资产、无形资产和其他长期资产收回的现金净额	1 291 595.42			2 567 281.56			15 135 591.41
处置子公司及其他营业单位收到的现金净额	2 771 585.49						8 032 092.00
收到其他与投资活动有关的现金	116 467 034.17			176 759 947.05			261 442 696.83
投资活动现金流入小计	120 753 574.13			179 494 116.64			284 761 380.34
购建固定资产、无形资产和其他长期资产支付的现金	330 028 680.33			471 207 370.17			1 150 958 582.66
投资支付的现金							
取得子公司及其他营业单位支付的现金净额	2 118 473.45						

（续表）

项目	2022 年度			2021 年度			2020 年度
	金额(元)	变动金额(元)	变动百分比	金额(元)	变动金额(元)	变动百分比	金额(元)
支付其他与投资活动有关的现金				50 200 979.36			94 661 000.00
投资活动现金流出小计	332 147 153.78			521 408 349.53			1 245 619 582.66
投资活动产生的现金流量净额	−211 393 579.65			−341 914 232.89			−960 858 202.32
三、筹资活动产生的现金流量：							
吸收投资收到的现金	70 207 494.00			20 412 278.82			54 390 000.00
其中:子公司吸收少数股东投资收到的现金	70 207 494.00			20 412 278.82			54 390 000.00
取得借款收到的现金	1 726 400 000.00			1 501 951 040.11			507 238 695.39
收到其他与筹资活动有关的现金							
筹资活动现金流入小计	1 796 607 494.00			1 522 363 318.93			561 628 695.39
偿还债务支付的现金	1 782 351 969.88			1 625 013 031.45			305 442 918.18
分配股利、利润或偿付利息支付的现金	795 631 391.54			731 237 939.09			694 901 123.18
其中:子公司支付给少数股东的股利、利润	353 211 405.54			273 828 114.34			268 115 953.34
支付其他与筹资活动有关的现金	528 853 361.01			550 483 990.58			216 650.00
筹资活动现金流出小计	3 106 836 722.43			2 906 734 961.12			1 000 560 691.36
筹资活动产生的现金流量净额	−1 310 229 228.43			−1 384 371 642.19			−438 931 995.97

（续表）

项目	2022 年度			2021 年度			2020 年度
	金额(元)	变动金额(元)	变动百分比	金额(元)	变动金额(元)	变动百分比	金额(元)
四、汇率变动对现金及现金等价物的影响	162 729 333.52			−49 856 196.41			−95 924 316.94
五、现金及现金等价物净增加额	1 735 402 809.71			1 650 272 492.17			678 917 148.70

二、任务分工

工作任务分配及完成计划如表 9-19 所示。

表 9-19　工作任务分配及完成计划

工作任务编号		工作任务名称	
班级		组长	
组别		组员	
明确本次工作任务重点			
工作任务分配	组长： 组员 1： 组员 2： 组员 3： 组员 4： 组员 5： ……		
工作任务完成计划（行动方案）	第一步： 第二步： 第三步：		
工作任务完成时间			
组长			签名：

注：此表由组长填制，并与工作任务完成纸质材料一同装订。

三、任务实施

任务实施步骤详见右侧二维码。

四、任务总结

工作任务完成后将分组的总结与感受分别填写到表 9-20 和表 9-21 中。

任务实施

表 9-20 工作任务完成总结

工作任务编号		工作任务名称	
班级		组长	
组别		组员	
完成工作任务过程中存在的问题或困惑			
完成工作任务心得			
组长			签名：

表 9-21 工作任务完成的结果评价

组别	正确率	排名	完成工作任务感受	是否提升了工作能力？
1				
2				
3				
4				
5				
6				

子任务 3：比率分析

一、任务内容

任务目标：掌握会计报表比率分析方法。

要求：依据案例资料，计算偿债能力、营运能力、盈利能力和现金流相关能力指标填入表 9-22，并对各项能力进行分析。

表 9-22 主要财务指标汇总表

指标类别	财务比率	2022 年	2021 年	2020 年	备注
偿债能力	资产负债率 = 负债/资产				
	所有者权益比率 = 所有者权益/资产				
	产权比率 = 负债/所有者权益				
	权益乘数（期末数据）				
	权益乘数（平均数据）				
	流动比率 = 流动资产/流动负债				
	速动比率 = 速动资产（流动资产 − 存货）/流动负债				
	利息保障倍数 = 息税前利润/财务费用（利息费用）				注1

(续表)

指标类别	财务比率	2022年	2021年	2020年	备注
营运能力	总资产周转率 = 营业收入/[(年初总资产 + 年末总资产)/2]				
	流动资产周转率 = 营业收入/[(年初流动资产 + 年末流动资产)/2]				
	存货周转率 = 营业收入/[(年初存货 + 年末存货)/2]				注2
	存货周转率 = 营业成本/[(年初存货 + 年末存货)/2]				注2
	应收账款周转率 = 营业收入/[(年初应收账款 + 年末应收账款)/2]				
盈利能力	总成本费用占营业收入的比重 = (营业成本 + 税金及附加 + 期间费用)/营业收入				注3
	销售毛利率 = (营业收入 − 营业成本)/营业收入				
	销售净利率 = 净利润/营业收入				
	总资产报酬率 = 利润总额/[(年初总资产 + 年末总资产)/2]				
	总资产净利率 = 净利润/[(年初总资产 + 年末总资产)/2]				
	净资产收益率 = 净利润/[(年初所有者权益 + 年末所有者权益)/2]				
现金流相关能力	销售收现比 = 销售商品、提供劳务收到的现金/营业收入				
	现金流动资产比率 = 现金及现金等价物期末余额/流动资产				
	现金速动资产比率 = 现金及现金等价物期末余额/速动资产				
	现金流动负债比率 = 现金及现金等价物期末余额/流动负债				
	现金债务总额比率 = 现金及现金等价物期末余额/负债总额				
	盈利现金比率 = 经营活动现金净流量/净利润				

注1:以财务费用替代利息费用计算,同时息税前利润用利润总额加财务费用估算。
注2:存货周转率有以营业收入和营业成本为口径两种计算方法。
注3:期间费用包含销售费用、管理费用、研发费用和财务费用。

二、任务分工

工作任务分配及完成计划如表 9-23 所示。

表 9-23　工作任务分配及完成计划

工作任务编号		工作任务名称	
班级		组长	
组别		组员	
明确本次工作任务重点			
工作任务分配	组长： 组员 1： 组员 2： 组员 3： 组员 4： 组员 5： ……		
工作任务完成计划 （行动方案）	第一步： 第二步： 第三步：		
工作任务完成时间			
组长			签名：

注：此表由组长填制，并与工作任务完成纸质材料一同装订。

任务实施

三、任务实施

任务实施步骤详见左侧二维码。

四、任务总结

工作任务完成后将分组的总结与感受分别填写到表 9-24 和表 9-25 中。

表 9-24　工作任务完成总结

工作任务编号		工作任务名称	
班级		组长	
组别		组员	
完成工作任务过程中存在的问题或困惑			
完成工作任务心得			
组长			签名：

表 9-25 工作任务完成的结果评价

组别	正确率	排名	完成工作任务感受	是否提升了工作能力？
1				
2				
3				
4				
5				
6				

子任务 4：杜邦分析体系

一、任务内容

任务目标：掌握会计报表杜邦分析方法。

要求：依据案例资料，计算构成杜邦分析体系的各项财务指标并填入图 9-4，然后进行相关分析。

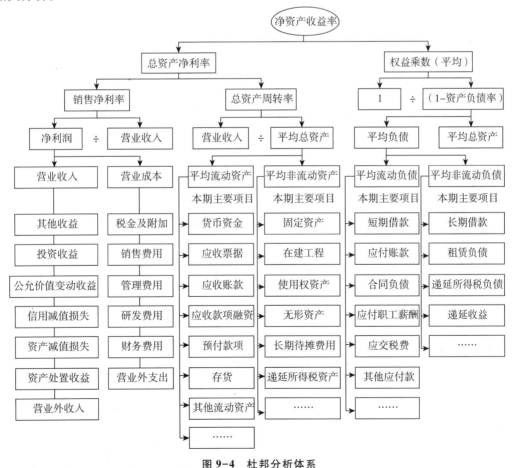

图 9-4 杜邦分析体系

注：净利润需要根据利润表各项目综合确定。

二、任务分工

工作任务分配及完成计划如表9-26所示。

表9-26 工作任务分配及完成计划

工作任务编号		工作任务名称	
班级		组长	
组别		组员	
明确本次工作任务重点			
工作任务分配	组长： 组员1： 组员2： 组员3： 组员4： 组员5： ……		
工作任务完成计划（行动方案）	第一步： 第二步： 第三步：		
工作任务完成时间			
组长			签名：

注：此表由组长填制，并与工作任务完成纸质材料一同装订。

任务实施

三、任务实施

任务实施步骤详见左侧二维码。

四、任务总结

工作任务完成后将分组的总结与感受分别填写到表9-27和表9-28中。

表9-27 工作任务完成总结

工作任务编号		工作任务名称	
班级		组长	
组别		组员	
完成工作任务过程中存在的问题或困惑			
完成工作任务心得			
组长			签名：

表 9-28　工作任务完成的结果评价

组别	正确率	排名	完成工作任务感受	是否提升了工作能力？
1				
2				
3				
4				
5				
6				

项目实训评价

1. 学生进行自我评价，并将结果填入学生技能自评表。学生技能自评表如表 9-29 所示。

表 9-29　学生技能自评表

项目九		会计报表综合分析		
评价项目		评价标准	分值	得分
技能评价	杜邦分析	能熟悉杜邦分析方法	10	
	会计报表综合分析	能熟练掌握会计报表结构分析方法	20	
		能熟练掌握会计报表趋势分析方法	20	
		能掌握会计报表比率分析方法	10	
		能掌握杜邦分析体系	10	
素质评价	工作态度	态度端正，无无故缺勤、迟到、早退现象	6	
	工作质量	能按计划完成工作任务	6	
	协调能力	与小组成员、同学之间能合作交流，协调工作	6	
	职业素质	能做到认真工作	6	
	创新意识	能运用所学开展工作	6	
合计			100	

2. 学生以小组为单位，对以上学习工作任务的过程与结果进行互评，将互评结果填入学生互评表。学生互评表如表 9-30 所示。

表 9-30　学生互评表

项目九		会计报表综合分析											
评价项目	分值	等级							评价对象（组别）				
									1	2	3	4	5	6
课前任务	10	优	10	良	8	中	6	差	4					
计划合理	10	优	10	良	8	中	6	差	4					

(续表)

项目九		会计报表综合分析												
评价项目	分值	等级								评价对象(组别)				
										1	2	3	4	5	6
方案准确	10	优	10	良	8	中	6	差	4						
团队合作	10	优	10	良	8	中	6	差	4						
组织有序	10	优	10	良	8	中	6	差	4						
工作质量	10	优	10	良	8	中	6	差	4						
工作效率	10	优	10	良	8	中	6	差	4						
工作完成	10	优	10	良	8	中	6	差	4						
工作规范	10	优	10	良	8	中	6	差	4						
课后任务	10	优	10	良	8	中	6	差	4						

3. 教师对学生工作过程与工作结果进行评价,并将评价结果填入教师综合评价表。教师综合评价表如表 9-31 所示。

表 9-31 教师综合评价表

项目九		会计报表综合分析		
评价项目		评价标准	分值	得分
考勤(10%)		无无故缺勤、迟到、早退现象	10	
工作过程(60%)	杜邦分析	能熟悉杜邦分析法	10	
	会计报表综合分析	能熟练掌握会计报表结构分析方法	15	
		能熟练掌握会计报表趋势分析方法	15	
		能掌握会计报表比率分析方法	10	
		能掌握杜邦分析体系	10	
工作结果(30%)	工作进度	能按时完成工作任务	10	
	工作规范	能按照基本工作流程完成工作	10	
	成果展示	能准确、充分、恰当地展示工作成果	10	
合计			100	

参考文献

1. 赵国忠.财务报告分析[M].3版.北京:北京大学出版社,2010.
2. 中国会计准则委员会.国际财务报告准则2015[M].北京:中国财政经济出版社,2015.
3. 中华人民共和国财政部.企业会计准则应用指南(含企业会计准则及会计科目)2019年版[M].上海:立信会计出版社,2019.
4. 中国证券监督管理委员会会计部.上市公司执行企业会计准则案例解析(2020)[M].北京:中国财政经济出版社,2020.
5. 中华人民共和国财政部.财政部关于修订印发2019年度一般企业财务报表格式的通知[EB/OL].(2019-09-12)[2024-03-19].http://www.mof.gov.cn/gkml/caizhengwengao/wg201901/wg201905/201909/t20190912_3385305.htm.
6. 中华人民共和国财政部.关于印发《会计人员职业道德规范》的通知[EB/OL].(2024-01-12)[2024-03-19].https://www.gov.cn/zhengce/zhengceku/2023-02-01/content_5739504.htm
7. 于久洪.财务报表编制与分析[M].5版.北京:中国人民大学出版社,2023.
8. 财政部会计财务评价中心.初级会计实务[M].北京:经济科学出版社,2023.

相关学习网址

http://www.csrc.gov.cn/pub/newsite/

https://www.chinaacc.com/

https://finance.sina.com.cn/stock/

http://www.cninfo.com.cn/

http://www.sse.com.cn/

https://www.szse.cn/

https://www.cicpa.org.cn/

https://www.cnki.com.cn/

自测训练参考答案

项目一　会计报表基础

一、单项选择题参考答案

1. A　2. A　3. B　4. D　5. A　6. C　7. A　8. B　9. A　10. C

二、多项选择题参考答案

1. AC　2. ABCD　3. ABC　4. BCD　5. ABC　6. ABD　7. ABCD　8. BD　9. BD　10. ABD

三、判断题参考答案

1. √　2. √　3. ×　4. √　5. √　6. ×　7. ×　8. √　9. ×　10. √

项目二　资产负债表编制

一、单项选择题参考答案

1. D　2. A　3. D　4. C　5. B　6. A　7. B　8. A　9. B　10. D　11. A　12. D　13. A　14. B　15. D

二、多项选择题参考答案

1. BC　2. AD　3. ABCD　4. CD　5. ABCD　6. ABD　7. ABC　8. ABCD　9. AB　10. ABCD　11. BD　12. AB　13. ABC　14. ABCD　15. ABCD

三、判断题参考答案

1. √　2. ×　3. ×　4. √　5. ×　6. √　7. ×　8. ×　9. √　10. √

项目三　利润表编制

一、单项选择题参考答案

1. B　2. C　3. D　4. C　5. B　6. C　7. B　8. D　9. C　10. C

二、多项选择题参考答案

1. ABCD　2. CD　3. BD　4. ABCD　5. ABCD　6. ABCD　7. ABCD　8. BCD　9. BD　10. AB

三、判断题参考答案

1. √　2. √　3. √　4. √　5. √　6. ×　7. √　8. ×　9. ×　10. ×

项目四　现金流量表编制

一、单项选择题参考答案

1. D 2. D 3. C 4. B 5. B 6. C 7. B 8. B 9. D 10. B

二、多项选择题参考答案

1. ABD 2. AB 3. ABC 4. ABD 5. BD 6. ABC 7. ABD 8. ABCD 9. CD 10. AC

三、判断题参考答案

1. × 2. × 3. × 4. × 5. × 6. × 7. × 8. √ 9. × 10. √

项目六　资产负债表分析

一、单项选择题参考答案

1. B 2. A 3. D 4. D 5. D 6. C 7. A 8. C 9. B 10. A 11. A 12. D 13. C 14. A 15. B

二、多项选择题参考答案

1. BCD 2. ABD 3. ACD 4. ACD 5. ABC 6. AD 7. ABC 8. ABC 9. AC 10. AC

三、判断题参考答案

1. × 2. √ 3. √ 4. × 5. × 6. × 7. × 8. √ 9. × 10. √

项目七　利润表分析

一、单项选择题参考答案

1. B 2. C 3. C 4. A 5. A 6. D 7. D 8. C 9. B 10. A 11. D 12. B 13. C 14. B 15. B

二、多项选择题参考答案

1. ABCD 2. ABD 3. AC 4. ABD 5. AB 6. ABCD 7. BCD 8. ABCD 9. ABC 10. CD 11. ABC 12. AD 13. CD 14. BC 15. ABC

三、判断题参考答案

1. × 2. √ 3. × 4. √ 5. × 6. √ 7. × 8. × 9. √ 10. ×

项目八　现金流量表分析

一、单项选择题参考答案

1. B 2. C 3. C 4. B 5. B 6. D 7. C 8. B 9. C 10. B 11. D 12. C 13. D 14. D 15. C

二、多项选择题参考答案

1. ABCD 2. ABC 3. ABD 4. ABC 5. ABD 6. BC 7. AC 8. ABD 9. AB 10. AD 11. ABE 12. BCD 13. ABD 14. ABCD 15. ABC

三、判断题参考答案

1. × 2. √ 3. × 4. × 5. √ 6. × 7. × 8. × 9. √ 10. √

教辅申请说明

　　北京大学出版社本着"教材优先、学术为本"的出版宗旨，竭诚为广大高等院校师生服务。为更有针对性地提供服务，请您按照以下步骤通过**微信**提交教辅申请，我们会在1～2个工作日内将配套教辅资料发送到您的邮箱。

◎ 扫描下方二维码，或直接微信搜索公众号"北京大学经管书苑"，进行关注；

◎ 点击菜单栏"在线申请"—"教辅申请"，出现如右下界面：

◎ 将表格上的信息填写准确、完整后，点击提交；

◎ 信息核对无误后，教辅资源会及时发送给您；如果填写有问题，工作人员会同您联系。

温馨提示：如果您不使用微信，则可以通过以下联系方式（任选其一），将您的姓名、院校、邮箱及教材使用信息反馈给我们，工作人员会同您进一步联系。

联系方式：

北京大学出版社经济与管理图书事业部

通信地址：北京市海淀区成府路 205 号，100871

电子邮箱：em@pup.cn

电　　话：010-62767312

微　　信：北京大学经管书苑（pupembook）

网　　址：www.pup.cn